大国人口

少子老龄化时代的新挑战与新机遇

任泽平
白学松
著

中信出版集团 | 北京

图书在版编目（CIP）数据

大国人口 / 任泽平，白学松著 . -- 北京：中信出版社，2024.8
ISBN 978-7-5217-6661-5

Ⅰ.①大… Ⅱ.①任… ②白… Ⅲ.①人口－发展－关系－中国经济－经济发展 Ⅳ.① C924.24 ② F124

中国国家版本馆 CIP 数据核字（2024）第 109767 号

大国人口
著者：任泽平 白学松
出版发行：中信出版集团股份有限公司
（北京市朝阳区东三环北路 27 号嘉铭中心 邮编 100020）
承印者：嘉业印刷（天津）有限公司

开本：787mm×1092mm 1/16　　印张：24　　字数：315 千字
版次：2024 年 8 月第 1 版　　印次：2024 年 8 月第 1 次印刷
书号：ISBN 978-7-5217-6661-5
定价：79.00 元

版权所有·侵权必究
如有印刷、装订问题，本公司负责调换。
服务热线：400-600-8099
投稿邮箱：author@citicpub.com

目 录

导　论 /1

第一篇　中国人口

第 一 章　人口周期：把握人口变动的基本规律 / 003

第 二 章　中国人口：负增长，少子化、老龄化、不婚化加速到来 / 025

第 三 章　婚姻：年轻人不结婚了，是自我选择还是无奈 / 049

第 四 章　生育：为什么大家不愿意生了 / 063

第 五 章　迁移：哪些地区人口在流入，哪些地区人口在流出 / 087

第 六 章　机遇：人口结构变动带来哪些新机遇 / 105

第二篇　世界人口

第 七 章　世界人口：大变局 / 131

第 八 章　美国人口：成功的移民政策，拉大的贫富差距 / 165

第 九 章　日本人口：低欲望社会、"平成废物"与"失去的三十年" / 191

第 十 章　韩国人口：超低生育率，汉江奇迹不再，N 抛世代涌现 / 213

第十一章　德国人口：高福利国家如何应对人口困境 / 233

第十二章　印度人口：能否复制中国人口红利 / 257

第三篇　人口制度

第十三章　生育支持政策：是否真管用 / 277

第十四章　生育补贴：方式有哪些，效果如何，钱从哪里来 / 297

第十五章　辅助生殖：需求释放的人口净增红利有多少 / 321

第十六章　养老体系建设：中国养老保障体系建设现状与启示 / 351

导　论

　　人口问题既十分重要，又充满争议；既事关国家兴衰，又关系每个人的幸福。少子化、老龄化、不婚化、阶层固化等现象带来的挑战及应对，在学术界和国家战略层面长期存在不同观点。人口因素是长周期、慢变量，势大力沉，是典型的"灰犀牛"，人口问题日益成为世界各国重点关注的议题。

　　在经济学中，人口与资本、技术一起在供给侧决定经济潜在增长率，是引发经济增速变动、经济结构转型的长周期变量，同时，人口的数量和结构还在需求侧影响着消费、投资等领域。因此，人口研究至关重要。

　　我们长期以来专注于人口研究，本书试图以科学家的精神、建设性的态度，系统客观地对人口方面的问题进行分析研究，旨在帮助读者厘清逻辑、明晰真相、看清未来，推动社会进步。我们长期以来建言放开生育、鼓励生育、降低生育养育教育成本，与梁建章、黄文政等学者一起发起成立育娲人口研究这一公益研究机构。

一、中国视角：少子老龄化时代来临，人口变迁带来哪些挑战和机遇

　　人口周期是指人口经历老一代陆续死亡、新一代不断出生、世代更替的人口再生产过程及其引发的经济社会变化。个体生命周期的加总成为人

口周期，主要表现为生育率下滑、老龄化加重、人力资本水平提高、人口迁移从城市化到都市圈城市群化等特征。

少子老龄化带来一系列重大而深远的影响和挑战，比如经济潜在增速下降、储蓄投资率下降、劳动力成本上升、创新创业活力下降、资产估值中枢下行、社会负担加重等。过去，中国依靠庞大且年轻的人口红利和高储蓄投资率带来的高资本投入，支撑改革开放后经济的快速增长。2010年，民工荒、劳动年龄人口占比见顶标志着中国刘易斯拐点出现，人口红利消失，经济增速换挡。

截至2023年底，中国人口形势严峻，具体表现为十大特征：（1）总人口14.1亿，开始持续负增长；（2）老龄化加剧，正从人口红利期转入人口负担期；（3）劳动年龄人口下降，经济潜在增长率下降；（4）少子化加剧，出生人口2017—2023年连续7年下降；（5）生育率在全球主要经济体中排名倒数第二，"不想生、不敢生、不能生"问题严峻；（6）不婚化、家庭小型化成趋势；（7）性别比持续改善，男性比女性多3 097万，但农村"剩男"和城市"剩女"问题突出；（8）城镇化率稳步提升，但人户分离人口规模扩大；（9）人口、人才向城市群、都市圈集聚，东北、西北人口持续流出；（10）受教育程度提高，但需重视社会阶层固化现象。

先来看老龄化。中国已从2021年开始进入深度老龄化，老龄化呈现规模大、速度快、高龄化、未富先老等特点。2023年，我国65岁及以上人口占总人口的比重为15.4%，占全球老年人口的约1/4，相当于全球每4个老年人中就有1个中国人。老龄化是经济社会进步和人口转变的结果，由低生育和寿命延长共同作用，是全球普遍现象，中国也不可避免。其中，长寿带来的老龄化并不可怕，这体现了社会进步和医疗水平提升。但是，少子化带来的老龄化明显加速、持续深化，以及未富先老等问题不容小觑。随着1962—1975年第二轮婴儿潮出生人口逐渐衰老并进入生命终点，未来30多年中国人口老龄化将快速深化，预计2030年前后进入占比超过

20%的超级老龄化社会，之后持续快速上升至2056年的约36%。相比之下，劳动年龄人口持续萎缩，预计2023—2050年15~64岁劳动年龄人口占比从68%降至59%。从经济学的角度看，人口红利逐渐消失，随之而来的是社会抚养比上升、养老负担加重、政府债务加重、社会创新创业活力下降等。

再来看不婚化。从成年开始，人的生命历程可分为单身、形成家庭、生育和养育孩子、孩子离家、生命晚期等阶段，婚育是连接少年和老年阶段的重要桥梁，但现在的情况是，年轻人结婚晚了、结婚少了。2013—2022年，我国结婚登记对数从1 347万对下降到683万对，连续9年下降，结婚率从9.9‰连续降至4.8‰。在传统观念上，婚姻是家庭的基本组成部分。对个人来说，婚姻是情感的升华，家庭是切实的归属感；对社会来说，长期和谐的婚姻家庭关系有助于社会稳定。然而，在现代社会中，婚姻到底是"情感的升华"还是"爱情的坟墓"？一方面，随着新一代年轻人学历水平提升、独立意识加强，婚姻不再是必然选择，而是自由生活的"束缚"，离婚也不再是一个"谈虎色变"的话题。另一方面，在中国传统观念下，婚前彩礼、购置婚房、婚后生育养育子女等环节推高了结婚及婚后的生活成本，明显挤压了结婚意愿。

最后看少子化。2023年我国总和生育率不足1.1，全球倒数，甚至低于美欧日，年轻人生育意愿低，全面二孩政策不及预期，三孩政策效果未显现，出生人口已经连续7年下降。为什么年轻人不生了？根据生育理论，现阶段低生育率的原因已经从死亡率驱动转向功利性生育消退和成本约束，生育基础削弱、生育观念改变、生育成本高是影响生育率的主要原因。一方面，晚婚晚育、不婚不育、单身主义等削弱生育基础，婚姻匹配困难；另一方面，住房、教育、医疗等直接成本高，就业与家庭矛盾提高机会成本，抑制生育意愿。根据育娲人口团队在《中国生育成本报告2024版》中的测算，2022年中国内地家庭0~17岁孩子的养育成本平均为53.8万元，相对于人均GDP（国内生产总值）的倍数几乎是全球最高。此外，随着经济社会的发展，"养儿防老"观念淡化，年青一代的生育观念已然改变，随之而来的是人口萎缩、劳动力见顶、老龄化加速、"剩男"问题严峻等问题。

虽然人口总量开始减少，但是区域间的人口流动较为活跃，人口流入地区发展潜力大，但存在人地错配等问题，人口流出地区老龄化加重，经济社会发展压力明显。近年来，中国人口迁移有何新动向呢？改革开放以来，中国的跨省人口迁移经历了从"孔雀东南飞"到回流中西部，再到近年粤浙人口再集聚和回流黔川渝鄂并存三个阶段。人口持续向深圳都市圈、上海都市圈和珠三角城市群、长三角城市群集聚。中国人口流动已从"四六分化"走向"二八分化"，人口越来越集聚。人往高处走，人才更是倾向于前往大城市就业。根据智联招聘的数据，2018—2022年东部地区人才净流入率从5.7%增至14.0%，而中部、西部、东北地区人才持续净流出，长三角、珠三角城市群人才净流入率分别从4.6%、2.2%增至7.9%、3.9%。随着人口红利消失，人才价值日益凸显，各地"抢人大战"持续升级。

面对复杂的人口形势，我们要积极应对人口问题，同时挖掘人口结构变动中的"新红利"。未来主要有六大机遇：（1）消费迎来新趋势，逐渐向健康化、品质化、情感化转型；（2）部分制造业向东南亚转移出海，产业向智能化、数字化转型；（3）产品和服务向适老化转型，医养结合更加紧密，养老金融前景广阔；（4）教育系统面临结构性调整，短期托儿所供应不足，幼儿园及义务教育供应相对饱和；（5）住房价值分化，人口、人才净流入的一线城市、强二线城市房地产市场热度更高；（6）住房改善时代来临，从"有房住"到"住好房"，产品力成重点。

二、全球视角：人口演变的规律，人口问题的应对与经验

全球人口正面临重大变局，人口爆发期临近尾声，人口因素逐渐从慢

变量成为快变量，少子老龄化扑面而来。伴随着工业化、城市化进程的加快，世界人口经历了一次重大转变，由高出生率、高死亡率的低增长阶段，经历高出生率、低死亡率的高增长阶段，转向低出生率、低死亡率的低增长阶段。此后，婚姻、家庭、生育等方面发生变化，具体表现为结婚率下降、离婚率稳定、初婚时间推迟、未婚同居占比增加、非婚生育占比增加、生育减少、不孕增加等，这是各国人口转变所呈现的共同趋势，但各经济体转变速度各异。西方国家转变开始较早，但持续的时间较长，部分发展中国家转变开始较晚，但是由于存在限制政策等，转变速度较快。

我们详细研究了美国、日本、韩国、德国、印度等的人口形势和应对人口问题的方式，试图找到人口演变的规律，以及人口问题的"中国式"解决方案。

美国依靠19世纪以来移民支撑下人口总量的迅猛增长，以及人才培养体系带来的人口质量提升，获得大量人口红利，2023年总人口达到3.4亿，位居世界第三，维持正增长。人口助推美国在第二次工业革命中经济腾飞，并在第二次世界大战后成为世界霸主。但近年来，美国老龄化加剧，贫富分化严重。此外，作为一个移民国家，美国民族众多，冲突不断，社会撕裂愈演愈烈。美国历史上为应对人口问题，在劳动力素质提高、调节社会收入分配、社会服务供给、福利制度建立等方面频频施策，具有一定的借鉴意义。

日本是世界上少子老龄化最严重的国家之一，被安倍晋三称为"国难"，2022年日本65岁及以上人口占比29%，老龄化程度居全球主要经济体之首。为应对严峻的人口问题，日本推出一系列措施，但谈不上成功，仍然有很多问题，比如错过鼓励生育的时机、老年人口过多、社会活力下降、社会阶层固化、出现大量"平成废物"、"草系"年轻人步入"低欲望社会"、医疗养老负担持续加重、移民政策不如美国开放等。不过日本相对完善的社保三支柱体系、制造业工匠精神、相对较低的收入差距和基尼系数、受教育水平高等值得借鉴。

韩国生育率在全球主要经济体中是倒数第一，老龄化速度超过日本，由此而来的是经济增长乏力，储蓄率、投资率下降，财阀经济笼罩，社会活力下降，"N抛世代"涌现。为应对人口困境，韩国自20世纪90年代开始采取一系列措施，包括设立人口政策机构，完善生育激励、养育支持机制，建立健全养老保障制度，促进高龄人口就业，等等。然而，政策效果不及预期，主要是因为生育成本过高、房价负担高、传统家庭分工积重难返、工作"卷王"等抑制了生育行为。数据显示，韩国抚养一个孩子到18岁所需的花费与人均GDP的比重在主要经济体中最高，劳动者工作时间最长，性别工资差距最大。

德国是全球最早步入人口老龄化的国家之一，也是目前欧洲人口老龄化程度最高的国家，2022年65岁及以上人口占比22.4%。德国的人口少子化始于20世纪六七十年代，经历了二战后的短暂婴儿潮，忽视了随后的人口零增长问题，2002年后德国政府意识到人口结构变化的危害以及超级老龄化社会为德国带来的一系列挑战。为解决人口困境，德国实施了构建社保体系、高福利家庭津贴、育儿支持政策等措施，但也带来了财政负担、养老金代际负担加重、家庭政策边际效用递减的问题。

印度人口结构类似于中国的"昨天"，人口总量大、人口结构年轻，具备一定的人口潜力。2023年印度人口总量超14.2亿，已超过中国成为世界第一人口大国，劳动人口数量与中国相近，人口金字塔呈扩张型，且人口比中国年轻。但印度还存在劳动力抚养负担重、区域教育水平分化严重、高等教育入学率低、种姓制度导致社会贫富差距扩大、就业机会有限、失业率较高、女性劳动参与率低、饥饿人口数量大、儿童消瘦、发育迟缓率较高等一系列问题。因此，印度复制中国人口红利之路较难。

三、人口制度建设：构建幼有所育、老有所养的和谐社会

人口既是经济社会发展的根本目的，也是经济社会发展的基础要素。

我们正处于人口大周期转折的关键时期，应该积极应对少子老龄化，构建幼有所育、老有所养的和谐社会。

西方国家更早面临少子化问题，家庭政策逐渐向鼓励生育转变，通过现金补助、税收优惠、平等设立男女育产假、完善托幼服务、母亲工作支持等方面的政策来减轻家庭生育养育负担，促进家庭和谐，提振生育意愿。短期看，加大生育补贴力度，可以切实减少家庭的生育养育教育成本，是提振生育意愿的有效手段；长期看，完善托育机构、促进职场性别平等、保障女性就业权利等，是构建生育友好型社会的必要措施。

人口因素影响深远，生育政策调整是最根本、最重要的供给侧结构性改革，结合国际经验和中国国情，我们有如下建议。一是实行差异化的个税抵扣及现金补贴、购房补贴等政策，覆盖从怀孕保健到孩子18岁或学历教育结束。二是加大托育服务供给，大力提升0~3岁孩子入托率至40%以上，并对隔代照料发放补贴。三是进一步完善女性就业权益保障，并对企业实行生育税收优惠，加快构建生育成本在国家、企业、家庭之间合理有效的分担机制。四是加大教育医疗投入，给予有孩子的家庭购房补贴，降低直接抚养成本。五是加强保障非婚生育的平等权利。六是建立男女平等、生育友好的社会支持系统，比如男女平等的育产假等。七是完善辅助生殖顶层设计，给有需求的家庭定向发放辅助生殖补贴，促进合理需求的释放。

当前国内对生育支持已经达成共识，地方层面积极落实相关补贴政策，减轻家庭生育养育教育负担，但支持力度有待提升，落实情况有待改善。对于生育补贴的具体方案，我们建议按照孩子的数量针对家庭发放，给有孩子的家庭每月补贴1 000~6 000元。比如可以给一孩家庭补贴1 000元，给二孩家庭补贴3 000元，给三孩家庭补贴6 000元。按上述补贴计算，即一孩家庭补贴1 000元，二孩家庭平均每个孩子补贴1 500元，三孩家庭平均每个孩子补贴2 000元。按此计算，需要提供1万亿~3万亿元的补贴。短期有助于扩内需、稳增长、稳就业，长期有助于提振生育水平、提升人力资本、增强经济社会活力，一举多得。

少子化和长寿趋势使老龄化持续加深，目前我国老龄化呈现规模大、速度快、程度深的特点，社会养老负担持续加重，预计2050年前后老年人口抚养比超过50%，意味着每两个年轻人就需要抚养一个老人，养老问题涉及千家万户的利益，应该积极应对人口老龄化，建设老年友好型社会，我们建议：一是加快推动社保全国统筹，发挥养老保障体系中第二、第三支柱的重要作用；二是构建老有所学的终身学习体系，鼓励企业留用和雇用年长劳动力；三是加大养老产业金融支持探索力度，优化养老服务供给，打造高质量的为老服务和产品供给体系；四是建设老年友好型社会，大力发展"互联网+养老"的智慧养老服务体系，推进适老化改造，保障老年人高质量、有尊严的退休生活。

第一篇

中国人口

第一章

人口周期：
把握人口变动的基本规律

人口因素十分重要，是长周期、慢变量，势大力沉。人口与资本、技术一起在供给侧决定经济潜在增长率，是引发经济长周期拐点、结构转型的重要因素，还在需求侧深刻影响着消费、房市、股市、债市等。

随着经济社会的发展，人口变动的规律逐渐显现：(1)预期寿命延长；(2)生育率下滑；(3)老龄化加重；(4)人力资本水平提高；(5)人口迁移从城市化到都市圈城市群化。

从国际经验看，人口周期拐点引发经济转型：(1)人口红利消失，经济潜在增长率下降；(2)消费增速降低，健康消费需求提升；(3)世代风险偏好差异影响资产配置，风险偏好下降；(4)追赶型经济体的经济发展从人口红利驱动转向创新驱动。

本章重点研究人口周期的特征、趋势及其影响，试图把握人口周期的基本规律。[1]

---

[1] 本章执笔人：任泽平、白学松、柴柯青。

一、人口周期的特征及理论基础

（一）特征：寿命延长拉长人口周期，少子老龄化不可避免，但各国程度各异

人口周期是指人口经历老一代陆续死亡、新一代不断出生、世代更替的人口再生产过程及其引发的经济社会变化。一方面，受自然法则约束，人经历出生、成长、衰老、死亡的不同生命阶段，表现出不同的行为；另一方面，作为社会经济生活的主体，人受到经济社会发展的影响，同时也具有反作用。

个体生命周期加总成为人口周期，呈现以下特征。

第一，预期寿命延长。1950—2022年全球平均寿命从46.5岁升至72岁。原始社会，人口的寿命很短，平均低于20岁，主要受食品供给、医疗卫生条件、自然灾害及战争等影响；奴隶社会，平均寿命可能不到30岁；封建社会，平均寿命不到40岁；工业文明后，随着生产力和生活水平的提升，平均寿命逐渐超过70岁。根据联合国的数据，1950—2021年全球平均寿命从46.5岁升至71岁，其中大洋洲从61.4岁升至79.4岁，北美洲从68岁升至77岁，欧洲从62.8岁升至77岁，亚洲从42岁升至72.5岁，非洲从37.6岁升至61.7岁。人口寿命大幅延长，拉长了人口生命周期。

第二，生育率下滑。人口再生产类型共经历三个阶段：一是高出生率、高死亡率、低自然增长率，二是高出生率、低死亡率、高自然

增长率，三是低出生率、低死亡率、低自然增长率。根据主导生育率变化的因素，可将人类历史划分为四个阶段：高死亡率驱动阶段、死亡率下降驱动阶段、功利性生育消退阶段、成本约束的低生育率阶段。随着养育孩子的直接成本和机会成本上升、功利性收益下降，世界各国的生育率均呈下降趋势。根据联合国的数据，1950—2022 年，全球总和生育率从 4.9 降至 2.3，美国从 2.9 降至 1.7，英国从 2.2 降至 1.6，日本从 3.7 降至 1.3，印度从 5.7 降至 2.0（见图 1–1）。一旦少生的观念和文化形成，生育率陷入低迷后将难以逆转，除非采取强有力的措施才有望缓解。

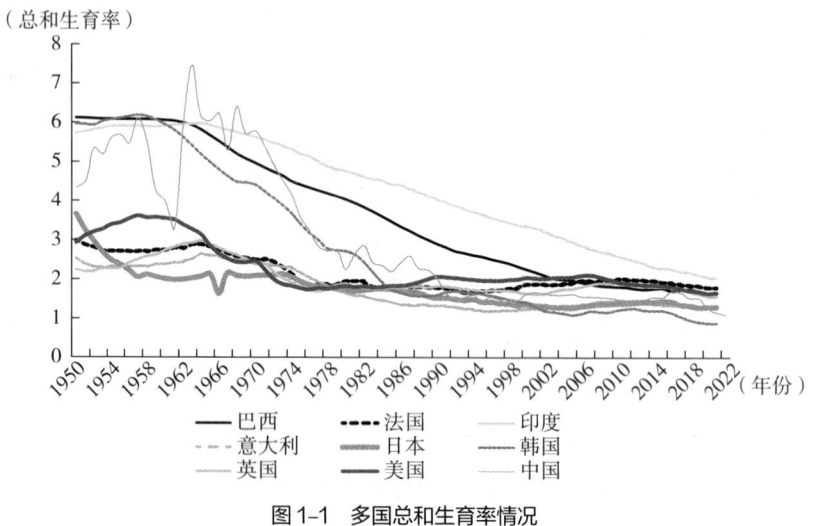

图 1–1　多国总和生育率情况

资料来源：联合国，泽平宏观。

第三，老龄化不可避免，但各国程度各异。寿命延长、生育率下降带动人口年龄中位数不断上升，65 岁及以上人口占比不断提高。根据联合国的数据，全球人口从 2005 年开始进入 7% 的老龄化，2015 年后世界人口老龄化进程加速、人口红利消失，老年人口占比增速由每年不到 0.1 个百分点增至 0.2 个百分点，2022 年全球 65 岁及以上老年人口规模已达 7.8 亿人，预计到 21 世纪中期，老年人口总量将翻倍至 16 亿人，预计 21 世纪末 65 岁及以上老年人口占比将达到近 25%。由于生育率、移民政策等有差别，各国老龄化程度各异。

第四，人力资本水平提高。经济社会发展和收入水平提高带来人口受教育程度提高。全球小学毛入学率从快速提升到缓慢下降，再到缓慢提升阶段，高等教育实现了从精英式教育到大众化阶段的跨越式发展。从受教育年限看，1990—2020 年，美国 25 岁及以上人口平均受教育年限从 13.0 年升至 13.7 年，英国从 7.9 年升至 13.4 年，法国从 7.6 年升至 11.6 年（2019 年），日本从 11.6 年升至 12.8 年（2017 年），中国从 4.8 年升至 8.1 年。中国近年人口受教育水平提升较快，但和发达国家仍有差距，人才红利有待进一步开发。

第五，人口迁移从城市化到都市圈城市群化。人口迁移的基本逻辑是人随产业走、人往高处走，人口流动将使区域经济份额与人口份额比值逐渐趋近 1。全球层面，人口从中等收入国家、低收入国家向高收入国家迁移，且随着全球城市化进入中后期，不同规模城市人口增长将从过去的齐增变为分化，人口从乡村和中小城市向一、二线大都市圈迁移，而中小城市人口增长停滞，甚至净迁出。例如，美国从向传统工业主导的"铁锈八州"集聚，转为向能源、现代制造和现代服务业主导的西海岸、南海岸集聚；日本在 1973 年前后从向东京圈、大阪圈、名古屋圈"三极"集聚，转为向东京圈"一极"集聚。

（二）理论基础：人既是消费者，也是生产者，数量和质量都很重要

人口是经济发展的基础性要素，对经济的影响包括供需两端，在供给端通过人口数量和质量影响劳动力、资本积累和技术进步三大生

产要素，进而影响潜在经济增速，在需求端通过影响生命周期的不同阶段的消费行为影响经济。人口数量方面，劳动年龄人口变化和城乡转移影响劳动力供给、资本积累和劳动生产率；人口质量方面，人力资本积累影响创新和技术进步（见图1-2）。

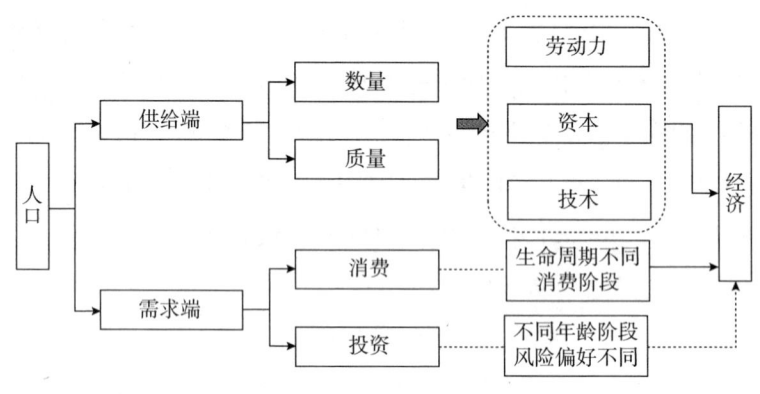

图1-2 人口与经济社会的关系

资料来源：泽平宏观。

人口红利：劳动年龄人口占比提升期间，大量年轻劳动力供给和相关的高储蓄率为经济高增长提供动力源泉。戴维·E.布卢姆和杰弗里·G.威廉森1997年测算东亚地区1965—1990年经济增长，约1/3归功于人口转型带来的人口红利。人口红利影响经济增长的基本逻辑是：第一个阶段（高出生率、高死亡率、低自然增长率）向第二个阶段（高出生率、低死亡率、高自然增长率）转变时，死亡率下降，人口自然增长率上升，抚养比上升，人口负担较重；第二个阶段向第三个阶段（低出生率、低死亡率、低自然增长率）转变时，出生率下降，少儿抚养比下降，劳动年龄人口比重上升，人口负担较轻，大量劳动力供给和高储蓄率为经济增长提供了额外的源泉，即人口红利；第三个阶段出生率稳定在低位，劳动年龄人口占比下降，老年人口占比上升，抚养比上升，人口红利逐渐消失。

城乡转移与刘易斯拐点：农村剩余劳动力无限供应给现代经济部门，改善劳动力供给结构，延缓资本边际报酬递减规律效用，提高资源配置效率和劳动生产率。刘易斯于1954年发表《劳动力无限供给下的经济发展》，提出城乡二元经济结构理论。城乡转移影响经济增长的基本逻辑是：一个典型的发展中国家有农业经济部门和现代经济部门，前者存在大量剩余劳动力，边际生产率为零甚至负数，随着现代经济部门的扩大，在工资水平没有实质增长的情况下，剩余劳动力逐渐转移到现代经济部门，带来资源配置效率的提高以及劳动生产率的提高，且劳动力无限供给延缓了资本边际报酬递减效应；当劳动力需求增长逐渐超过劳动力供给增长时，工资水平提高，刘易斯拐点到来，劳动力不再无限供给，在没有外生的人口增长或者技术进步的情况下，资本边际报酬递减，资本积累动力逐渐减弱。

人力资本红利：强调人本身生产能力的积累对经济发展的重要意义。舒尔茨、贝克尔等人提出人力资本概念，加里·贝克尔1964年出版的《人力资本》一书被认为是"人力资本革命"的起点，他认为用于教育、在职训练、卫生保健等的支出都是投资，而不是消费，它们在短期内可以提高劳动生产率，长期可以提高国民素质，增加社会资本存量，提高一国的比较优势，增加国际竞争力；人力资本状况的改善是战后发达国家经济发展过程中产生"全要素生产率"的根本原因。

家庭生命周期理论：人的生命历程（从参加工作开始）大致分为单身、形成家庭、生育和养育孩子、孩子离家、生命晚期等阶段。随着寿命大幅延长，人口生命周期拉长。比如，民国时期，典型中国人的一生可能是未上过学或小学毕业，十几岁工作，16~20岁结婚，生5~6个孩子，40~50岁死亡；现在，典型中国人的一生可能是18~22岁高中或大学毕业，之后开始工作，25岁左右结婚，生1~2个孩子，

55岁（女）或60岁（男）退休，80岁左右死亡。

生命周期消费理论：个体生命周期不同阶段的消费倾向和结构不同，人口年龄结构变化会对总需求产生影响。莫迪利安尼提出，个人的消费水平并不仅仅依赖于现期收入，而是主要依赖长期预期收入，因此个人会根据一生的预期收入分配不同年龄阶段的收入，通过不同的投资储蓄比平滑消费，以实现整个生命周期中的效用最大化。青年时期，收入水平相对较低，成家立业、结婚生子等大项开支较多，人们往往会把收入中很大一部分用于消费，甚至借贷购买房屋、汽车等耐用品，储蓄较少甚至负债；中年时期，随着收入相对提高，收入大于消费，人们往往增加储蓄，一面偿还年轻时期的负债，一面用于防老，同时还会购入股票、房产等资产；老年时期，没有收入来源或收入很少，可能会减少储蓄或出售资产以满足消费需求。因此，当社会中老年人的比重上升时，居民总消费将趋于上升。

（三）国际经验：人口周期拐点引发经济转型、消费变迁、产业结构变迁等变化

人口周期变动带来经济、消费、资产配置等方面的变化，我们通过研究美国、日本、韩国等国在人口结构变化时经济社会的变迁，发现如下规律。

第一，人口红利消失，经济潜在增长率下降。劳动力是经济发展的基础，国际经验表明，劳动年龄人口增速与GDP增速在一定程度上正相关。人口与经济之间的关系较为复杂，经济发展水平并不绝对由人口规模和结构所决定，但是人口特别是劳动力是所有经济体发展最为基础和重要的因素。根据世界银行调查的182个有数据的经济体的情况，15~64岁劳动年龄人口近10年平均增速与GDP近10年

平均增速正相关。其中，伴随着1992年日本劳动年龄人口占比见顶，日本经济陷入"失去的三十年"。1961—1975年日本劳动年龄人口平均增速维持在1.6%的高位，实际GDP平均增速也维持在7.7%的高位；1989—2023年劳动年龄人口增速从0.9%大幅降至0以下，并连续20多年负增长，实际GDP增速从5.4%降至0.7%。此外，韩国经济走势也基本和劳动年龄人口增速一致。1970—1978年，韩国15~64岁人口保持年均3.2%的高速增长，同期，韩国实际GDP年均复合增速达10.8%。1999年之后，韩国15~64岁人口增速跌至1.0%以下，2001—2022年韩国实际GDP年均复合增速进一步放缓至3.5%。

第二，消费增速降低，健康消费需求提升。老年人平均消费倾向高，老龄化导致消费占比上升但消费增速下滑。1991—2023年日本家庭消费占比从谷值51.6%升至53.2%，1981—2023年家庭消费增速从6.4%降至3.8%。人口老龄化使食品、文娱方面的消费减少，医疗保健方面的消费增加。以日本为例，根据日本总务省统计局公布的2022年不同类型消费的年龄分布可以看到，食品饮料的消费高峰在40~64岁，服饰、文娱的消费高峰在35~59岁，教育、通信的消费高峰在40~59岁，水电燃料、家居用品的消费高峰在45~69岁，医疗保健的消费高峰在60岁以上，住房的消费高峰在40岁以下以及60~70岁。2000年，韩国65岁及以上人口占比超7%，进入老龄化社会，此后65岁及以上人口占比持续增长，人口结构变化使健康消费增速快于其他消费支出。随着老龄化进程的加快，韩国卫生消费需求增长明显快于其他。2000—2022年，韩国家庭健康卫生支出占消费的比重从2.8%增至6%以上。

第三，世代风险偏好差异影响资产配置，风险偏好下降。根据生命周期理论，人们在不同年龄段收支水平和风险偏好不同，对金融资产的选择也不同，劳动年龄人群收入高，偏好股票和房产等投资，老年人厌恶风险，偏好债券等投资。根据日本总务省统计局2023年的家庭收支调查，日本定期存款占比随着年龄的增加而增加，0~29岁定期存款占比为8.5%，70岁以上定期存款占比为33.8%；而货币性存款则相反，0~29岁货币性存款占比为66%，70岁以上的占比仅29%；年龄越大对债券的投资偏好越强，0~29岁债券投资占比为0，70岁以上债券投资占比为2%（见图1-3）。根据美国投资公司协会、美国证券业与金融市场协会2008年针对5 050人进行的股票及债券持有人调查，40岁以下仅有10%的人债券投资金额占家庭金融资产（不包括住宅）的比重超过30%，但65岁及以上有19%。股票则相反，40岁以下、40~64岁分别有43%、50%的人对股票投资占比超一半，但65岁及以上仅有34%。主要是因为老年人受预期收入增长低及劳动参与率较低等影响更厌恶风险，偏好债券等固定收益类产品。

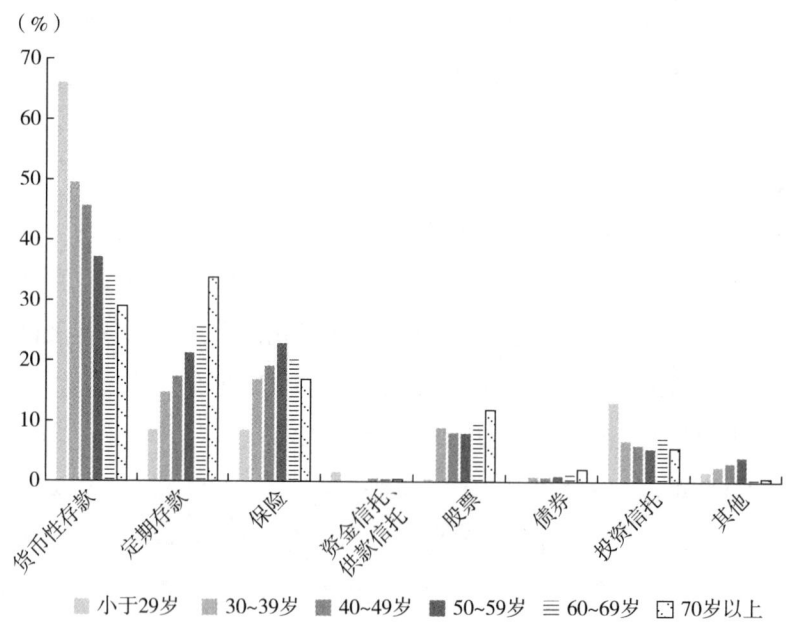

图1-3　2023年日本分年龄段家庭对各类资产配置比例

资料来源：日本总务省统计局，泽平宏观。

第四，追赶型经济体的经济发展从人口红利驱动转向创新驱动。在全球化分工的视角下，追赶型经济体的经济发展的第一个驱动力是低廉的劳动力成本带来的人口红利，吸引外资进入；第二个驱动力是通过购买先发国家的技术或产业链，实现产业规模化；第三个驱动力是通过自身技术进步和创新发展实现经济的跨越式发展，经济跨过中等收入陷阱，进入高收入经济体俱乐部。以韩国为例，20世纪60年代，在追赶阶段早期，经济结构以轻工业等劳动驱动型产业为主；在追赶阶段中后期，经济向资本驱动型转变，20世纪70年代以钢铁、石化等重化工业为主导，20世纪80年代以造船、汽车等机械类重工业为主导；进入20世纪90年代转型期，随着人口结构变化，劳动力成本抬升，成本端压力增加，经济逐渐转向技术驱动型，半导体、高端家电、移动通信、生物科技等产业逐渐成为主导；进入21世纪，经济进一步转向创新驱动型，LCD（液晶显示器）等高端电子设备、新材料、文化产业等逐渐成为经济主导产业。

二、中国人口周期变迁

（一）人口与经济增长：刘易斯拐点出现，从人口红利到人才红利

过去，我国依靠庞大且年轻的人口红利和高储蓄投资率带来的高资本投入，支撑改革开放后经济的快速增长。2010年，民工荒、劳动年龄人口占比见顶标志着中国刘易斯拐点出现，人口红利消退，经济增长急需新动力，人才红利待释放。

2004年中国首次出现民工荒，农民工工资快速增长，2003—2011年平均增速为14.6%，2012—2023年平均增速为6.9%；中国15~64岁劳动年龄人口占比在2010年见顶，抚养比见底，刘易斯拐点到来。

此后劳动力需求增长逐渐超过供给增长，劳动力无限供给局面结束，资本边际报酬率降低，预期回报减少，投资减少，外资流入放缓。人口红利期，劳动年龄人口增加，抚养比下降，生产和储蓄多、消费少，1978—2010年中国储蓄率、投资率分别从38.6%、38.9%升至51.8%、47.9%，物质资本有保障。少子老龄化表现为社会中青少年人口占比和劳动人口占比下降、老年人口占比上升，使社会储蓄投资率趋于下降。2010—2022年国民总储蓄率和投资率分别从50.9%和47.0%降至45.8%和43.5%。劳动力和资金成本上升，投资增速受到制约，2010—2023年固定资产投资增速从23.8%降至3.0%，制造业投资增速从27.0%降至6.5%。随着劳动力无限供给结束、劳动成本提升、资本边际报酬降低，外资流入速度放缓，2010—2019年外商直接投资增速从17.4%降至2.3%，转而流向人口结构更年轻的国家。

长期看，创业高峰人群减少，在其他条件相同的情况下，人才规模下降会削弱总体社会创新能力。根据美国经济学家本杰明·琼斯2005年的统计，在此前100年的300项重要发明中，有72%的发明来自30~49岁的发明者。根据全球创业观察2015年的数据，25~40岁是创业高峰，超过40岁的创业者迅速减少。根据中国人民银行调查统计司课题组2021年的测算结果，2002—2007年、2008—2012年、2013—2020年全要素生产率对经济增长的贡献率分别为45.1%、33.1%、25.0%，呈下降趋势。

国际经验表明，供给侧刘易斯拐点和需求侧房地产长周期峰值到来，共同驱动追赶型经济体在人均GDP 11 000国际元附近出现经济增速换挡。韩国经济增速换挡发生在1989—2003年，刘易斯拐点出现在20世纪90年代中后期，1990年前后是韩国经济减速的转折点；日本经济增速换挡发生在1968—1978年，刘易斯拐点出现在20世纪60年代，房地产长周期拐点出现在1969年前后；德国经济增速换挡和房地产峰值出现在1965年前后。中国刘易斯拐点出现在2010年前后，房地产长周期拐点在2013年前后出现，2010年前后经济增速换挡（见图1-4）。根据中国人民银行调查统计司课题组2021年的测算结果，2002—2007年中国实际GDP增速为11.3%，2008—2012年降至9.4%，2013—2020年降至6.4%，2021—2025年预计为5%左右。

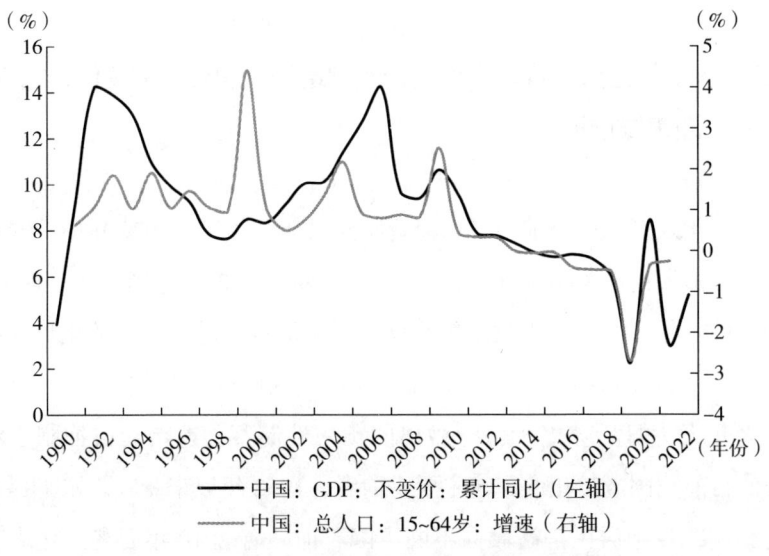

图1-4 1990—2022年中国GDP增速和人口增速

资料来源：国家统计局，泽平宏观。

数量型人口红利不是永久性增长动力，随着人口逐渐少子老龄化，少年人口比重趋于下降，老年人口比重逐渐上升，劳动力占比长期呈下降趋势，人口红利面临用质量换数量的需求，经济增长需要依靠技术进步和创新推动。我国仍然拥有全球少有的庞大劳动年龄人口，面临人口负担加重问题，需要推动人口红利向人才红利转变。中国人力资本红利不断释放，主要表现为居民受教育水平提升、产业结构转型升级、以高端制造业和现代服务业为代表的产业集群快速增长，近年高技术制造业投资额累计同比增速均超过20%，远高于制造业整体增速。根据国家统计局的数据，2010—2022年我国16~59岁人口平均受教育年限从9.67年提升至10.9年。拥有大学文化程度的人口约占总人口的15.5%，相较于美国的42%、加拿大的51%，还有提升空间。健康水平、文化素质等方面的提高，对于改善劳动力的供应质量有重要的作用，有助于推动人才红利加速释放。

（二）人口与经济结构：平均消费倾向增加，消费结构变化，"银发经济"迎来发展期

老年人口占比增加使平均消费倾向增加，2010—2022年中国家庭消费支出占比从33.6%升至38.1%。一方面，根据生命周期消费理论，相比中青年人，老年人收入水平低、平均消费倾向高，老龄化将导致经济中消费比重提升。另一方面，在中国家庭中，"啃老"行为以及中老年人为日后养老和医疗做出的预防性储蓄、遗赠动机抑制了消费。目前我国老龄化的影响主要是前者，1952年以来受收入水平提高的影响，我国居民消费倾向不断下降，但随着2010年后老龄化进程的加快，家庭消费占比触底回升，2010—2022年从33.6%升至38.1%（见图1-5）。

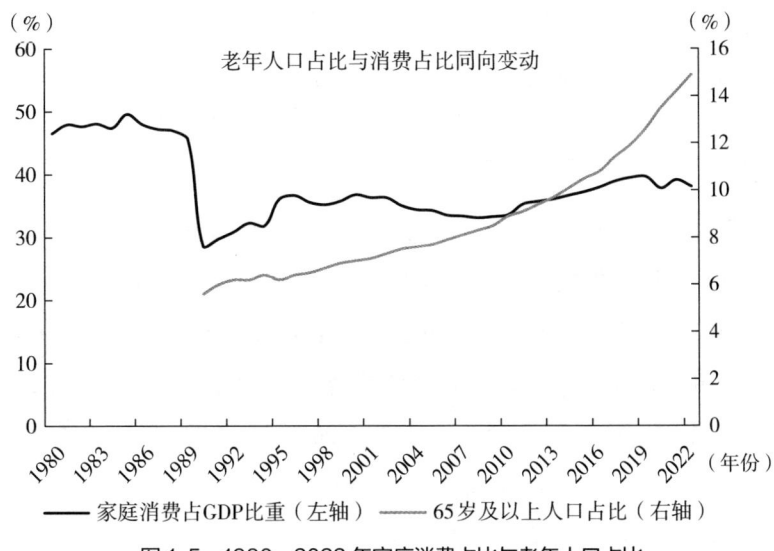

图1-5 1980—2022年家庭消费占比与老年人口占比

资料来源：世界银行，国家统计局，泽平宏观。

不同年龄段人口消费偏好不同，年轻人偏爱汽车、耐用品，中年人偏好投资子女教育，老年人对医疗保健需求旺盛，人口年龄结构变化对不同行业影响各异。"60后"重视健康，对新兴消费接受力不强，但是受到青少年时期相对富有人群的消费方式的影响，对衣食等传统消费有升级需求，这一代人的子女大多为独生，抚养后代所需精力少，有广场舞等休闲娱乐需求；"70后"重视品牌，成长过程伴随着中国巨变，既接触了新鲜事物，又受到一定的冲击，消费习惯较为保守，但是对品牌的忠诚度有所提升；"80后"重视品质，作为网民主体，已经步入中年，拥有工作和家庭，消费更加注重品质和专业化；"90后"重视个性潮流，伴随着国内经济的快速发展，作为在父母宠爱中长大的一群人，消费观念更加自由，更加追求有创意和个性的物品。

随着人口年龄结构的变化，在整体消费结构中，家庭的烟酒消费支出减少、医疗保障支出增加；同时，房地产产业链、传统汽车等相关行业消费需求呈下降趋势，但随着能源和环境问题加剧、政策引导，新能源汽车产业链仍有巨大发展空间。

第一，2013—2023年我国居民食品烟酒、衣着消费支出占比分别下降1.4个百分点、2.3个百分点，居住、交通通信、教育文化娱乐和医疗保健支出分别增长0.1个百分点、1.3个百分点、0.3个百分点和2.3个百分点，医疗保健支出占比增幅最大。

第二，随着20~50岁主力置业人群于2013年见顶，家电、家具、建筑装潢等房地产相关行业合计消费增速于2010年见顶。其中，家电、家具和建筑装潢消费增速分别在2010年、2007年和2007年见顶，峰值分别为27.7%、43.2%和43.6%。

第三，随着主力购车人群占比于2003年见顶，汽车销量增速在波动中下滑，2018年开始负增长，但新能源汽车潜力巨大。虽然目前中国汽车千人保有量对比发达国家还存在不小的差距，仍有增长空间，但长期来看，随着购车主力人数下降，未来汽车消费增量空间受到一定压制。随着能源和环境问题加剧，以及政府对新能源汽车发展的政策引导，新能源汽车销量从2016年的50万辆增至2023年的949.5万辆，年均增速超过50%。假设一年乘用车销售2 500万辆，如果未来10年左右全部替换新能源汽车，则整个产业链的贡献将超过10万亿元。

（三）人口与资本市场：风险偏好下降，资产估值中枢面临下行压力

随着老龄人口占比增加，居民整体资产投资偏好低风险，资产配置倾向于保本保收益，偏好投资固收类产品，60岁以上人口的定期存款参与率约是30岁以下人口的2.7倍。随着人口年龄的增加，个体对风险资产的需求呈现先高后低的变化。生命周期假说认为，在人的一

生中储蓄先增加再减少，随着老龄化程度的加深，社会总储蓄率也将呈现先增后减的趋势。在储蓄积累期，对风险资产的需求增加；进入储蓄消耗期，整体投资将偏向保守，对风险资产的需求逐步下降。根据西南财经大学中国家庭金融调查与研究中心2019年的"中国家庭金融调查"（CHFS），2019年40岁以下、40~60岁、60岁以上年龄段人口对高风险资产偏好的比重分别为18%、6%、4%，随着年龄的增加，对高风险资产的偏好逐渐下降。随着老龄化程度的加深，社会整体风险投资偏好也将下降，2011—2019年高风险投资偏好由6%下降至3%。从具体资产配置品类看，60岁以上人口的定期存款参与率约为43.2%，约是30岁以下人口的2.7倍。

首先，股市方面，随着人口红利消失，公司估值中枢面临下行压力。人口红利期经济高速增长，企业盈利快速增长，伴随中国高储蓄（35~54岁）/低储蓄（25~34岁和55岁及以上）人口比例的增加，入市资金增加，基本面与资金面共同支撑股市高估值，资产价格波动上涨，股市长牛，2000—2007年A股平均市盈率为44.9，其间最高值超60倍。随着中国高储蓄/低储蓄人口比例见顶回落、经济增速换挡，A股市盈率中枢下移，2010—2024年平均市盈率为17.9。

从资金面看，人口红利期储蓄率、投资率高，资本报酬高，劳动生产率快速提高引发货币升值预期及资本流入，外汇占款较高，基础货币投放增加，金融中介强烈的顺周期行为使银行放贷意愿增强、货币流通速度加快，推升股票等资产的价格。刘易斯拐点到来后，如果能够通过改革转型实现从人口红利向人力资本红利的转变，外汇占款虽然收窄，但仍有望保持顺差，货币仍具备升值空间；如果改革转型失败，落入中等收入陷阱，则货币将大幅贬值，资本大幅流出。中国人民银行外汇占款1997年12月至2014年5月从1.3万亿元大幅升至27.3万亿元的峰值，随后快速降至2017年4月的21.7万亿元，至今基本稳定。

从政策面看，人口红利期经济潜在增长率较高，经济波动主要源于周期性和外部性因素，依靠财政货币需求侧政策平滑波动，大类资产轮动按照周期宏观的投资时钟展开，政策底—市场底—经济底、政策顶—市场顶—经济顶先后出现。刘易斯拐点到来后，经济波动主要源于结构性等因素，依靠供给侧改革政策，财政货币需求侧政策只能起短期兜底作用，货币政策降低无风险利率并提高流动性，改革驱动的风险偏好大起大落，大类资产轮动按照转型宏观的投资时钟展开，改革底—市场底—经济底、改革顶—市场顶—经济顶先后出现。

其次，债市方面，长期利率呈下降趋势。从基本面看，经济潜在增速下降，利率面临下降压力。从资金供求看，25~34岁人口是资金借贷方，35~54岁人口是资金供给方，55岁以上人口借贷需求不大。2010年之前，高储蓄/低储蓄人口比例增加，25~34岁人口占比下行，借贷需求减少，且35~54岁人口占比增加，资金供给增多，导致短期贷款利率下行。2010年之后，55岁及以上人口占比有所上升，但对资金的需求没有明显增加，短期贷款利率仍维持在低位。

再次，房市方面，随着主力置业人群自2013年起开始回落，城镇住房套户比接近1.1，房地产长效机制加快构建，房地产逐渐进入"存量时代"。从需求看，中国20~50岁主力置业人群规模于2013年达到峰值，房地产开发投资同比增速也在2013年前后开始换挡，2000—2013年房地产开发投资额年均增速为23.9%，2014—2023年降至3.7%。从供给看，1978—2022年中国城镇住房套数从约3 100万套增至3.63亿套，套户比从0.8增至1.09，相比美国、日本的1.15、1.16，以及德国、英国的1.02、1.03，国内住房从供给短缺到总体平衡。

最后，汇率方面，实际汇率水平呈上升趋势。从生产角度看，刘易斯拐点出现意味着劳动力无限供给发生改变，巴萨效应中关键的工资传导机制发生作用，即在劳动力有限的情况下，生产率上升会提高工资率，物价趋于上升，使本币在市场上相对外币实际升值。从消费角度看，老年人对医疗保健服务等不可贸易品的消费需求增加，将推升其价格上升，整体物价水平倾向于提升，实际汇率趋于升值。从储蓄投资角度看，老年阶段处于储蓄消耗期，老年人口占比增加使储蓄消耗速度加快，资本积累速度放缓，2010—2020年中国国民总储蓄率下降6.9%，经常账户余额趋于下降，实际有效汇率趋于升值，近年由于国际形势动荡、居民收入预期不稳等，预防性储蓄增加（见图1-6）。

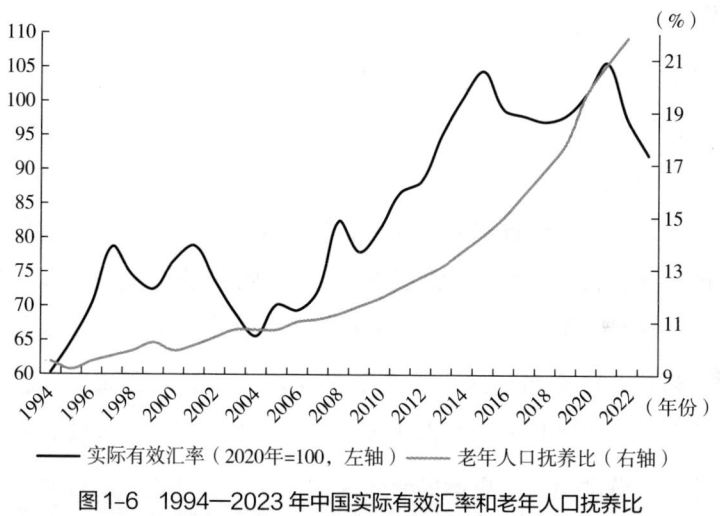

图1-6 1994—2023年中国实际有效汇率和老年人口抚养比

资料来源：国际清算银行，国家统计局，泽平宏观。

（四）人口与产业结构：劳动力成本上升，制造业向东南亚转移出海，产业面临转型升级需求

制造业面临向低人工成本地区转移，向技术密集型转型的需求。

劳动密集型产业逐渐退出高成本市场，将产业转移至低成本地区。传统制造业企业以劳动密集型企业为主导，过去我国依靠人口红利成长为"世界工厂"，"中国制造"销遍全球，但随着人口少子化、老龄化程度加深，我国劳动人口占比显著下降，劳动参与率下降，用工成本上升，很多劳动密集型企业失去成本优势，逐渐将产能转移至劳动力成本更低的东南亚国家。2022年泰国、越南制造业平均工资为3 029元/月、2 000元/月，而中国为9 502元/月，用工成本是东南亚国家的3倍多。过去几年，用工成本高企，不少企业选择将产业链迁至东南亚国家，导致我国出口占比下滑。2015—2022年美国纺织纤维（及其废料）进口来自中国的比例从21.3%降至8.1%，来自越南的比例从1.5%增至4.1%。并且，随着东南沿海城市劳动力成本上升，中国制造企业部分向中西部转移，2000—2023年中西部出口额合计占比从8%增至19%。

　　劳动力数量下降、用工成本提升倒逼国内制造业转型升级。一方面，部分行业可以通过提升自动化、智能化水平来降本增效。互联网技术的发展使自动化技术逐渐成熟，可以用来补充劳动力缺口，向技术要生产力是未来发展的方向。比如，京东智能物流系统实现了高效率、高精度，仓配履约效率提升了30%以上。另一方面，行业结构逐渐优化，技术密集型产业占比逐渐增加。对于以技术为核心的高端制造业，其劳动力需求更倾向于研究型人才，并且我国制造业具备全球最完整的产业链条，面向高端制造业的先发优势明显。当前，新一轮科技革命已经开始，大量创新型产业代替传统产业，产业结构不断优化。国家统计局的数据显示，以皮革、纺织为代表的劳动密集型制造企业占比逐年下降，2003—2020年数量占比从5.7%降至1.1%，而以计算机、电子设备为代表的技术密集型制造业占比从3.0%升至5.2%。

（五）人口与养老体系：养老金缺口加大，社会负担增加，政府债务负担加重，"三支柱"迎来发展期

中国短短30年建立起覆盖10亿人口、参保率超过90%的基本养老保险体系，并保持养老金水平连续19年上涨，为人民创造美好生活奠定了坚实的基础。

随着老龄化加速到来，离退休人员规模增加，伴随养老金发放标准提高、缴费率下降，"现收现付制"难以为继，养老金缺口日益增加。

第一，离退休人口规模扩增，加大养老金支付压力。2010—2022年城镇离退休人口从0.63亿人增至1.36亿人，参保职工和离退休人员的供养比由3.2降至2.7，即平均两个职工供养一个离退休人员（见图1-7）。随着我国第二次婴儿潮主力进入离退休阶段，供养比面临继续下降趋势。

第二，养老金待遇标准提高，财政节流不易。进入21世纪以来，我国养老金水平连年上涨，由最初的人均572元/月增至3 600元/月。养老金发放标准的提升能提高居民养老保障水平，但也意味着财政支付压力加剧。

第三，养老金缴费率下降，养老金收入降低。2001—2021年城镇职工养老金缴费率从21.2%降至15.7%。2019年3月起，企业社保负担下降，职工基本养老保险的单位缴费比例由20%下降至16%，个人缴费比例8%保持不变。为企业减负的同时，养老金的统筹支付难度加大。"现收现付制"主导的养老金制度收不抵支，面临较大供需缺口，养老金当期收支矛盾逐渐显现。中国社科院世界社保研究中心《中国养老金精算报告2019—2050》预测，养老金收不抵支将出现在2028年，到2035年将耗尽累计结余。

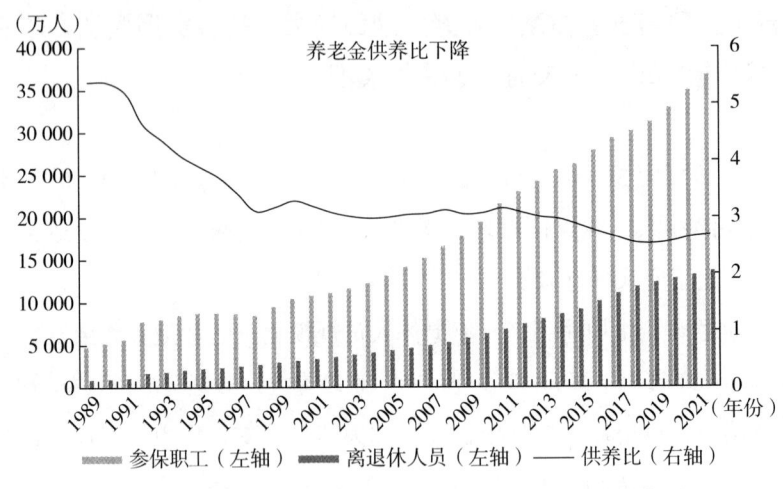

图 1-7　1989—2022 年参保职工和离退休人员的供养比

资料来源：人力资源和社会保障部，国家统计局，泽平宏观。

第二章

中国人口：
负增长，少子化、老龄化、
不婚化加速到来

少子化、老龄化、不婚化三大趋势加速到来，我国人口面临十大形势。

第一，总人口14.1亿，连续两年负增长，少子化、老龄化、不婚化加速到来。

第二，老龄化加剧，正从人口红利期转入人口负担期。

第三，劳动年龄人口下降，经济潜在增长率下降，推动人口红利转向人才红利。

第四，少子化加剧，2017—2023年出生人口连续7年下降。

第五，生育率在全球主要经济体中排名倒数第二，"不想生、不敢生、不能生"问题严峻。

第六，不婚化、家庭小型化成趋势，2022年家庭户均规模降至2.76人。

第七，性别比持续改善，男性比女性多3 097万人，农村"剩男"和城市"剩女"问题突出。

第八，城镇化率稳步提升，人户分离人口规模扩大，户籍制度亟待改革。

第九，人口、人才向城市群、都市圈集聚，东北、西北人口持续流出。

第十，受教育程度提高，但社会阶层固化现象需重视。

人口因素影响重大深远，生育政策调整是最根本、最重要的供给侧结构性改革之一。[①]

---

① 本章执笔人：任泽平、白学松、柴柯青、刘煜鑫。

一、总人口14.1亿，连续两年负增长，少子化、老龄化、不婚化加速到来

2023年中国总人口14.1亿，已经连续两年负增长，符合我们对人口总量趋势的预测。2020年中国总人口为141 212万人，净增1 207万人；2021年总人口为141 260万人，净增48万人；2022年总人口为141 175万人，同比减少85万人，人口总量开始见顶回落，进入负增长时期；2023年总人口为140 967万人，同比减少208万人，减量扩大。中国人口从8亿人增长到10亿人，花了12年；从10亿人增长到12亿人，花了14年；从12亿人增长到14亿人，花了24年。

联合国高估了中国生育率，进而高估了总人口数量。联合国发布的《世界人口展望2022》调低了对中国未来人口的预测参数，但仍认为，从2023年起，中国总和生育率的大趋势是缓慢上升。"中方案"生育率参数为：2022年为1.18，2030年上升到1.27，2040年上升到1.34，2050年为1.39，到2100年上升到1.48左右。根据官方抽样数据，2022年中国总和生育率仅为1.05，可见联合国高估了中国的人口生育率，并乐观估计了未来生育率的上升趋势。我们认为，由于生育成本过高，中国人平均生育意愿较低，如果不加大鼓励生育力度，未来生育率可能难以回升。育娲人口的《中国人口预测报告2023版》对人口预测的"中方案"参数为：从2023年起生育率逐渐递增，2028年回升到1.1，从2028年起固定为1.1。相比之下，联合国对中国总和生育率高估了15%~30%。需要注意的是，生育率高估30%意

味着对下一代的出生人口数要高估30%，对两代人以后的出生人口数高估69%，对三代人以后的出生人口数要高估一倍以上，进而高估总人口。

根据育娲人口的《中国人口预测报告2023版》，如果没有实质有效的鼓励生育政策出台，则生育率下降趋势难以扭转，2050年中国总人口将降至11.72亿，2100年中国总人口将降至4.79亿，占世界人口的比例将从现在的17%降至4.8%（见图2-1）。如果总和生育率一直较低，那么总人口将陷入持续负增长。人口见顶之后前25~30年内萎缩速度较慢，但随着1962—1975年高生育率时期出生人口进入生命终点，2050年前后，人口萎缩速度将明显变快。

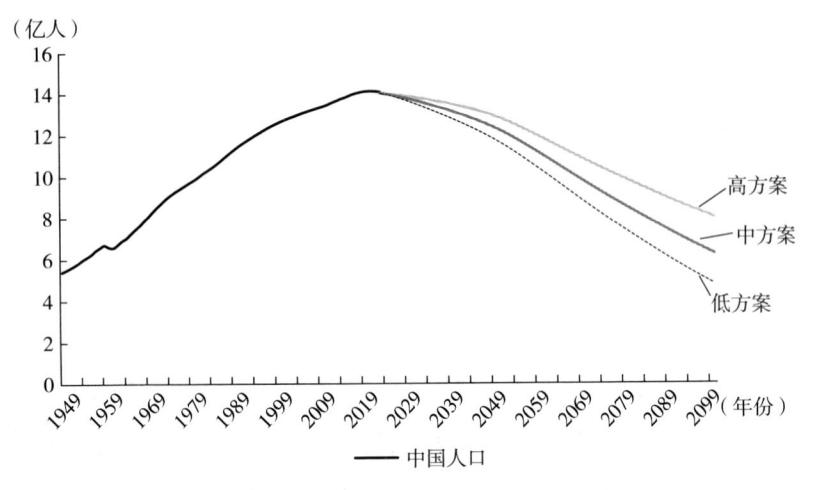

图2-1 对中国人口的高方案、中方案和低方案预测情况

资料来源：国家统计局，泽平宏观。

人口数量和质量共同影响国力，人口总量萎缩将影响大市场优势，也将影响经济增长和经济规模。好在全社会已经开始高度关注中国的人口问题，政策也逐渐向鼓励生育转变，从"放开三孩"到完善

生育支持政策体系、减轻家庭负担。

2021年5月31日，中共中央政治局会议审议《关于优化生育政策促进人口长期均衡发展的决定》，会议指出，进一步优化生育政策，实施一对夫妻可以生育三个子女政策及配套支持措施，有利于改善我国人口结构、落实积极应对人口老龄化国家战略、保持我国人力资源禀赋优势。

2021年7月20日，中共中央、国务院发布《关于优化生育政策促进人口长期均衡发展的决定》，内容包括"实施一对夫妻可以生育三个子女政策，并取消社会抚养费等制约措施、清理和废止相关处罚规定，配套实施积极生育支持措施"。

2022年8月16日，国家卫生健康委、国家发展改革委等17部门印发《关于进一步完善和落实积极生育支持措施的指导意见》，指导意见将婚嫁、生育、养育、教育一体考虑，从提高优生优育服务水平，发展普惠托育服务体系，完善生育休假和待遇保障机制，强化住房、税收等支持措施，加强优质教育资源供给，构建生育友好的就业环境，加强宣传引导和服务管理等7个方面，完善和落实财政、税收、保险、教育、住房、就业等积极生育支持措施，提出20项具体政策。同月，国务院办公厅发函，同意建立由26个部门和单位组成的国务院优化生育政策工作部际联席会议制度，统筹协调全国优化生育政策工作。

2022年10月，党的二十大报告提出，"优化人口发展战略，建立生育支持政策体系，降低生育、养育、教育成本。实施积极应对人口老龄化国家战略，发展养老事业和养老产业，优化孤寡老人服务，推动实现全体老年人享有基本养老服务"。

2022年12月召开的中央经济工作会议强调，"完善生育支持政策体系，适时实施渐进式延迟法定退休年龄政策，积极应对人口老龄化少子化"。

《人口与健康》在2023年第1期刊发了国家卫生健康委人口监测与家庭发展司司长杨文庄的文章，提出要鼓励地方在降低生育、养育、教育成本方面积极探索、大胆创新，在"十四五"期末，使家庭负担有效降低。

2023年5月，习近平总书记在二十届中央财经委员会第一次会议上强调，"人口发展是关系中华民族伟大复兴的大事，必须着力提高人口整体素质，以人口高质量发展支撑中国式现代化"。

自放开三孩政策以来，各地积极健全生育配套服务，在生育和育儿补贴、生育保险、个税减免、延长育儿假、提供托育服务、住房优先保障等方面降低生育、养育、教育成本，但力度有待提升，落实情况有待改善。越来越多的地方拿出真金白银来鼓励生育，根据统计，全国已经有30多个城市出台或拟出台生育或育儿补贴的相关政策，但目前看补贴力度仍不足，低于大部分欧洲国家。并且，自2023年下半年以来，各地政府出台相关生育、育儿补贴政策的频率明显下降，部分补贴政策落实情况有待改善，主要原因是地方政府财力不足和动力不够。我们期待未来能有更多行之有效的鼓励生育政策出台，中国未来的生育率，在很大程度上取决于鼓励生育的力度。相信经过一系列长短结合的措施，未来人口有望长期健康均衡发展。

二、老龄化加剧，正从人口红利期转入人口负担期

中国的老龄化速度和规模前所未有。2021年中国65岁及以上人口占比达14.2%，进入深度老龄化社会，2022年上升至14.9%，2023年为15.4%。根据育娲人口《中国人口预测报告2023版》"中方案"，

预计中国在2030年前后进入65岁及以上人口占比超20%的超级老龄化社会，之后持续快速上升至2060年的约37.4%，企稳一段时间后至2084年将再度上升至约48.3%（见图2-2）。从老龄化速度看，从老龄化到深度老龄化，日本用了24年，德国用了40年，法国用了126年，中国只用了21年；从深度老龄化到超级老龄化，日本用了11年，德国用了36年，法国用了28年，预计中国用10年左右。

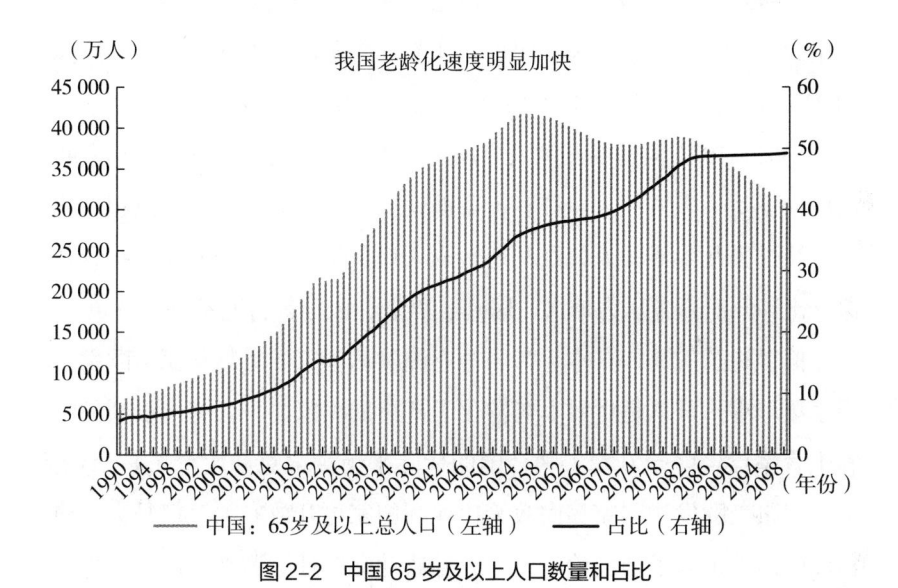

图2-2　中国65岁及以上人口数量和占比

资料来源：国家统计局，泽平宏观。

由于人口基数大，中国老年人口规模也是前所未有的。2023年中国65岁及以上人口规模2.2亿，约占全球老年人口的26.8%，大致每4个老年人中就有1个是中国人。中国高龄化问题也将日益突出。2022年中国80岁及以上高龄老人超4000万，占65岁及以上老年人口的比重约为2.8%。根据育娲人口《中国人口预测报告2023版》"中方案"，预计2030年、2050年、2070年、2100年80岁及以上人口占比分别为 3.7%、11.0%、18.6%、30.4%。

老龄化地域差异大，东北、川渝地区老龄化明显。分省区看，2022 年仅西藏 65 岁及以上人口占比低于 7%，人口年龄结构较为年轻；新疆、广东、青海等 11 个省级行政区 65 岁及以上人口占比为 7%~14%，初步进入老龄化；山西、河南、陕西、内蒙古 4 个省级行政区 65 岁及以上人口占比大于 14%，但低于全国平均水平；浙江、北京、河北等 15 个省级行政区 65 岁及以上人口占比大于 14%，进入深度老龄化阶段，其中，辽宁、上海、重庆、四川、江苏、黑龙江、吉林占比分别高达 20.0%、18.7%、18.3%、18.1%、17.9%、17.8%、17.8%。

1962—1975 年的婴儿潮人口加速步入老龄，退出劳动力市场。我们前面享受了多大的人口红利，后面就要背负多大的老龄化负担，我们正从过去几十年的人口红利期转入人口负担期。未来养老负担、社保支出和政府债务压力增大，医药、养老、医疗等行业都是大赛道。

值得注意的是，日本、韩国等亚洲发达国家的老龄化比美欧发达国家更严重，日本是世界上老龄化最严重的国家之一，韩国最新的总和生育率已经降至 0.72（联合国的代际平衡黄金总和生育率是 2.1），这可能跟美欧发达国家移民政策比亚洲国家更开放有关，但是大规模移民的涌入带来了社会治安变差、种族冲突、社会撕裂、白人比重大幅下降等新的问题。

三、劳动年龄人口下降，经济潜在增长率下降，推动人口红利转向人才红利

劳动规模持续萎缩，劳动人口占比大幅下降，2010—2023 年

15~64岁劳动年龄人口规模从10亿降至9.6亿，占比从74.5%降至68.2%，预计到2050年将降至59.1%。中国劳动年龄人口比例及规模分别在2010年、2013年见顶，随后进入快速下滑阶段，根据育娲人口《中国人口预测报告2023版》"中方案"，2050年劳动年龄人口占比下降到59.1%，2100年劳动年龄人口占比下降到44.3%（见图2-3）。人口数量红利消失，劳动力成本大幅上升，挑战中国"世界工厂"地位，社会创新创业活力下降，经济潜在增速下行。

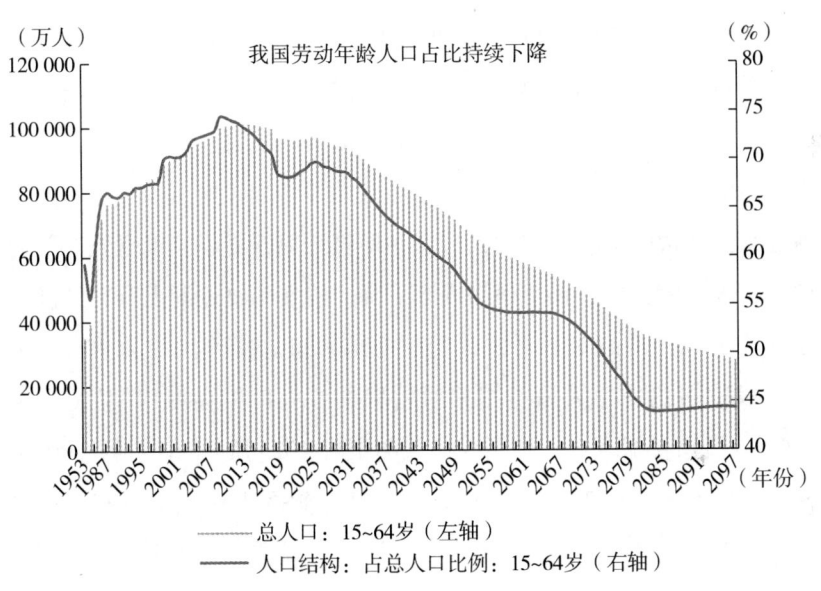

图2-3 我国劳动年龄人口数量及其占总人口的比例

资料来源：国家统计局，泽平宏观。

我们正从人口红利期转入人口负担期，面临"未富先老"的局面。人口数量红利是过去中国经济保持高速增长的一个重要因素。1978年改革开放后，中国依靠庞大且年轻的劳动力以及与之相关的巨大统一市场，快速成长为世界第二大经济体。1962—1975年第二轮婴儿潮人口是改革开放40年的建设主力，生产和储蓄多，消费少，导致储蓄率和投资率上升，储蓄超过投资部分产生贸易顺差，同时过剩的流动性和人均收入水平提高推动消费升级，经济潜在增速较高。在长期低生育率的背景下，中国15~64岁劳动年龄人口比例及规模分别在2010年、2013年见顶，而日本、美国、英国的劳动年龄人口比例分别在1991年、2009年、2013年见顶，当时这几个国家的人均收入远高于中国。

如果不做出改变，老龄化人口结构将影响长期经济增长。人口总量的增加、质量和结构的改善推动美国在第二次工业革命中经济腾飞，并在二战后成为世界霸主。人口老龄化使我国社保收支矛盾日益凸显，养老金缺口将日益加大；随着劳动力供给总量持续下降，劳动力成本将日益上升，部分制造业已经开始并将继续向东南亚、印度等地迁移。从边际上看，中国人口红利即将结束，面临"未富先老"的局面，未来储蓄率和投资率将逐渐下降，消费率将逐渐上升，经济潜在增速下滑。从绝对水平看，当前中国人口总抚养比约为40%，未来一段时间仍处于人口负担相对较轻的"人口机会窗口期"（小于50%）。根据育娲人口《中国人口预测报告2023版》"中方案"，中国的人口抚养比将在2036年超过50%，且逐渐超过100%，人口负担将不断加重。

我国仍然拥有全球少有的庞大劳动年龄人口，面临人口负担加重问题，需要推动人口红利向人才红利转变。根据国家统计局的数据，2010—2022年我国16~59岁人口平均受教育年限从9.67年提升至10.9年。拥有大学文化程度的人口约占总人口的15.5%，相较于美国的42%、加拿大的51%还有提升空间。健康水平、文化素质等方面的提高，对于改善劳动力的供应质量有重要作用，有助于推动人才红利加速释放。

四、少子化加剧，2017—2023 年出生人口连续 7 年下降

全面二孩政策不及预期，三孩政策效果并未显现，未能扭转中国出生人口下降趋势，生育堆积效应已基本结束，出生人口自 2017 年以来连续 7 年下降，2023 年出生人口为 902 万人，比 2022 年减少 54 万人，继续创新低。新中国成立以来，出现三轮婴儿潮，分别为 1950—1958 年的年均 2 100 万人，1962—1975 年的年均 2 628 万人，1981—1994 年的年均 2 246 万人，之后逐渐下滑至 2003—2012 年的年均 1 600 万人，其中 2012 年为 1 635 万人。第四轮婴儿潮原本应在 2010 年后出现，但因计划生育政策而消失。2013—2015 年出生人口分别为 1 640 万人、1 687 万人、1 655 万人。2015 年末中央决定全面放开二孩政策，出生人口在 2016 年达 1 786 万人，创 2000 年以来的峰值；但从 2017 年开始，出生人口连续 7 年下滑，2023 年降至 902 万人，继续创历史新低。

分省份看，广东出生人口数量遥遥领先，河南、山东、河北等人口大省出生人口同比降幅为 5%~10%。从出生人口看，2022 年出生人口前三的省份分别为广东、河南、山东，数量分别为 105.2 万人、73.3 万人、68.2 万人，合计占全国出生人口的 27.4%。从出生人口变动看，2022 年安徽、河北两省出生人口同比降幅超过 15%，福建、辽宁、江西、云南等 13 个省级行政区出生人口降幅为 10%~15%，贵州、山东、吉林等 14 个省级行政区出生人口降幅为 0%~10%，仅西藏、新疆两地出生人口同比小幅正增长。

长期看，由于生育堆积效应逐渐消失、生育率低、育龄妇女规模持

续下滑等，如果没有实质有效的鼓励生育政策出台，中国出生人口的下降趋势较难扭转。根据育娲人口《中国人口预测报告2023版》，如果没有实质有效的鼓励生育政策出台，中国出生人口将在几年内跌破700万人，预计到2050年跌破500万人，2100年仅不到100万人（见图2-4）。中国现在的出生人口只有印度的不到一半，按此趋势，到21世纪中期将只有印度的1/3，到2100年可能不到印度的1/4。相信未来经过一系列长短结合的措施，中国生育率一定能触底回升，人口结构有望逐步改善。

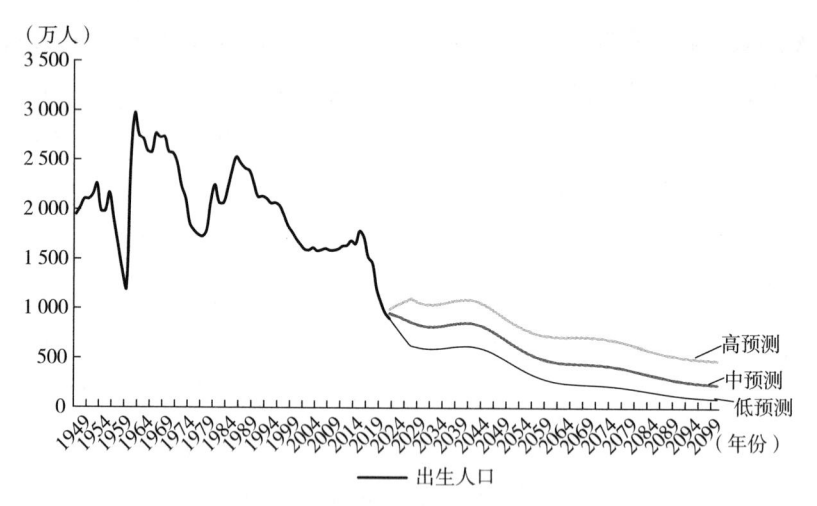

图 2-4　预测中国出生人口将持续下降

资料来源：国家统计局，泽平宏观。

五、中国生育率在全球主要经济体中排名倒数第二，"不想生、不敢生、不能生"问题严峻

中国总和生育率从20世纪70年代之前的6左右，降至1990年

的2左右，再降至2010年后的1.5左右，2022年我国总和生育率仅为1.05，2023年为1.0左右，生育率在全球主要经济体中排名倒数第二。根据我们的计算，2016年总和生育率冲高至1.7，较2015年明显上升，2017年略有降低，2018年明显下降至1.5左右，2019年基本持平，2020年仅为1.3，2021年已降至1.15，2022年为1.05，2023年为1.0左右（按照出生人口902万人估算，见图2-5）。从国际比较看，2022年法国、美国、巴西、英国、德国、日本、韩国的总和生育率分别为1.8、1.7、1.6、1.6、1.5、1.3、0.7。

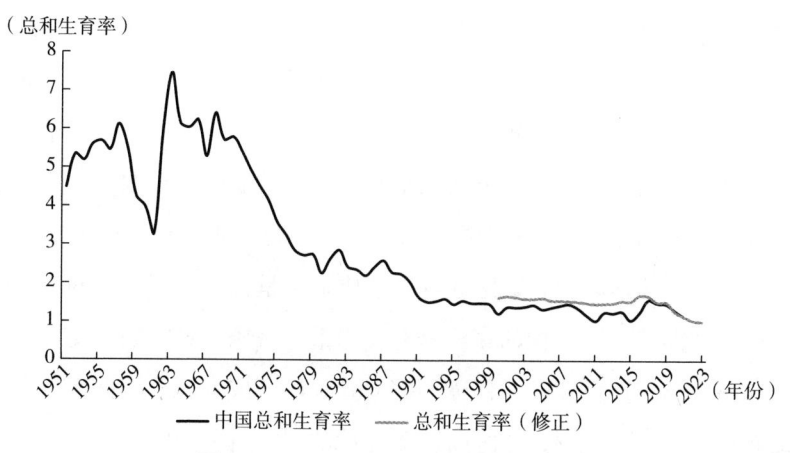

图2-5 1950—2023年中国总和生育率

资料来源：国家统计局，泽平宏观。

为什么不生？现阶段低生育率原因已经从死亡率驱动向功利性生育消退和成本约束驱动转变，生育基础削弱、生育观念改变、生育的机会成本和直接成本高是影响生育率的主要原因。由此带来的是，实际生育水平低于意愿生育水平，它们之间的差距取决于成本的高低。

首先，生育观念改变，"养儿防老"观念淡化。随着经济社会的发展，年青一代的生育观念已经发生改变。与父母辈相比，现在的年轻人并不把生育作为必然选择。"70后""80后"生育观念保守，认为生育是必然选择，但现在"90后""00后"更加追求自我满足，不愿意过早被生育束缚，倾向于晚生、少生，甚至不生。随着女性意识的觉醒和受教育水平的提升，很多女性不愿因生育被困在家中，从而降低生育意愿。并且，由于社保体系的不断完善，社会养老功能逐渐强化，"养儿防老"观念逐渐淡化。

其次，晚婚晚育、不婚不育、单身丁克、不孕不育等削弱生育基础。第一，中国结婚率于2013年见顶后持续回落，晚婚晚育现象日益突出，我国的结婚率从2013年的9.9‰开始逐年下降，2022年结婚率下降到4.8‰，已经连续9年下降。第二，结婚后选择丁克的家庭增多，尤其是在较为发达的一、二线城市。2022年40岁以上的城市大龄男性和女性未婚占比分别为2.5%和1.3%。第三，生育年龄推迟、环境污染、不良生活方式、生殖卫生保护缺失等导致不孕不育率上升，根据国家统计局的数据，我国不孕不育率为12%~18%。

最后，住房、教育、医疗等直接成本高是抑制生育行为的"三座大山"，"四二一"结构的家庭养老负担重、挤压生育空间，女性劳动参与率较高，但就业权益保障不够，导致机会成本高。根据育娲人口发布的《中国生育成本报告》，在统计的14个国家中，0~17岁孩子的养育成本平均为48.5万元，0岁至大学本科毕业的养育成本平均为62.7万元。如果将把一个孩子抚养到刚年满18岁所花费的成本相对于人均GDP的倍数进行国际对比，会发现澳大利亚是2.08倍，法国是2.24倍，瑞典是2.91倍，德国是3.64倍，美国是4.11倍，日本是4.26倍，中国是6.9倍。

发达国家的政府一般会拿出GDP的1%~3%来提供现金、税收优惠等家庭福利。补贴力度大的国家，生育率一般也更高。根据经济合作与发展组织（OECD）的数据，北欧国家家庭福利支出占比2%以上，普遍高于南欧和东亚国家，生育率也相对较高，2021年北欧、南欧、东亚总和生育率分别为1.58、1.33、1.17。家庭政策发源于欧洲，一开始是为了支持在工业化和现代化过程中的困难家庭，后来随着少子化问题的出现，逐渐成为鼓励生育政策的重要部分。现在中国已经是世界范围内生育率最低的国家之一，远低于发达国家1.5左右的平均水平，如果不解决生育成本和生育福利问题，那么生育率下降趋势很难扭转。相信经过一系列长短结合的措施，中国生育率一定能触底回升，未来人口有望长期健康均衡发展。

六、不婚化、家庭小型化成趋势，2022年家庭户均规模降至2.76人

根据人口普查数据，2010—2020年平均每个家庭户规模由3.10人降至2.62人，家庭户规模继续小型化，主要受我国人口流动日趋频繁、户籍制度改革不到位、年轻人不婚不育观念等因素的影响。2020年平均每个家庭户人口为2.62人，比2010年第六次全国人口普查的3.10人减少0.48人。根据抽样数据，2021年，我国家庭户规模约2.77人，2022年降至2.76人，总体呈小型化趋势，主要原因集中体现在三个方面。

第一，人口流动日趋频繁，职业流动性增加，家庭成员间空间距离变大，年轻人更可能离开父母独立居住，一人户、"空巢"家庭和"纯老户"的数量与比例均会增加。

第二，当前户籍制度改革进程明显滞后于人口流动趋势。流动人口无法享受与户籍人口均等的教育、医疗资源与公共服务，导致生育意愿降低。

第三，年轻人不婚不育观念日趋普遍。"60后"是传统的一代；"70后""80后"是转型的一代；"90后""00后"不向往结婚生育，向往独立、自由、享受，抵制"996"。年轻人对组建家庭、养儿育女的意愿逐渐下降，对婚姻的依赖不如以往强烈，单身经济盛行。2013年开始，我国结婚率已连续9年下降（见图2-6），离婚率逐渐达峰并趋于平稳。2013—2022年我国结婚登记对数从1 347万对的历史高点持续下滑至683万对。我国离婚对数于2019年达峰，由于离婚冷静期制度，2020年、2021年离婚对数连续下降，2022年保持平稳。不婚导致大量单身人口出现，根据《中国人口和就业统计年鉴2023》，2022年我国20岁及以上单身人口约1.5亿人，如果将处于离婚状态的人也算作单身，那么这个数据会更多，其中男女比例为63：37。

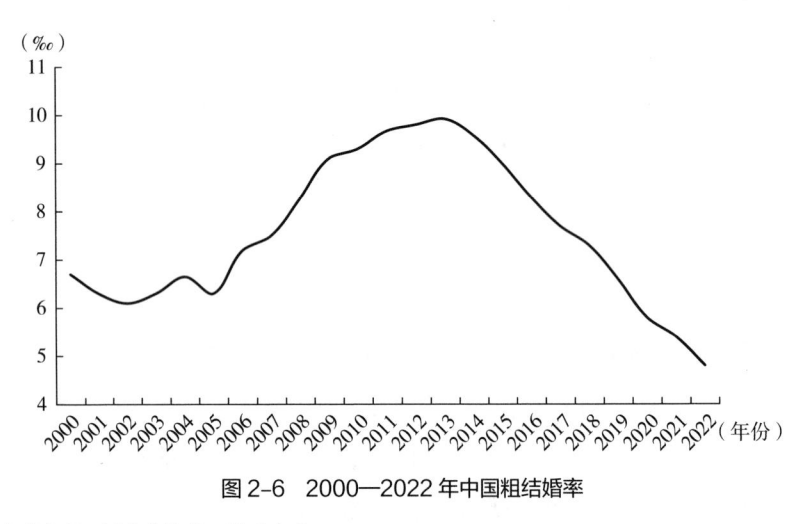

图2-6　2000—2022年中国粗结婚率

资料来源：国家统计局，泽平宏观。

从国际看，由于生育率下滑、晚婚现象普遍、不婚率和离婚率提高、人口流动等，家庭规模小型化是世界各国人口发展的普遍趋势。当前，日本、美国、韩国家庭户均规模分别约为2.27人、2.53人、

2.40 人，中国家庭户均规模从 1982 年的 4.41 人降至 2022 年的 2.76 人。此外，中国家庭户规模仍有小型化趋势，可能导致更多的住房和更大的人均住房面积需求。

七、性别比持续改善，男性比女性多 3 097 万人，农村"剩男"和城市"剩女"问题突出

近年来我国性别比问题逐渐改善，2023 年总人口性别比为 104.49，较 2022 年略有降低，处于历史低位水平。2023 年男性、女性人口分别为 72 032 万、68 935 万，占比分别为 51.1%、48.9%，男性比女性多 3 097 万，总人口性别比为 104.49，较 2022 年略有降低，目前处于历史低位水平，性别比明显改善。

分省份看，2022 年，辽宁、河北、吉林、黑龙江 4 个省级行政区人口性别比在 100 以下，河南、青海、四川、重庆等 15 个省级行政区为 100~105，天津、云南、湖北等 10 个省级行政区为 105~110，海南、广东在 110 以上。整体看，东北呈现"女多男少"的特点，辽宁、吉林、黑龙江分别为 97.3、99.8、99.96，均不超过 100，人口大省广东性别比高达 111.6。

需要注意的是，男女比例失衡、女性意识觉醒等原因造成婚姻市场匹配困难，农村"剩男"和城市"剩女"问题突出。第一，男女比例失衡。比如"00 后"男女性别比约为 115，男性比女性多 1 100 万人；"90 后"男女性别比约为 110，男性比女性多近 900 万人。第二，女性大多偏好不低于自身条件的男性，男性大多偏好不高于自身条件的女性。婚姻成本越来越高，男性在婚姻市场的主动性受家庭资源、

财富水平的影响。经济发展和受教育水平提高给女性提供了更多就业机会，使其社会地位上升。女性不再只作为"家庭主妇"，而是进入职场实现自己的人生价值。高学历女性往往偏好不低于自身条件的男性，在事业发展期面对巨大的恋爱、结婚、养育等成本时，如果没有遇到物质与理想同时匹配的择偶对象，则更倾向选择不婚甚至不恋，加大了婚姻市场的匹配难度。2022年，中国30岁及以上未婚男性有超过60%分布在村镇，学历大多较低；未婚女性有超过60%分布在城市，学历一般较高（见图2-7）。

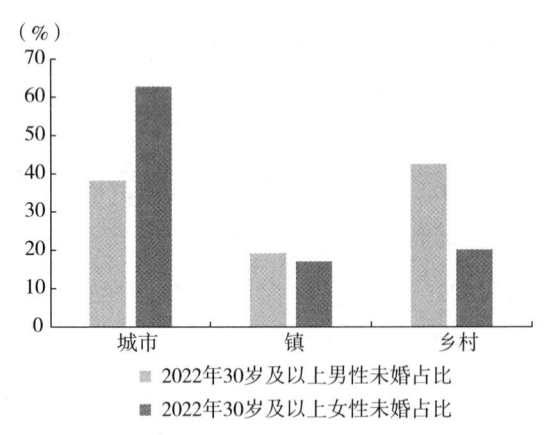

图2-7 2022年我国30岁及以上男性与女性未婚占比

资料来源：国家统计局，泽平宏观。

八、城镇化率稳步提升，人户分离人口规模扩大，户籍制度亟待改革

从城乡构成看，2023年城镇常住人口93 267万人，比上年末增

加 1 196 万人；乡村常住人口 47 700 万人，减少 1 404 万人；城镇人口占全国人口的比重为 66.16%，比 2022 年末提高 0.94 个百分点。国际经验表明，城市化发展近似一条稍被拉平的"S 形"曲线，大致分为三个阶段：缓慢发展期（30% 以前）、快速发展期（30%~70%）、稳定发展期（70% 之后）。在第二阶段快速发展期，大致以 50% 为临界点可分为两个阶段：50% 之前为加速发展阶段，50% 之后为减速发展阶段。中国目前处于快速发展期的减速发展阶段末期。目前中国城镇化率稍高于世界平均水平 56.2%，但低于高收入经济体的 81.9% 和中高收入经济体的 68.2%。根据联合国的预测，2040 年中国城镇化率将达到约 76.4%，对应城镇人口为 10.3 亿。根据我们的预测，到 2040 年中国城镇化率将达到约 78.6%，对应城镇人口为 10.5 亿，比 2020 年增加约 1.5 亿人。

分区域看，东部发达地区城镇化率高于中西部地区。2022 年上海、北京、天津等 9 个省级行政区城镇化率大于 70%，处于城镇化的稳定发展期；内蒙古、宁夏、黑龙江等 14 个省级行政区城镇化率为 60%~70%，城镇化进程处于减速发展的末期；四川、新疆等 7 个省级行政区城镇化率为 50%~60%，城镇化进程处于减速发展的初期，还有较大提升空间；西藏自治区城镇化率只有 37.4%，主要与地理环境、资源分布等因素有关。

人口流动规模持续扩大，流动趋势明显。2020 年人户分离人口、市辖区内人户分离人口、流动人口分别比 2010 年增长 88.5%、192.7%、69.7%，2021 年人户分离人口、市辖区内人户分离人口、流动人口继续同比增长 2.2%、1.7%、2.4%。人户分离是指居住地与户口登记地所在的乡镇街道不一致且离开户口登记地半年以上的现象，与户籍制度、经济发展联系密切。2021 年常住人口城镇化率为 64.7%，但户籍人口城镇化率仅为 46.7%，低于常住人口城镇化率 18 个百分点。根据抽样调查数据，2021年人户分离人口为5.04亿人，其中，市辖区内人户分离人口为1.19亿人，流动人口为3.85亿人。与2020年相比，人户分离人口增长2.2%，市辖区内人户分离人口增长1.7%，流动人口增长2.4%。

以上数据说明我国新型城镇化战略持续推进，但也反映了户籍制度改革滞后于人口流动趋势，人地挂钩机制不完善，流动人口的基本公共服务不公平，同一城市内教育、医疗等资源分配不均等。应当尽快建立人地挂钩机制，推动基本公共服务按照常住人口配置。

九、人口、人才向城市群、都市圈集聚，东北、西北人口持续流出

人口进一步向经济发达区域、都市圈、城市群集聚，但分化加大，6个人口萎缩省份全部位于北方，人随产业走，人往高处走。2010—2020年东部人口占比上升2.15个百分点，中部下降0.79个百分点，西部上升0.22个百分点，东北下降1.20个百分点。2020年东部、中部、西部、东北地区人口占比分别为39.93%、25.83%、27.12%、6.98%。分省份看，2020年广东、山东两省人口超1亿，分别为1.26亿人、1.02亿人，合计占全国人口的16.1%。河南、江苏、四川等9省人口为5 000万~1亿人，云南、江西、辽宁、福建、陕西等17省人口为1 000万~5 000万人，宁夏、青海、西藏人口不足1 000万人。10年间，甘肃、内蒙古、山西、辽宁、吉林、黑龙江6省区人口萎缩，分别减少55.5万人、65.7万人、79.6万人、115.5万人、337.9万人、646.4万人，全部位于北方。

研究发现，改革开放以来，中国人口迁移经历了从"孔雀东南飞"到2010年后的回流中西部，再到近年的粤浙人口再集聚和回流中西部并存。城市层面，人口持续向少数核心城市集聚。一、二线城市人口持续流入，但增速放缓；三、四线城市人口持续净流出。都市圈层面，人口向大都市圈集聚，但分化加大。城市群层面，人口进一步向核心城市群集聚。从国际看，美国人口迁移呈现两个特点。一是在地区层面，从向传统工业主导的"铁锈八州"集聚，到向能源、现代制造和现代服务业主导的西海岸、南海岸集聚。二是在城乡层面，人口在城市化中后期明显向大都会区集聚。日本人口随产业持续向大都市圈集聚，但在1973年前后从向东京圈、大阪圈、名古屋圈"三极"集聚，转为向东京圈"一极"集聚。

人口是一切经济社会活动的基础，人才更是第一资源。根据我们与智联招聘联合推出的《中国城市人才吸引力排名：2023》，近年人才仍不断向东部城市集聚，长三角、珠三角城市群人才集聚能力逐渐增加。分区域看，2018—2022年东部地区人才净流入占比从5.7%增至14.1%，得益于雄厚的经济基础和较高的战略定位，人才持续向东部集聚；中部、西部地区人才持续净流出，且净流出占比加大。分城市群看，超六成人才流向五大城市群，长三角、珠三角人才持续集聚，2018—2022年人才净流入占比分别从4.6%、2.2%增至7.9%、3.9%；京津冀人才净流出趋势继续放缓，成渝、长江中游城市群人才净流出。随着人口红利消失、人才价值日益凸显，吸引人才、留住人才并培养人才成为各城市提升综合实力的手段。

人口和人才集聚分化促使房地产市场不断分化，需求向大都市圈、大城市群集中，在少子老龄化的背景下，未来房地产市场将更加分化，但人地分离、供需错配，一、二线城市高房价，三、四线城市高库存。中国城镇化战略长期存在"控制大城市规模、积极发展中小城市"的倾向，与人口迁移趋势背离。分地区看，2010—2020年东部城市建设用地增速低于城镇人口增速3.3个百分点，而中部、东北、西部分别高20.3个百分点、17.4个百分点、24.3个百分点。分规模城市看，2010—2020年1000万人以上城市城区人口增长25.4%，但土地供给仅增长2.6%；20万人以下城市人口增长22.8%，土地供给增长47.8%。而且货币超发使广义货币增速多高于名义GDP增长，尤其刺激供给短缺且优质公共资源富集的一、二线城市房地产价格快速上涨。尽管近年中国城市发展战略逐渐调整为以中心城市为引领、以城市群为主体形态、以都市圈建设为突破口、对中小城市分类施策，但任重道远，共识尚未达成。

为促进房地产市场平稳健康发展，建议以人地挂钩和金融稳定为核心加快构建房地产长效机制，建立居住导向的新住房制度，更多发挥房地产实体经济功能，回归居住属性和制造业属性。

十、受教育程度提高，但社会阶层固化现象需重视

2010—2020年具有大学文化程度的人数增长73.2%，15岁以上人口平均受教育年限提高9.1%，文盲率由4.08%降至2.67%。2020—2022年全国具有大专及以上学历的人口占比从7.2%提升至19.5%，受教育程度大幅提高，人口红利转向人才红利。

从受教育程度看，根据抽样调查数据，2022年，全国具有大专及以上、高中、初中、小学及以下文化程度的人口占比分别为19.5%、

16.4%、34.3%、29.8%，较 2020 年分别变动 2.3 个百分点、-0.4 个百分点、-4.1 个百分点、2.2 个百分点。根据人口普查数据，2020 年具有大专及以上、高中、初中、小学及以下文化程度的人口占比分别为 17.2%、16.8%、38.4%、27.6%。2010 年具有大专及以上、高中、初中、小学及以下文化程度的人口占比分别为 10.1%、15.9%、43.8%、30.2%。分区域看，2022 年，北京具有大专及以上文化程度的人口占比为 50.3%，为最高；上海、天津具有大学文化程度的人口占比为 30%~50%，学历水平较高；江苏、陕西、辽宁等 8 个省级行政区为 20%~30%；宁夏、吉林、青海等 20 个省级行政区小于 20%。

但近年收入分配差距拉大，社会阶层流动放缓，名校录取学生中来自农村和寒门的比例下降。我国收入基尼系数由 2015 年的 0.462 升至 2022 年的 0.467（见图 2-8），税前收入前 10% 的人群收入占比由 2000 年的 35.56% 升至 2019 年的 41.43%。1978—1998 年北大、清华等名校农村学生超三成，20 世纪 90 年代中期开始下降。根据清华大学官方网站公布的信息，2022 年清华在内地招生约 3 400 名，农村及专项计划实施区域学生不足 20%，若没有针对贫困地区的专项计划，清华农村生源比例不到一成。此外，高房价在一定程度上抑制了社会流动和年轻人奋斗的梦想。住房制度决定房地产市场。全球各经济体房地产市场表现差异极大，有的陷入高房价困境，带来各类经济和社会问题，如中国香港和英国；有的暴涨暴跌，引发金融危机，如美国和日本；有的房价长期稳定，居者有其屋，如德国和新加坡。1998 年中国内地住房制度改革在一定程度上借鉴了中国香港，中国香港在一定程度上借鉴了英国。加大教育投入、调节收入分配、促进教育公平、加快推动人地挂钩和金融稳定的住房制度改革等日益重要。

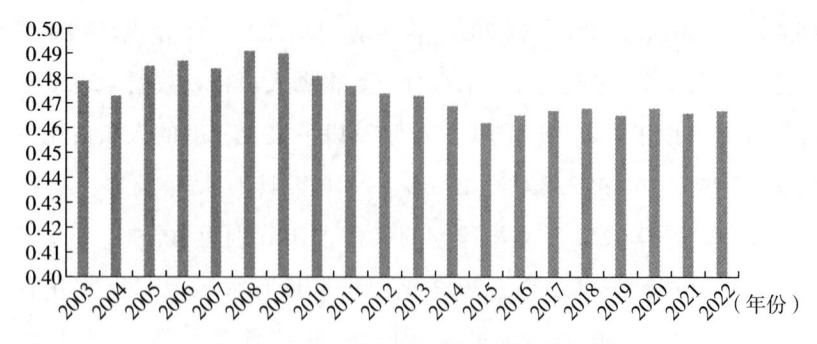

图 2-8 2003—2022 年我国居民基尼系数

资料来源：国家统计局，泽平宏观。

第三章

婚姻：
年轻人不结婚了，是自我选择还是无奈

婚姻是家庭的基本组成部分，对个人来说，婚姻是情感的升华，家庭是切实的归属感；对社会来说，长期和谐的婚姻家庭关系有助于社会稳定。然而，随着经济增长、社会发展，年轻人越来越不愿意结婚了，结婚率持续下降的背后，原因是什么？结婚率下降是好事还是坏事？如何改变现状？本章试图从人口结构、个人选择、结婚成本等多个维度回答这些问题。[①]

---

① 本章执笔人：任泽平、白学松、张硕、华炎雪、李晓桐。

一、中国婚姻现状

（一）不婚晚婚情况加剧，离婚人数下降

随着经济的发展，中国婚姻状况发生了很大的转变，主要体现在结婚率下滑、初婚年龄推迟、离婚率有所降低上。具体来看有以下几点。

一是结婚登记对数不断创新低，10 年内下降 49.3%，结婚率下降 5.1 个千分点。2013—2022 年，我国结婚登记对数从 1 346.9 万对的历史高点持续下降至 683.5 万对，降幅达 49.3%，2023 年前三个季度结婚登记对数为 569.0 万对，同比增长 4.5%；2013—2022 年粗结婚率从 9.9‰降至 4.8‰（见图 3-1）。2022 年，我国居民初婚登记人数从 2013 年 2 386 万人的高点降至 1 051.8 万人，再婚人数先升后降，2019 年达到 455.9 万人的峰值后降至 2022 年的 315.2 万人（见图 3-2）。

二是晚婚现象突出，25~29 岁人群代替 20~24 岁人群成为结婚主力（见图 3-3），高年龄层段（40 岁及以上）结婚登记占比大幅上升。2005—2022 年，20~24 岁结婚登记人数（含再婚）占比从 47.0% 降至 15.2%，25~29 岁结婚登记人数占比从 34.3% 升至 37.2%，30~34 岁、35~39 岁、40 岁及以上结婚登记人数占比分别从 9.9%、4.9%、3.9% 增至 20.7%、9.1%、17.7%。

三是离婚对数和离婚率经过长期持续攀升后，在制度调整下有所改善。1978—2022 年，我国离婚登记对数先升后降，从 1978 年的 28.5 万对升至 2019 年的 470.1 万对的峰值，此后大幅下降至 2022 年

的 287.9 万对，同比下降 38.8%，2023 年前三个季度，离婚登记对数为 197.3 万对，同比上年增长 20.1%。粗离婚率从 1978 年的 0.2‰ 攀升至 2019 年的 3.4‰，2022 年下滑至 2.0‰（见图 3-4）。

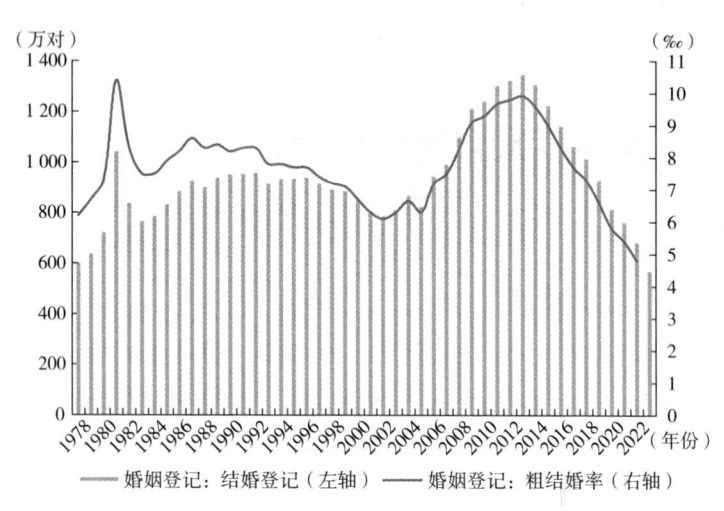

图 3-1 1978—2023 年我国结婚登记对数和粗结婚率

资料来源：民政部，Wind，泽平宏观。

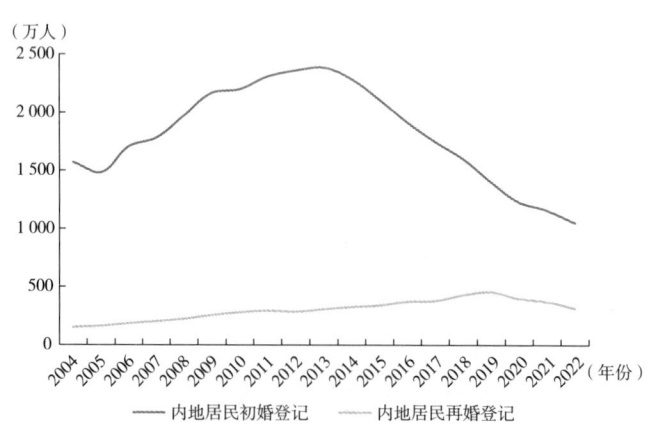

图 3-2 2004—2022 年我国居民初婚登记和再婚登记人数

资料来源：民政部，Wind，泽平宏观。

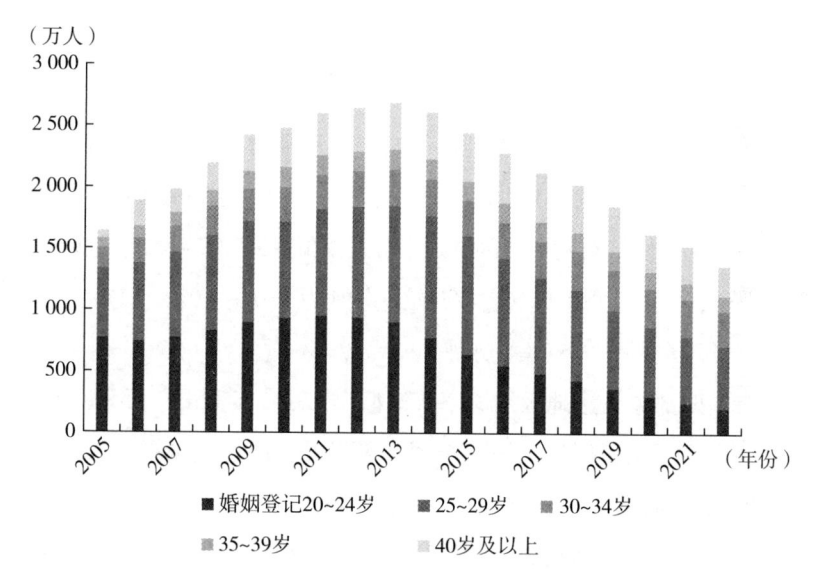

图 3-3 2005—2022 年我国各年龄段婚姻登记人数

资料来源：民政部，Wind，泽平宏观。

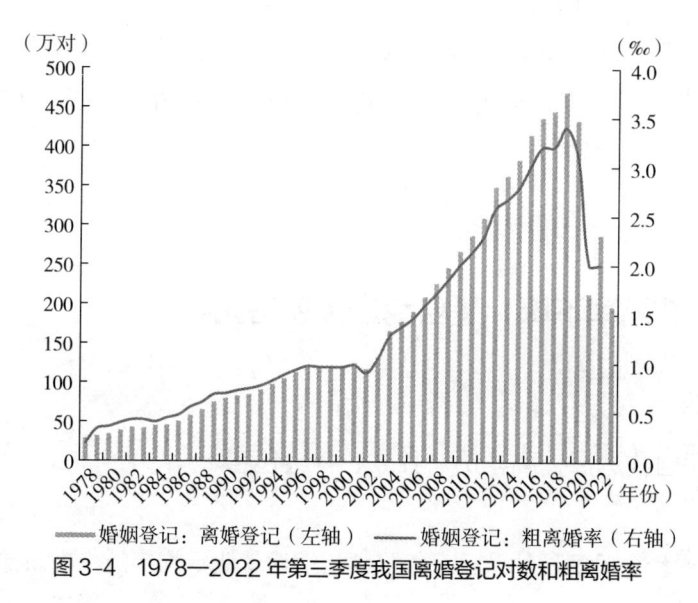

图 3-4 1978—2022 年第三季度我国离婚登记对数和粗离婚率

资料来源：民政部，Wind，泽平宏观。

（二）经济发达地区结婚率偏低

2013年以来，中国多数地区结婚率出现下滑。但地区之间存在差异，与GDP大体呈负相关关系，也受人口流动、老龄化等因素扰动。

一是东部经济较发达地区结婚率普遍偏低。2022年上海、福建、河北、山东、北京结婚率排名倒数五位，分别为2.9‰、4.0‰、4.1‰、4.1‰、4.2‰，低于全国平均5.0‰的水平。

二是西部欠发达地区结婚率普遍偏高。2022年贵州、西藏、云南、宁夏、青海、四川等地结婚率全国排名靠前，超过全国平均水平，其中，贵州、西藏、云南排名前三，分别为7.6‰、6.8‰、5.8‰。

三是受人口流动和老龄化影响。老龄化严重的省份，适婚年龄人口相对较少，如果长期存在人口流出，则结婚率下滑更加明显。中国老龄化程度排名前五的省份分别是辽宁、上海、重庆、四川、江苏。其中，辽宁近3年人口流出80万人，叠加2022年65岁及以上人口占比高达20.0%，结婚率只有4.5‰。而人口流入的老龄化省份，结婚率相对较高，重庆、四川65岁及以上人口占比分别为18.3%、18.1%，但结婚率分别为5.4‰、5.5‰。

二、结婚率下降：是自我选择还是无奈

（一）自我选择：高学历、独立、社会包容

受教育时间增加、教育年限延长推迟就业平均年龄，进而推迟结婚平均年龄。

近年来，我国基础教育及高等教育水平随着经济的发展大幅提高。根据国家统计局的数据，2004—2022年博士在校学生数从16.6万人增至55.6万人，硕士在校学生数从65.4万人增至309.8万人（见图3-5）。15岁及以上文盲人口比例从1999年的15.8%下降至2022年的3.4%。随着受教育年限的增长，适婚人口结婚年龄明显推迟。人口统计年鉴显示，中国女性的平均初婚年龄从1990年的22.0岁上升到2020年的28.0岁，男性同期从24.1岁上升到29.4岁。

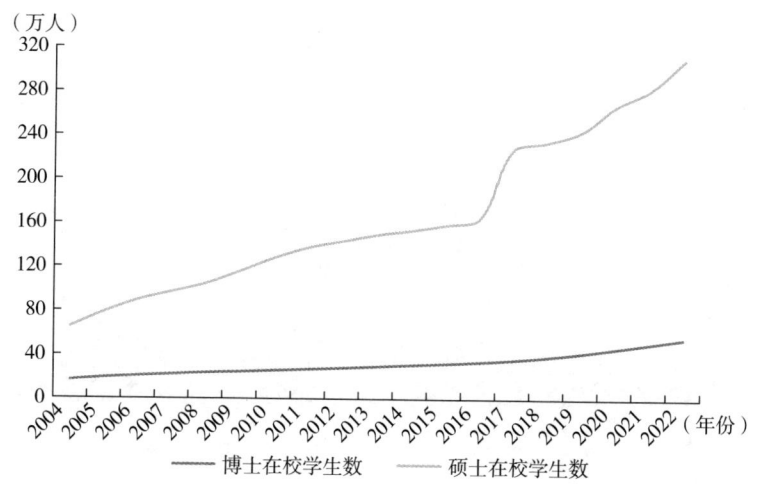

图3-5 2004—2022年我国博士、硕士在校学生数量

资料来源：《中国统计年鉴》，泽平宏观。

新一代年轻人追求独立自由与高品质生活，对婚姻持开放态度，尤其是当前女性自我独立的实现与自我意识的觉醒。

经济发展和受教育水平提高给女性提供了更多就业机会，女性社会地位上升。女性不再只作为"家庭主妇"，而是进入职场实现自己的人生价值。1997—2022年，专科及以上学历人口中，女性占比从37.2%大幅提高至48.1%，女性受高等教育的比重逐渐接近男性。高学历女性往往偏好不低于自身条件的男性，加大婚姻市场匹配难度，单身女性规模快速上升。

思想开放与社会包容性增强，离婚不再是一个"谈虎色变"的话题。经济独立使女性逐渐摆脱婚姻的束缚，更有底气承担离婚的不利后果。根据《中国统计年鉴》，2002—2022年，人民法院审理离婚一审案件结案数量呈现增长趋势，从106.6万件增至143.1万件，增长了34.2%（见图3-6）。根据家理律师事务所的数据，2022年离婚诉讼案件中，家庭琐事、性格不合占比75.3%，家暴、虐待、遗弃占比32.9%。

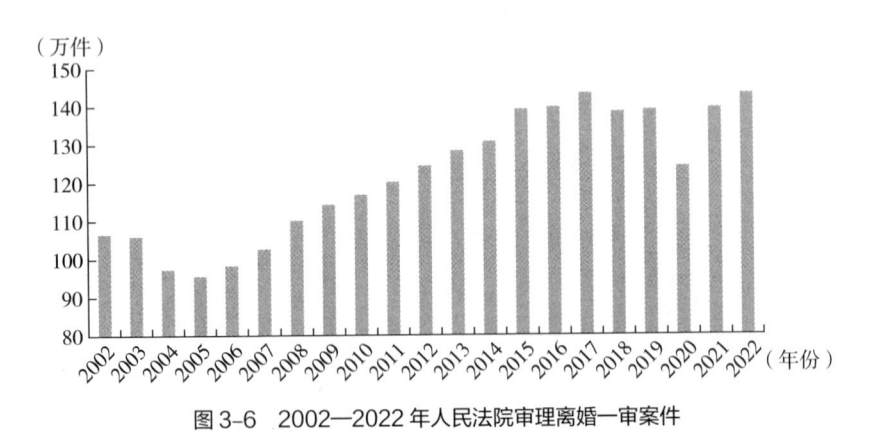

图 3-6　2002—2022 年人民法院审理离婚一审案件

资料来源：《中国统计年鉴》，泽平宏观。

（二）无奈：社会压力、婚育成本

结婚成本原本不高，但在中国传统观念下，婚前彩礼、购置婚房、婚后养育子女等环节推高了结婚及婚后生活成本。而当前高房价、高教育支出导致年轻人对于婚姻望而却步，这种情况在大城市尤为明显。

核心城市房价收入比持续提升，年轻人面临"买婚房""还房贷"的双重压力。1998年房改以来，房价经过几轮快速上涨，导致年轻人购置婚房首付、婚后还贷成本明显提高。2010—2023 年，百城样本住宅均价从 9 314 元 / 平方米上涨至 16 220 元 / 平方米。2004—2023 年中国个人住房贷款余额从 1.6 万亿元增至 38.2 万亿元，增长了 22.9 倍（见图 3-7）。根据 Wind（万得）的数据，2010—2020 年，一线城市房价收入比从 20.0 增至 24.4（见图 3-8）。

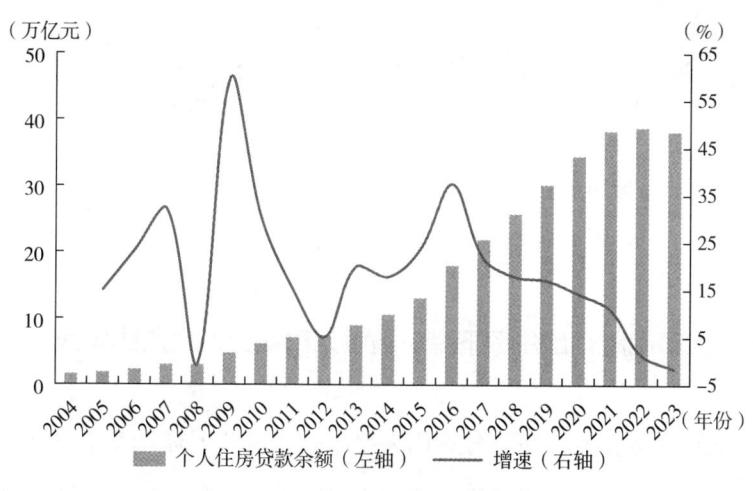

图 3-7　个人住房贷款余额及增速

资料来源：Wind，泽平宏观。

教育成本明显攀升，"教师减负、家长增负"，生育养育压力增大。教育成本主要包括幼儿园学杂费，幼儿园及小学、初中、高中阶段辅导班费用，大学学费及生活费等。根据北京大学中国社会科学调查中心 CFPS（中国家庭追踪调查）2010—2018 年的数据，孩子养育成本占家庭收入的 50% 左右，教育支出占养育成本的 34%。汇丰银行相关报告显示，中国人均收入不及发达国家的 1/3，但中国父母为子女教育支出的费用与发达国家的水平相当。

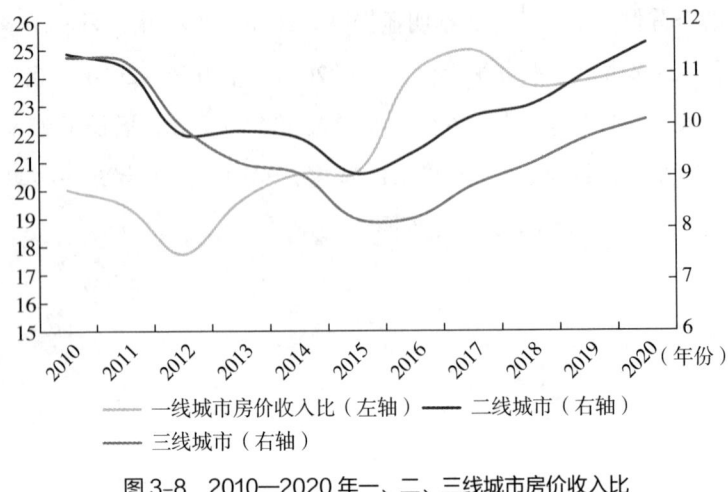

图 3-8　2010—2020 年一、二、三线城市房价收入比

资料来源：Wind，泽平宏观。

（三）人口问题：出生率下降、适婚人口减少、性别比失衡

此前计划生育政策导致中国人口出生率显著下降，青年人口占总人口的比重迅速降低，此外，由于重男轻女的传统观念，人口性别比例失衡也影响结婚率。

出生率下滑影响适婚年龄人数，进而导致结婚对数下滑。中国1982 年将计划生育定为基本国策，此后出生人口数量大幅下滑，影响当前适婚人口数。根据人口普查数据，2010—2020 年，15~35 岁青年人口占总人口的比重从 33.5% 下降到 27.2%。2020 年，"80 后""90 后""00 后"人口分别为 2.19 亿人、1.88 亿人、1.47 亿人，"90 后"比"80 后"少约 3 100 万人，"00 后"比"90 后"少 4 100 万人。当前结婚年龄主力——25~29 岁（"90 后"）人口大幅下滑，对结婚对数产生负面影响。

未来 10 年结婚主力人口持续减少，结婚率或将持续下降。2015年底中央决定全面放开二孩，2016 年出生人口升至 1 786 万人，但

2017年下滑至1 725万人，此后持续下滑，2023年已降至902万人。1979—2020年人口出生率从17.8‰降至6.4‰。在长期低生育率背景下，中国15~64岁劳动年龄人口占比及规模分别在2010年、2013年见顶，结婚主力人口见顶。

男女比例自计划生育后严重失衡，造成婚姻市场匹配困难，进而影响结婚对数。1982年出生人口性别比为107.6，1990年超过110，2000年接近118，之后长期超过120。根据2020年人口普查数据，20~40岁男性人口比女性多1 752万人。适婚人口性别结构错配，导致结婚率下降。

三、客观看待中国婚姻现状

（一）正面效应：促进单身经济兴起

家庭规模持续缩小，单身人口数量增长。2020年，中国家庭户接近5亿户，其中一人户家庭超1.25亿户。2022年，我国15岁以上单身人口为2.4亿人，占总人口的17.1%，创历史新高，超过英国、法国、德国人口总和。

单身人群普遍储蓄低，追求高品质、高质量、高消费的生活，助推新消费模式，以及促进文娱、宠物消费。

单身人群偏好便利性消费，尼尔森的《中国单身经济报告》显示，42%的单身消费者为悦己而消费，远高于非单身消费者（27%）；单身消费者中97%会选择网购，62%更倾向于点外卖。

此外，单身人群呈现年轻化、高学历化特点，注重自我投资。

在对未来一年的时间规划方面，22%的单身消费者希望去读书，

18%的单身消费者希望学习新技能，17%的单身消费者希望培养自己的兴趣爱好，均高于非单身消费者的13%、11%、14%。

在对未来一年的消费意愿预期方面，分别有16%和14%的单身消费者更愿意在自我提升和运动健身上多花钱。尼尔森的数据显示，单身群体注重感情寄托，在就餐、娱乐上的支出意愿高于非单身群体；此外，单身青年宠物消费占比高于非单身消费者，未婚人群占比达57%。根据《中国宠物行业白皮书》，2022年我国城镇宠物犬猫消费市场规模达2 706亿元，较上年增长8.7%。

（二）负面效应：降低出生率、加重养老负担

晚婚导致晚育现象加剧，初育年龄每推迟一个月，总和生育率下降8%左右。1990—2020年女性平均初育年龄从24.1岁推迟至26.3岁，平均生育年龄（所有孩次）从24.8岁推迟至28.0岁。1990年主要初育年龄、主要生育年龄均为20~27岁，生育一孩数、生育子女数占比分别为86.6%、74.9%。而到2015年，主要初育年龄推迟至22~29岁，且生育一孩数占比降至66.7%；主要生育年龄推迟至23~30岁，且生育子女数占比降至59.1%。并且，1990—2015年30岁以上高龄产妇的生育一孩数占比从4.2%增至近19.2%，生育子女数占比从14.0%增至32.3%。2022年总和生育率为1.09，已低于1.5的警戒线（见图3-9）。

晚婚晚育、不婚问题加重中国养老负担，严重拖累国家财政，制约经济活力。结婚率下降导致的少子化，使中国养老负担持续加剧。2013—2023年中国城镇职工基本养老保险基金收入算术平均增速为19.3%，而支出算术平均增速约为22.3%。2012—2022年中国城乡基本养老保险基金收入算术平均增速为18.8%，而支出算术平均增速约为22.9%。养老保险基金累计结余可支付时间自2012年见顶后逐年

下降，从 18.5 个月逐渐下降至 2021 年的 11.2 个月，城镇职工基本养老保险基金的区域差异较大，2023 年有 14 个省级行政区养老金入不敷出。其中，黑龙江、辽宁、吉林下拨金额分别为 829.3 亿元、844.3 亿元、218.7 亿元，占总下拨规模的 77.5%。

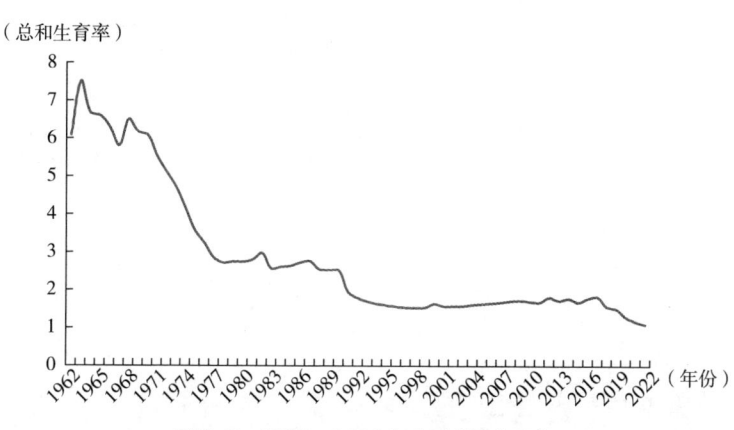

图 3-9 1960—2022 年中国总和生育率

资料来源：国家统计局，泽平宏观。

第四章

生育：
为什么大家不愿意生了

人口因素是长周期、慢变量，势大力沉，影响重大深远，生育政策调整是最根本、最重要的供给侧结构性改革之一。

全面二孩政策不及预期，三孩政策效果未显现，未扭转中国出生人口下降趋势，生育堆积效应基本结束，出生人口2017—2023年连续7年下降，持续创新低。长期看，如果没有实质有效的鼓励生育政策出台，出生人口下降趋势较难扭转。

为什么不生？第一，生育基础削弱。晚婚晚育、单身主义等削弱生育基础，婚姻匹配难。第二，生育成本高。住房、教育、医疗等直接成本高，就业与家庭矛盾提高机会成本，抑制生育意愿。[①]

[①] 本章执笔人：任泽平、白学松、柴柯青。

一、中国生育政策演变：从鼓励到严控，再到放松与构建生育支持体系

1949年以来，中国生育政策经历了从鼓励生育，到宽松计划生育，到严格计划生育，到放松计划生育，再到生育支持五个阶段。

第一阶段（1949—1953年）：鼓励生育阶段，限制节育及人工流产。毛泽东在1949年的《唯心历史观的破产》一文中表示，"世间一切事物中，人是第一个可宝贵的。在共产党领导下，只要有了人，什么人间奇迹也可以创造出来"。1950年4月，卫生部和军委卫生部联合发布办法禁止非法打胎。1952年12月，卫生部发布《限制节育及人工流产暂行办法》。1953年1月，卫生部通知海关禁止进口避孕药和用具。

第二阶段（1954—1977年）：宽松计划生育阶段，从节制生育到"晚、稀、少"政策。1953年第一次人口普查发现全国人口达到了6.02亿人，大幅超出政府预期，同时人口暴增的滞后效应逐渐显现，节制生育政策逐渐被提出。1955年3月，中共中央提出"节制生育是关系广大人民生活的一项重大政策性的问题"。1962年12月中共中央、国务院下发《关于认真提倡计划生育的指示》。1971年7月，国务院批转《关于做好计划生育工作的报告》，要求"在第四个五年计划期间，使人口自然增长率逐年降低，力争到一九七五年，一般城市降到千分之十左右，农村降到千分之十五以下"。1973年12月第一次全国计划生育汇报会提出"晚、稀、少"的政策。"晚"指男25周岁、女23

周岁以后结婚，女24周岁以后生育；"稀"指生育间隔为3年以上；"少"指一对夫妇生育不超过两个孩子。

第三阶段（1978—2013年）：严格计划生育阶段，陆续推出独生子女政策、"一孩半"政策、"双独二孩"政策、计划生育一票否决制。1978年末开始改革开放后，经济社会多数领域从政府计划转向市场调节，生育权却进一步从家庭上移到政府集中管理。1978年3月，"国家提倡和推行计划生育"首次被写入宪法。1978年10月，中央批转《关于国务院计划生育领导小组第一次会议的报告》，明确提出"提倡一对夫妇生育子女数最好一个，最多两个"。1980年9月，中共中央发表《关于控制我国人口增长问题致全体共产党员、共青团员的公开信》，提倡每对夫妇只生育一个孩子。从此，旨在控制一代人生育率的"独生子女政策"在全国全面启动和实施。1982年9月，计划生育国策被写入中共十二大报告，并在同年12月落实到宪法。当年，湖南省常德市率先实行"计划生育一票否决制"，后来在全国推行。1985年为中国节育手术数峰值，高达5 279万次（不含取环），其中放置宫内节育器、输精管结扎、输卵管结扎、人工流产各有1 776万人次、426万人、1 640万人、1 437万例。

第四阶段（2014—2020年）：放松计划生育阶段，从"单独二孩"到"全面二孩"。2013年机构改革将卫生部、人口和计划生育委员会合并为国家卫生和计划生育委员会，同年11月中共十八届三中全会决定启动"单独二孩"政策。2016年实施全面二孩政策，《中华人民共和国人口与计划生育法》修订为"国家提倡一对夫妻生育两个子女"。2018年不再保留国家卫生和计划生育委员会，组建国家卫生健康委员会，这是自1981年国家计划生育委员会组建以来，国务院组成部门中第一次没有"计划生育"名称。

第五阶段（2021年至今）：生育支持阶段，放开三孩，构建生育支持体系。2021年《政府工作报告》提出,"实施积极应对人口老龄化国家战略,以'一老一小'为重点完善人口服务体系,优化生育政策,推动实现适度生育水平,发展普惠托育和基本养老服务体系,逐步延迟法定退休年龄"。2021年5月31日,中共中央政治局会议指出,进一步优化生育政策,实施一对夫妻可以生育三个子女政策及配套支持措施。6月,中共中央、国务院印发《关于优化生育政策促进人口长期均衡发展的决定》指出,实施一对夫妻可以生育三个子女政策,并取消社会抚养费等制约措施、清理和废止相关处罚规定,配套实施积极生育支持措施。这标志着政策开始向鼓励生育转变。2022年8月,国家卫生健康委等17部门发布《关于进一步完善和落实积极生育支持措施的指导意见》,强化深入实施一对夫妻可以生育三个子女政策及配套支持措施。党的二十大报告强调,优化人口发展战略,降低生育、养育、教育成本,实施积极应对人口老龄化国家战略。2022年12月召开的中央经济工作会议强调,"完善生育支持政策体系,适时实施渐进式延迟法定退休年龄政策,积极应对人口老龄化少子化"。

自放开三孩政策实施以来,各地积极健全生育配套政策,包括提供生育补贴、完善生育保险、个税减免、推动落实产假育儿假、提供托育服务、住房优先保障等,重点是降低生育、养育、教育的直接成本、机会成本、时间成本。从全国层面看,2023年8月,国家出台了减轻育儿和养老负担的税收减免政策,将三岁以下婴幼儿照护的扣除标准从1 000元/月提高到2 000元/月,子女教育的扣除标准从1 000元/月提高到2 000元/月,赡养老人的标准从2 000元/月提高到3 000元/月。提高育儿和养老的个税抵扣额度,能够切实减轻家庭育儿养老负担。从地方层面看,越来越多的地方拿出真金白银鼓励生育。目前有30多个省级行政区出台了生育和育儿补贴政策,其中浙江省和湖北省为政策出台密集区域，分别有6个和5个省内地区出台相关政策。目前看，生育和育儿补贴政策力度有待提升，落实情况有待改善。

二、中国生育现状：生育率低迷，年轻人生育意愿低，育龄妇女规模缩小，出生人口数量连续下滑

（一）生育率：年轻人生育意愿低，一孩生育率持续下降，二孩政策效果消退，三孩政策效果未显现

中国总和生育率从20世纪70年代之前的6左右，降至1990年的2左右，再降至2010年后的1.5左右，2020年跌破1.3，2023年降至约1.02，不足更替水平（2.1）的一半，生育率在全球主要经济体中排名倒数第二。总和生育率指每个妇女一生平均生育子女数，放开二孩政策出台前，很多不符合计划生育政策生了二孩的家庭，为避免处罚，在人口普查时瞒报二孩，导致官方数据低估总和生育率。我们此前基于教育部门的小学生入学数据修正出生人口数（2000—2011年），再经由生育模式将出生人口拆解为各年份年龄段分孩次的出生人口，并通过漏报率修正计算各年份年龄段分孩次生育率，加总得出修正的2000—2018年总和生育率。随着全面二孩、全面三孩政策的实施，瞒报漏报情况逐渐消失。与总和生育率相关的一个指标是保持人口规模不变的世代更替率，发达国家人口世代更替率为2.1左右，中国因男女性别比失衡和女性存活率低，差异为2.2左右。根据我们的估算（见图4-1），2016年总和生育率冲高至1.7，较2015年明显上升，

2017年略有下降，2018年明显下降至1.5左右，2019年基本持平，2020年仅为1.3，2021年为1.15，2022年约为1.05，2023年约为1.02（按照出生人口902万人计算）。

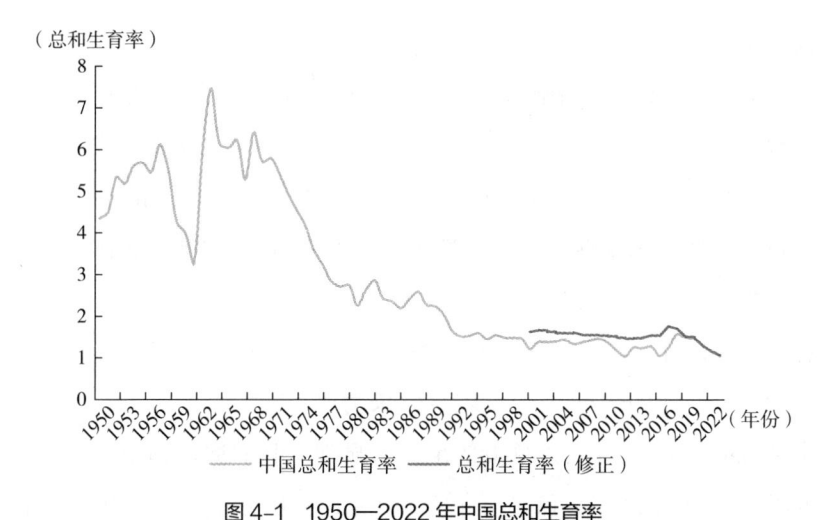

图 4-1 1950—2022 年中国总和生育率

资料来源：国家统计局，泽平宏观。

终身生育率下降，1946年和1970年出生的女性终身生育率分别为2.81和1.61。总和生育率采用假设一代人法，反映的是当年的生育水平。如果要衡量某一个年代龄妇女度过育龄阶段后的实际生育水平，可以使用终身生育率，计算方法为某个地区某个时点已经度过育龄期（超过49岁）的一批妇女平均每人所生育的孩子数量。根据人口普查数据，1946年出生的女性终身生育率为2.81，1950年出生的女性降至2.48，1960年降至1.85，1970年降至1.61。此外，女性终身不孕率提升。根据2023年第三届中国人口与发展论坛提到的数据，女性终身无孩率快速上升，2015年为6.1%，2020年接近10%。

世代生育意愿下降，年青一代生育意愿低，"00后"平均打算生育子女数仅为1.48个。2021年国家卫生健康委员会调查显示，育龄妇女生育意愿继续走低，2017年、2019年、2021年平均打算生育子女数为1.73个、1.76个、1.64个，作为生育主体的"90后"和"00后"仅为1.54个和1.48个。

值得注意的是，中国生育率的下降速度在全球靠前。根据联合国的数据，1950—2021年，美国总和生育率从2.9降至1.7，日本从3.7降至1.3，印度从5.7降至2.0，远小于中国从6.1到1.2的降幅。与墨西哥、巴西、马来西亚、俄罗斯等人均GDP相近的国家相比，中国总和生育率仍然偏低。

第一，分孩次看：一孩生育率持续走低，2010—2022年一孩生育率从0.9降至0.6，全面二孩政策效果消退，2017—2022年二孩生育率从0.9降至0.3，三孩政策效果尚未显现。我们通过漏报率修正计算了2000—2022年分孩次生育率。首先，一孩总和生育率明显下滑。2010年降至0.9，2022年降至0.6，意味着不少年轻人连一孩都不愿意生，而没有一孩就不会有二孩、三孩。其次，全面二孩政策消退。2013—2017年二孩生育率从0.5提升至0.9，二孩总和生育率明显回升，这主要在于二孩政策放开后，"75后"较强的二孩生育意愿集中释放。但是2017年之后二孩政策效果逐渐消退，二孩生育率见顶回落至2022年的0.3。最后，三孩政策效果尚未显现。

第二，分年龄段看：20~24岁妇女生育率降幅最大，主力育龄妇女为25~29岁，2022年该年龄段生育率为81.2‰。在人口学上，育龄妇女一般是指15~49岁的女性，不同年龄段妇女的生育水平是不同的，例如，30岁妇女的生育水平通常高于40岁妇女。分年龄组生育率＝一年内某年龄组妇女生育的孩子数/该年龄组妇女的年平均人数。根据人口普查数据，2000—2020年20~24岁妇女生育率从114.5‰降至55.2‰，降幅超过一半；25~29岁妇女生育率从86.2‰升至99‰，小幅正增长；30~34岁妇女生育率从28.6‰升至95.1‰，大幅正增长，反映了女性生育年龄明显推迟。根据抽样调查数据，2022年，15~19岁、20~24岁、25~29岁、30~34岁、35~39岁、40~44岁、45~49岁妇女生育率分别为3.5‰、32.6‰、81.2‰、58.6‰、28.2‰、5.5‰、0.7‰，25~29岁妇女为主力生育人群。

第三，分教育水平看：受教育水平越高，生育率越低，2020年硕士研究生学历妇女的平均活产子女数为0.57个。根据第七次全国人口普查数据，2020年未上过学、小学学历、初中学历、高中学历、大学专科学历、大学本科学历、硕士研究生学历、博士研究生学历妇女的平均活产子女数分别为2.2个、2.0个、1.6个、0.9个、0.8个、0.6个、0.6个、0.6个。此外，分教育水平的生育率差距在不断收窄。

第四，分区域看：黔桂藏生育率最高，京沪津、黑吉辽生育率垫底，各地总和生育率差距明显缩小。1990年有20个省级以上单位总和生育率超过2.1，2020年仅贵州总和生育率超过2.1，其他省级以上单位总和生育率均不足更替水平。其中广西、西藏总和生育率均超过1.9，而上海、黑龙江、北京、吉林、辽宁、天津则不到1。1990年最高和最低生育率差为2.89，2020年降到1.38，各地生育率差距明显缩小。

第五，分城乡看：乡村生育率高于城市，但明显低于更替水平（见图4-2）。从总和生育率看，2020年城市、镇、乡村分别为1.12、1.40、1.54，2022年分别为0.90、1.17、1.26。分孩次看，2020—2022年城市、镇、乡村的一孩生育率分别从0.6、0.65、0.66变为0.56、0.65、0.68，城市一孩生育率下降，乡村有所提升；二孩生育率分别从0.45、0.60、0.63变为0.26、0.38、0.37，二孩生育率均大幅下降；三孩生育率分别从0.06、0.15、0.25变为0.07、0.14、0.21，城市三孩生育率小幅提升，镇和乡村下降。

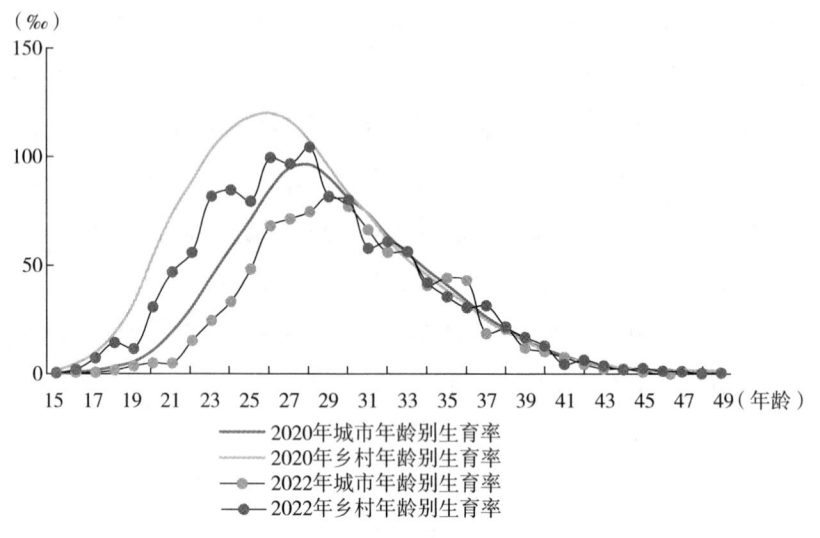

图 4-2　2020 年和 2022 年我国城市与乡村年龄别生育率

资料来源：国家统计局，泽平宏观。

（二）育龄妇女：婴儿潮人口逐渐退出育龄阶段，"90 后"渐成生育主力

育龄妇女已见顶回落，2013—2022 年主力育龄妇女年均减少约 352.7 万人。1982 年中国 15~49 岁育龄妇女规模为 2.5 亿人，到 2011 年达 3.8 亿人的峰值，2022 年降至 3.1 亿人，2011—2022 年育龄妇女年均下降 618.9 万人。其中，处于生育旺盛期的 20~35 岁女性数量也呈现波动减少的趋势，1982 年主力育龄妇女规模为 1.2 亿人，到 1997 年达到峰值 1.9 亿人，经历短暂下降后又达到 2013 年的小峰值 1.7 亿人，此后至 2022 年达 1.4 亿人，2013—2022 年，主力育龄妇女规模年均减少 352.7 万人。

生育主力出生在 1987—1995 年，一孩生育主力出生在 1989—1997 年，"90 后"逐渐成为生育主力。根据人口普查长表数据，2000 年生育主力人群为 21~28 岁，出生在 1972—1979 年，合计出生人口占比约 71.1%；2010 年生育主力人群为 22~29 岁，出生在 1981—1988 年，合计出生人口占比约 56.7%；2020 年生育主力人群为 25~33 岁，出生在 1987—1995 年，合计出生人口占比约 64.4%。主力生育人群从"70 后"变为"90 后"，此后逐渐过渡到"00 后"。分孩次看，2020 年一孩生育主力人群为 23~31 岁，出生在 1989—1997 年；二孩生育主力人群为 27~34 岁，出生在 1986—1993 年；三孩及以上生育主力人群为 27~36 岁，出生在 1984—1993 年。

随着婴儿潮期间出生的人口逐渐退出育龄阶段，育龄妇女进入快速减少期，2030 年、2050 年主力育龄妇女较 2022 年分别减少 17.4%、37.4%。由于出生人口进入育龄期的数量会直接影响育龄妇女的数量，对主力育龄妇女数量的影响较为明显，数据显示，出生人口滞后 27 年的走势与主力育龄妇女走势几乎同步（见图 4-3），未来一段时间，1988—1994 年婴儿潮期间出生的人口仍是我国生育主力，但后续进入育龄期的女性在持续减少，主力育龄妇女数量持续下降。根据育娲人口《中国人口预测报告 2023 版》"中方案"，预计到 2030 年育龄妇女数量降至 3 亿人，主力育龄妇女数量降至 1.2 亿人，较 2022 年分别下降 3.8%、17.4%，2050 年分别降至 2.1 亿人、0.9 亿人，较 2022 年分别下降 31.5%、37.4%。在此背景下，出生人口下降压力较大。

（三）出生人口：2017—2023 年连续 7 年下降，第四轮婴儿潮未出现

全面二孩政策不及预期，三孩政策效果并未显现，未能扭转中国

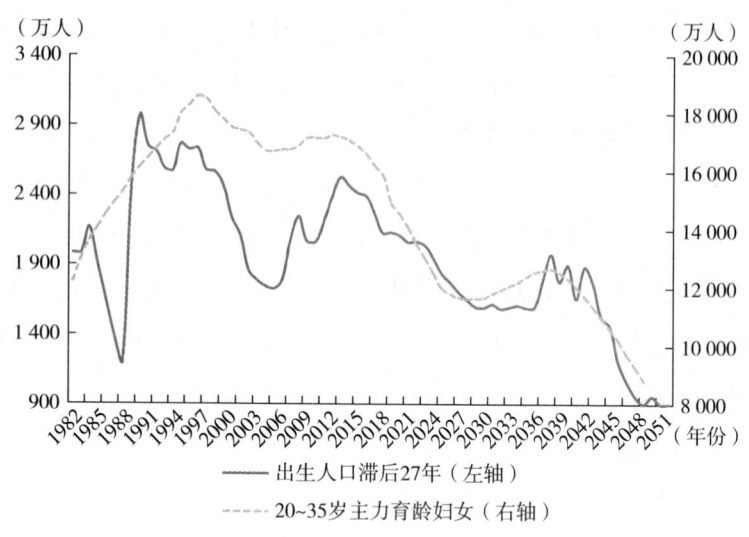

图 4-3　我国出生人口和主力育龄妇女走势

资料来源：国家统计局，泽平宏观。

出生人口下降趋势，生育堆积效应已基本结束，出生人口自 2017 年以来连续 7 年下降，2023 年出生人口 902 万人，比 2022 年减少 54 万人，继续创新低。新中国成立以来，中国先后出现三轮婴儿潮，分别为 1950—1958 年的年均 2 100 万人，1962—1975 年的年均 2 628 万人，1981—1994 年的 2 246 万人，之后逐渐下滑至 2003—2012 年的 1 600 万人左右，其中 2012 年为 1 635 万人。第四轮婴儿潮原本应在 2010 年后出现，但因长期严格执行的计划生育而消失。在上述背景下，独生子女政策终于有所松动，2013 年末中央决定实施单独二孩政策，2015 年末中央决定全面放开二孩，但效果不及预期，"单独二孩"和"全面二孩"政策均未能扭转低迷的生育趋势。2013—2015 年出生人口分别为 1 640 万人、1 687 万人、1 655 万人。2015 年末中央决定全面放开二孩，出生人口在 2016 年达 1 786 万人，创 2000 年以来的峰值；但从 2017

年开始，出生人口连续 7 年下滑，至 2022 年已跌破千万大关，2023 年为 902 万人，比 2022 年减少 54 万人，继续创历史新低。

长期看，由于生育堆积效应逐渐消失，生育率低，育龄妇女规模持续下滑等，如果没有实质有效的鼓励生育政策出台，中国出生人口的下降趋势较难扭转。根据育娲人口《中国人口预测报告 2023 版》，如果没有实质有效的鼓励生育政策出台，中国出生人口将在几年内跌破 700 万人，预计到 2050 年跌破 500 万人，2100 年仅不到 100 万人。中国现在的出生人口只有印度的不到一半，按此趋势，到 21 世纪中期将只有印度的 1/3，到 2100 年可能不到印度的 1/4。

分孩次看，一孩出生数占比已经恢复到高于二孩占比的常态。我们根据出生人口漏报率修正了分孩次出生人口占比，全面放开二孩政策实施以后，二孩占比骤升，超过一孩，2015—2017 年一孩占比从 52.1% 降至 40.7%，二孩占比从 40.3% 骤升至 52.1%。在生育堆积效应消失后，一孩出生数占比已经恢复到高于二孩占比的常态，没有一孩哪儿来的二孩。根据国家卫生健康委员会的数据，2022 年一孩、二孩、三孩占比分别为 46.1%、38.9%、15.0%。

分省份看，广东出生人口数量遥遥领先，河南、山东、河北等人口大省出生人口同比降幅在 5%~10%。从出生人口看，2022 年出生人口前三的省份分别为广东、河南、山东，出生人口数量分别为 105.2 万人、73.3 万人、68.2 万人，合计占全国人口的 27.4%，仅广东出生人口就超百万。从出生人口变动看，2022 年安徽、河北两省出生人口同比降幅超过 15%，福建、辽宁、江西、云南等 13 个省级行政区出生人口降幅在 10%~15%，贵州、山东、吉林等 14 个省级行政区出生人口降幅在 0%~10%，仅西藏、新疆两地出生人口同比小幅正增长。

三、为什么不生：生育基础削弱，生育成本约束

（一）生育理论：从死亡率下降驱动到功利性生育意愿消退，再到成本约束

中国不是世界上唯一实行计划生育的经济体，日本、印度、韩国、中国台湾等都实行过计划生育政策，但日本、韩国、中国台湾的计划生育政策多为指导性，而非强制性，印度因为国内宗教、种族、地方势力反对，未能有效实施。生育率大幅下滑也并非只发生在中国，国际上诸多经济体均是如此，只是下降的速度存在差异，当前生育率水平存在差异。

为了更好地理解影响生育率的因素，我们借鉴人口转变理论、莱宾斯坦的孩子成本效益理论、贝克尔的孩子数量质量替代理论、伊斯特林的供给需求理论和邦戈茨的低生育率模型等，参考人口学者李建明（2009）的思路提出一个生育行为动力模型，将影响生育率的因素分为政策效应、进度效应、不孕效应、意愿生育、非意愿生育。其中，进度效应、不孕效应影响生育基础，生育意愿受生育成本、收益、性别偏好等的影响，非意愿生育主要受避孕节育技术的影响。在现代社会，随着避孕技术的普及以及人们受教育水平的提升等，非意愿生育明显下降（见图4-4）。

根据驱动生育率下降主导因素的变化，可以将人类历史划分为四个阶段。

第一，高死亡率驱动阶段，人们需要以高生育率抗衡高死亡率，总

和生育率多在6以上。农业文明时期生养孩子的直接成本很低，农业生产的闲暇时间多、机会成本低。而且劳动密集型的农业生产模式决定了生养子女的预期经济收益高，农民只能依靠养儿防老，家族地位也与人丁是否兴旺密切相关。公共卫生条件落后、战争频繁等因素导致死亡率高达20‰或30‰以上，这使人们不得不以高生育率抗衡高死亡率。

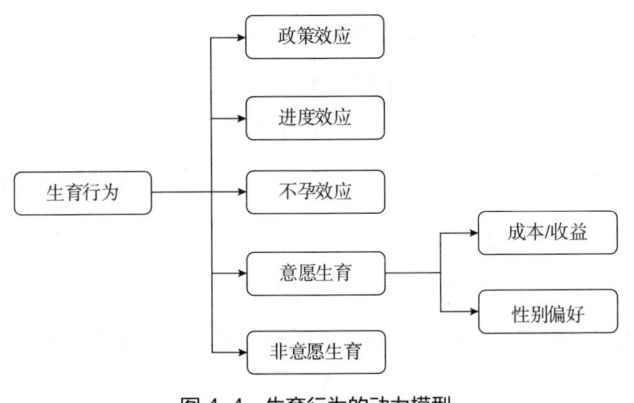

图4-4　生育行为的动力模型

资料来源：泽平宏观。

第二，死亡率下降驱动阶段，人们认识到低生育率也能保证收益最大化，总和生育率从6以上降到3左右。随着公共卫生条件大幅改善，医疗技术大幅进步，死亡率持续大幅下降，人类不再需要以高生育率对抗高死亡率，生育率随着避孕节育技术进步而下降。从国际经验看，这种自然转变大多有15~25年的时滞。1950—1970年中国死亡率大致从20‰降至8‰，1970—1978年中国总和生育率从5.8降至2.7。

第三，功利性生育消退阶段，人们的生育行为更接近情感需求，并重视子女质量的提升，总和生育率从3降到2左右。由于死亡率已降至低水平，影响生育行为的主导因素转变为收益问题。随着经济社会现代化发展，生养孩子的直接成本上升，特别是受教育程度普遍提高后，女性更多参与就业使生育孩子的机会成本上升。而在收益方面，精神收益与收入基本不相关，功利性收益下降，导致意愿生育数下降。并且，收入上升使家庭对孩子质量的需求更高，这使家庭的生育行为逐渐远离功利，接近一男一女两个孩子的情感需求，总和生育率降到2左右。中国这种转变大致发生在1979—1990年，除计划生育政策的影响外，还在于改革开放后工业化、城市化快速推进，乡镇企业发展以及农村人口大量迁向城市打工。

第四，成本约束的低生育率阶段，总和生育率降至更替水平2以下，低于意愿生育水平。在现代社会，生育率进一步下降，一方面是因为生育意愿的减少，另一方面是因为成本提高使人们的生育意愿不能完全实现。实际生育水平与意愿生育水平的差距取决于成本的高低，可以用生育意愿实现率来表示。数据显示，2017年、2019年、2021年我国的生育意愿实现率分别为87.2%、77.3%、63.3%，呈下降趋势（见图4-5）。

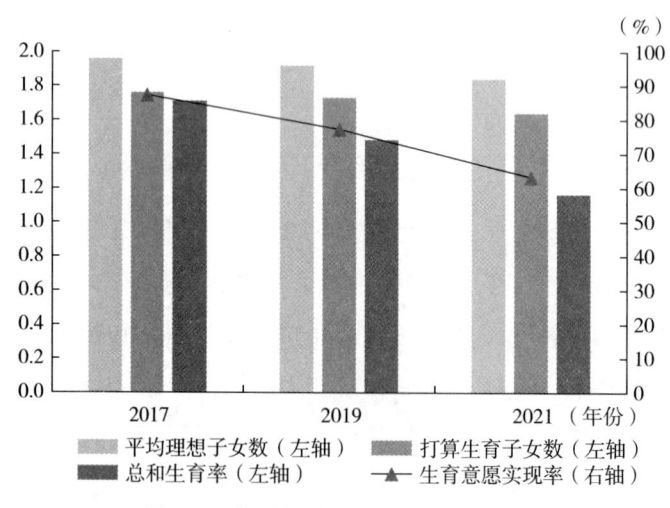

图4-5 我国总和生育率和生育意愿实现率

注：生育意愿实现率＝总和生育率/理想子女数。
资料来源：国家卫生健康委，国家统计局，泽平宏观。

（二）进度效应：晚婚晚育、单身主义等削弱生育基础，婚姻匹配难

第一，中国结婚率在2013年见顶后连续9年回落，离婚率攀升；晚婚现象日益突出，1990—2020年平均初婚年龄从22.9岁推迟至28.7岁。与美国、欧洲非婚生子女占比高达40%~60%不同，中国非婚生子女占比不到10%，因此，中国的生育问题首先是结婚问题。2013—2022年中国结婚对数从1 346.9万对持续降至683.5万对，近乎腰斩，婚姻登记对数自2019年以来连续跌破1 000万对、900万对、800万对大关，2013—2022年粗结婚率从9.9‰下降至4.8‰，"婚都不结了，怎么生孩子"。1990—2020年男性平均初婚年龄从23.6岁推迟至29.4岁，女性平均初婚年龄从22.0岁推迟至28.0岁，其中，女性、男性平均初婚年龄分别在1996年、1998年超过晚婚年龄（女23岁、男25岁）。

第二，晚育现象日益突出，2000—2020年女性平均初育年龄从24.3岁推迟至27.9岁，平均生育年龄从25.8岁推迟至29.7岁。2000年主要初育年龄、主要生育年龄均为20~27岁，生育一孩数、生育子女数占比分别为83.2%、71.7%。而到2020年，主要初育年龄推迟至23~31岁，且生育一孩数占比降至69.5%；主要生育年龄推迟至25~33岁，且生育子女数占比降至64.8%。并且，2000—2020年30岁及以上高龄产妇生育一孩数占比从5.7%增至近34.3%，生育子女数占比从17.3%增至50.0%。从人口普查数据看，2000年生育一孩、二孩、三孩及以上的平均年龄分别为24.3岁、29.0岁、30.9岁，2020年分别为27.5岁、30.3岁、32.1岁。

第三，男女比例失衡、城市高房价、农村高彩礼等造成婚姻市场匹配困难，城市"剩女"和农村"剩男"规模快速增加，学历越高，

"剩下"的概率越大。在婚姻市场匹配中，女性大多偏好不低于自身条件的男性，男性大多偏好不高于自身条件的女性。这意味着即便婚姻市场男女性别比平衡，条件最好的女性和条件最差的男性也可能被剩下。1990年中国30岁及以上未婚女性仅为46万人，2000年超过154万人，2020年攀升至1 042.4万人；其中，30~34岁女性未婚率从0.6%攀升至9.3%。从城乡分布看，2020年城市30岁及以上女性未婚率为3.7%，明显超过建制镇的1.7%、农村的1.2%（见图4-6）；农村30岁及以上男性未婚率为7.5%，明显高于城市的6.8%、镇的5.3%。从受教育程度看，2020年30岁及以上研究生学历女性未婚率高达14.4%，远高于本科学历及以下女性未婚率的1.8%。

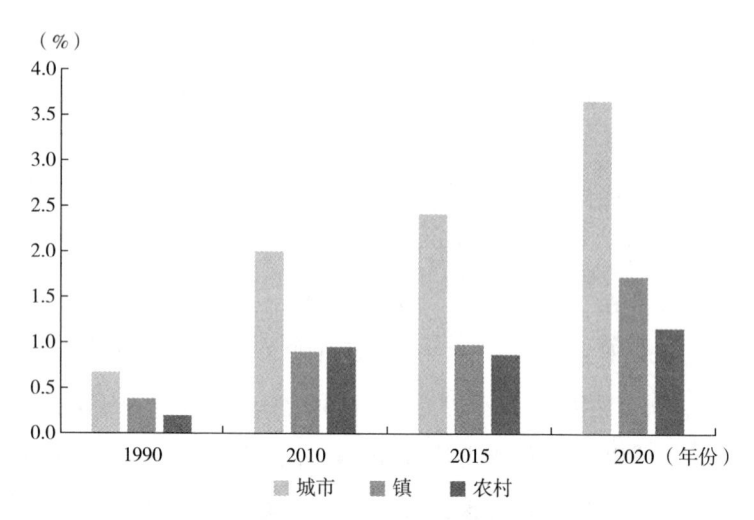

图4-6 我国城市、镇、农村30岁及以上女性未婚率

资料来源：国家统计局，泽平宏观。

（三）不孕效应：不孕不育削弱生育能力

中国临床对不孕不育定义为世界卫生组织标准，即男女双方有生

育意愿、经过 12 个月及以上的规律无保护性生活后未受孕。不孕不育分为原发性和继发性两种，其中，原发性不孕指未怀孕过且不能生育的现象，继发性不孕指过去曾经怀孕，但以后再也无法怀孕的现象。女性不孕的原因主要包括输卵管异常、子宫内膜异位、反复人工流产导致子宫内膜炎症粘连病变等，男性不育的原因主要包括精液异常、性功能异常、免疫因素等。

一般而言，生育年龄推迟、环境污染、不良生活方式、生殖卫生保护缺失等导致不孕不育率上升。从医学上来说，女性的最佳生育年龄在 20~30 岁，35 岁以上的女性生孩子就属于高龄产妇，不孕率随着年龄的增加而急剧上升。医学数据显示：15~34 岁女性的不孕率为 7.3%~9.1%，而 35~39 岁女性的不孕率直升至 25%，40~44 岁女性则高达 30%。此外，日夜颠倒、久坐、不锻炼、长时间使用电子产品、吸烟、酗酒、环境污染、高强度辐射等均会导致男性精子质量下降。根据广州医科大学附属第三医院 2018 年在《生殖医学杂志》上发表的基于 11.3 万例样本的研究，2005—2014 年男性精液质量呈明显下滑态势。

随着医疗技术的不断进步，药物治疗、试管婴儿、人工授精等方法使不孕不育问题得到部分对冲。目前治疗不孕不育的主要方法有药物治疗、手术治疗和辅助生殖治疗三种，辅助生殖一般作为常规药物和手术方式未见成效后的最终解决方案，其成功率能达到 40%~60%。但是考虑到价格、成功率等因素，部分辅助生殖的需求无法释放。根据育娲人口的《中国辅助生殖研究报告》，不孕患者在治疗过程中最看重的因素为治疗成功率、诊所服务水平和价格与补贴，分别有 85.5%、46.1% 和 33.4% 的患者选择；而不孕患者放弃使用辅助生殖治疗的原因有价格太贵、成功率低和心理负担大等，分别有 55.7%、48.9% 和 41.1% 的患者选择。

（四）成本效应：住房、教育、医疗等直接成本高，就业与家庭矛盾推高机会成本

住房、教育、医疗等直接成本高是抑制生育行为的"三座大山"，女性劳动参与率较高，但就业权益保障不够，导致机会成本高，独生子女夫妇"四二一"的家庭结构养老负担重，挤压生育意愿。生育的直接成本、机会成本、时间成本高，导致生育意愿和生育水平下降，几乎是全球最高的。

第一，生育成本居全球前列，沪、京、浙生育成本高，挤压生育意愿。生育成本既包括从怀孕到分娩的成本（即"生的成本"），也包括养育和教育成本（即"育的成本"），生育成本是影响育龄家庭生育意愿最重要的因素之一。育娲人口的《中国生育成本报告2024版》显示，全国家庭0~17岁孩子的养育成本平均为53.8万元，0岁至大学本科毕业的养育成本平均为68万元。分区域看，上海平均养育成本最高，达101万元；北京紧跟其后，平均养育成本接近93.6万元。区域养育成本与总和生育率呈负相关，区域养育成本越高，总和生育率越低，上海、北京养育成本居全国前列，总和生育率较低，2020年分别为0.74、0.87；黑龙江、吉林、辽宁的养育成本与人均GDP的比值较高，总和生育率也较低，2020年分别为0.76、0.88、0.92。对比不同国家抚养一个孩子至年满18岁所花费的成本相对于人均GDP的倍数，在统计的14个国家中，估算2022年中国抚养成本/人均GDP为6.3，高于除韩国以外的所有国家（见图4-7）。

第二，女性就业不平等，就业权益保障不足，生育机会成本高。生育、看护、培养孩子需要花费大量的时间和精力，这就是家庭、女性的机会成本。女性更需要平衡职场和家庭，已婚未育女性在职场中更易遭受性别歧视。女性劳动参与率与生育率的关系主要分为两种情

况。一是女性参与劳动为家庭带来收入效应，有利于生育。二是在性别歧视度较高的情况下，女性劳动参与率越高，生育的机会成本越大，女性越不愿意生育。根据国际劳工组织的统计，1990—2022年中国女性（15岁及以上）劳动参与率从73.2%降至61.1%，但在全球仍然处于较高水平。2022年全球女性劳动参与率为47.3%，美国、欧盟、日本、印度分别为56.5%、51.9%、54.0%、24.0%。与此同时，尽管中国保护女性就业权益的相关法律法规不少，但目前女性在职业发展中仍存在婚育方面的歧视。根据经济合作与发展组织的数据，2021年经济合作与发展组织国家平均性别工资差距为12%，其中韩国、日本、美国、法国分别为31.1%、22.1%、16.9%、11.8%。根据BOSS直聘研究院在2022年3月发布的《2021年中国职场性别薪酬差异报告》，中国城镇就业人群性别薪资差距为22.9%，这超过大部分经济合作与发展组织国家。

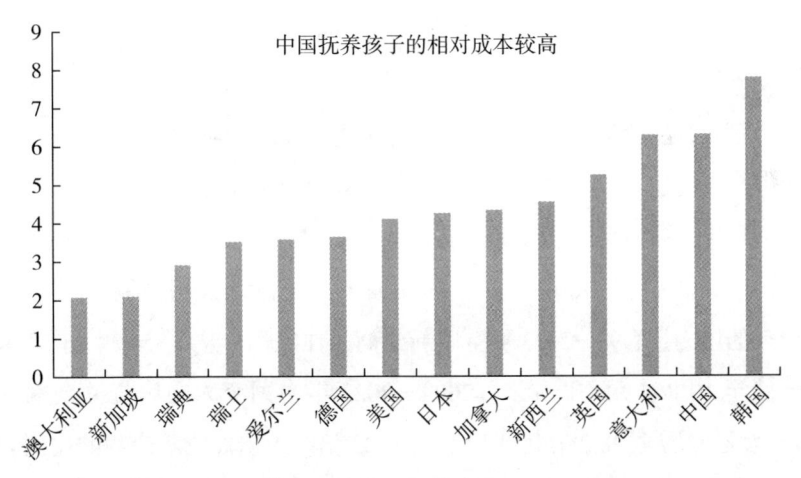

图4-7 多国抚养一个孩子至18岁所花费的成本相对于人均GDP的倍数

资料来源：国家统计局，育娲人口，泽平宏观。

第三，普惠托儿所奇缺，家庭义务教育负担重，生育时间成本高。一方面，我国严重缺乏3岁以下的托幼服务，家长需要花费大量时间成本照看孩子。根据育娲人口发布的《中国教育和人口报告2022版》，我国3岁以下婴幼儿入托率仅为5.5%左右，供给缺口非常大，而经济合作与发展组织国家3岁以下婴幼儿入托率平均为35%，欧盟国家3岁以下婴幼儿入托率平均为32.7%。相比来说，中国现有的入托率处于垫底位置，托幼服务严重不足。另一方面，教育"内卷"，家庭在义务教育阶段的投入大。根据育娲人口的估算，中国小学到高中的公共教育开支占GDP的比例大约是2.6%，同经济合作与发展组织国家相比，处于中下水平。相比之下，中国家庭在义务教育阶段的经济支出并不低，为了能够挤入录取率只有60%的普通高中，学生与家长均付出了高昂的金钱和时间成本。根据经济合作与发展组织的数据，北京、上海、江苏、浙江学生每周学习时间达到57小时。相比之下，美国学生每周学习时间为48小时，英国为43小时，日本为41小时。高强度的学习虽然换来了更好的成绩，但是学生的身心健康却受到影响。

第四，房价攀升，居民债务压力快速上升，2004—2023年房贷收入比（个人购房贷款余额/可支配收入）从16.2%增至50.3%；北京、上海、广州、深圳房价收入比位居全球前列，房贷压力高。1998年房改以来，房价总体保持大幅上涨，给家庭抚养孩子和为子女结婚购房带来了很大的压力，1998—2023年全国新建商品住宅均价从1 854元/平方米上涨至10 864元/平方米。2004—2023年中国个人购房贷款余额从1.6万亿元增至38.2万亿元，增长了23倍，占居民贷款余额的比例为50%左右。房贷收入比从16.2%增至50.3%，带动住户部门债务收入比（居民债务余额/可支配收入）从29.0%增至144.9%。现实中还有不少居民通过消费贷、信用贷等形式凑集购房资金，实际的房贷收入比可能更高。根据 Numbeo（发布全球国家和城市数据的数据库）的数据，中国内地一线城市绝对房价、相对房价位居前列，北京、上海、广州、深圳市中心房价收入比分别为 33、44、37、32，远高于纽约、伦敦、东京的 12、15、11，且居民房贷压力位居全球前列，居民抵押贷款占收入的比例均超过 290%，是纽约、伦敦、东京的 3~4 倍。

第五，独生子女夫妇"四二一"家庭结构养老负担重。"80后""90后"独生子女组成的家庭面临"四二一"家庭结构，即四个老人、一对夫妻、一个孩子。根据中国社科院人口学者王广州（2013）的估计，2010年全国独生子女规模约 1.45 亿人，且在现行生育政策下每年增加 400 万人以上；由此推算，2018 年独生子女规模约有 1.8 亿人。双方均为独生子女的夫妇需要赡养四个老人，如果生育二孩，生活压力就会更大，养老负担重对生育意愿形成明显挤压。如果当前生育形势不改变，随着"00后"进入婚育阶段以及老人寿命延长，部分家庭甚至面临"八四二一"的家庭结构，即八个老人、四个父母、一对夫妻、一个孩子。

第五章

迁移：
哪些地区人口在流入，
哪些地区人口在流出

人口是一切经济社会活动的基础，近年中国人口迁移有何新动向？

改革开放以来，中国的跨省人口迁移经历了从"孔雀东南飞"到回流中西部，再到近年粤浙人口再集聚和回流黔川渝鄂并存三个阶段。人口持续向深圳都市圈、上海都市圈和珠三角城市群、长三角城市群集聚。

中国人口流动已从"四六分化"走到"二八分化"，人口流动越来越集聚化。人口流出方面，分地区看，2000—2010年、2010—2020年，东北地区人口流出地区数量占比从66%增至90%，东部地区从58%增至69%，中部地区从67%增至84%，西部地区从65%增至77%。分线看，一、二线城市均无人口流出地区，三线城市从18%降至15%，四线城市从45%增至57%，五线城市从71%增至83%，六线城市从69%增至86%。

人口流入地区方面，主要分为两类。一是人口流动更加大城市化和都市圈化，24个1 000万人以上大都市圈对全国人口增量的贡献率持续超过80%。二是在原有产业优势明显的情况下，东部沿海地区仍然对劳动力有较大吸引力，其中浙江、福建、江苏人口流入地区明显增多。

注：由于官方常住人口统计存在偏差、人口流动识别方法存在误差等，样本有偏差，简历投递与实际人才流动存在一定出入，部分地区数据缺失。[①]

---

① 本章执笔人：任泽平、白学松、刘煜鑫。

一、中国人口流动趋势：从城市化到大都市圈化

分析人口数据首先要了解人口统计规定，很多谬误产生的原因在于对统计规定不了解。中国人口数据统计调查主要有三种方式：一是人口普查，从1990年开始在尾数逢"0"的年份进行，1949年以来共开展7次，数据比较准确，但仍存在漏登；二是1%人口抽样调查（俗称"小普查"），在尾数逢"5"的年份进行，数据相对准确；三是其他年份的1‰人口变动情况抽样调查，数据偏差相对较大。不同抽样方式得到的数据不可混用比较，10年一次的人口普查是最准确的人口资料，所以我们以10年为间隔进行分析，即2000—2010年和2010—2020年。

分地区看，人口持续向南方、东部地区集聚，2010—2020年南方、北方年均常住人口增量分别为655.0万人、114.6万人。分南北看，2000—2020年北方GDP占比从41.8%快速降至35.2%，南北经济总量差距从16个百分点迅速扩大至30个百分点，2014年开始，北方人均GDP低于南方。2020年人均GDP前10强城市，除北京外皆在南方（不含资源类城市）。与北方经济衰落相对应的是，人们用脚投票，奔向南方。2000—2010年南方、北方年均常住人口增量分别为506.2万人、395.8万人；2010—2020年南方、北方年均常住人口增量分别为655.0万人、114.6万人，南方年均增量多于北方。2000—2020年南方、北方人口占比分别由58.1%、41.9%变为59.4%、40.6%。分地区看，2000—2010年，东部人口占比上升2.38个百分点，中部下降1.07个百分点，

西部上升1.96个百分点，东北下降0.22个百分点；2010—2020年，东部人口占比上升2.01个百分点，中部下降0.90个百分点，西部上升0.12个百分点，东北下降1.23个百分点，东部人口占比持续上升。

分省份看，改革开放以来，中国跨省人口迁移经历了从"孔雀东南飞"到回流中西部，再到近年粤浙人口再集聚和回流黔川渝鄂并存三个阶段。从各省区市常住人口变化看，2000—2010年，年均常住人口增量前五的省市为广东、浙江、上海、北京、山东；2010—2020年，年均常住人口增量前五的省份是广东、浙江、江苏、山东、河南，这段时期甘肃、内蒙古、山西、辽宁、吉林、黑龙江6个省区人口萎缩，全部位于北方。具体来看，2000—2010年粤、浙年均常住人口增量分别为191.0万人、85.0万人，2010—2020年粤、浙分别为216.9万人、101.4万人，江苏两个时期分别为56.2万人、60.9万人；2000—2010年黔、川、渝、鄂等中西部省份年均常住人口增量由负增长转为2010年后的正增长；东北三省由2000—2010年的年均正增长转为2010—2020年的负增长，近年减幅扩大（见图5-1）。

分线看，近10年一线城市人口年均增速为2.37%，人口持续流入，但增速放缓；二线城市人口年均增速为1.91%，人口持续流入且增速小幅上升；三、四线城市人口年均增速为0.43%、-0.45%，人口持续流出。根据GDP、城镇居民人均可支配收入以及城市政治地位等，我们将地级及以上单位划分为一、二、三、四线城市。总体来看，2000—2020年，一、二线城市人口占比分别由3.70%、19.31%增至5.88%、24.39%，三、四线城市则由30.87%、42.98%降至30.50%、37.06%。从趋势看，2000—2010年、2010—2020年，全国人口平均增速分别为0.57%、0.53%，一线城市人口年均增速分别为3.42%、2.37%，一线城市人口保持集聚，但增速持续放缓。上述两个时期，二线城市人口年均增速分别为1.53%、1.91%，人口持续流入且增速小幅上升。此外，上述两个时期，三线城市人口年均增速分别为0.53%、0.43%，略低于全国平均增速；四线城市仅为0.16%、-0.45%，明显低于全国平均水平，表明三、四线城市人口仍持续流出。

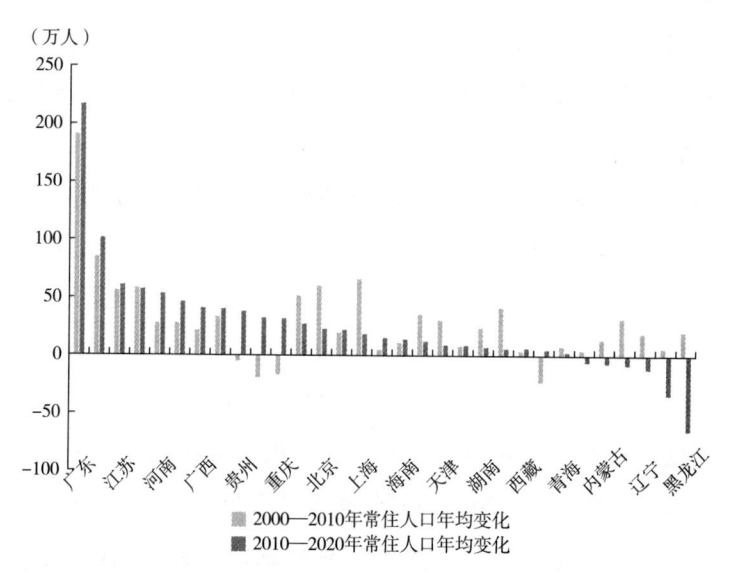

图 5-1 我国部分省区市常住人口年均变化

资料来源：国家统计局，泽平宏观。

分都市圈看，近10年深圳、上海、广州都市圈年均常住人口增量超80万人，成都、杭州、郑州、苏锡常都市圈年均常住人口增量超40万人，京沪都市圈人口向周边疏解。2000—2020年，33个都市圈土地面积仅占全国的18.56%，其常住人口合计占比由52.00%提升至57.93%，GDP合计占比由63.24%提升至72.98%，人口、经济进一步向都市圈集聚；除2010—2020年乌鲁木齐、西宁都市圈数据缺失，2000—2010年、2010—2020年常住人口年均增加的都市圈分别为28个、29个。2000—2010年，年均常住人口增量前五的都市圈分别是上海、北京、深莞惠、苏锡常、广佛肇；2010—2020年，年均常住人口增量前五的都市圈分别为深莞惠、上海、广佛肇、成都、杭州。具体看，深莞惠、上海、广佛肇3个都市圈年均常住人口增量分别为108.9万人、100.0万人、84.7万人，成都、杭州、郑州、苏锡常4个都市圈年均常住人口增量分别为53.1万人、50.9万人、47.2万人、40.6万人。从都市圈内部看，近10年核心城市、周边城市人口均流出的大连、沈阳、哈尔滨都市圈，年均常住人口增量分别为–41.1万人、24.7万人、–22.9万人。另外，近10年核心城市人口流入，但都市圈整体流出的有昆明、兰州等，如近10年昆明都市圈年均常住人口增量为–8.0万人，昆明市年均增量为20.3万人，这反映出这些都市圈的核心城市人口吸引力不足，周边城市人口主要向都市圈外流出。此外，近年京沪大力控人，核心城市人口净流出，周边城市人口净流入，其中上海都市圈近10年核心城市年均常住人口增量较2000—2010年下降48.7万人。

分城市群看，近10年珠三角、长三角城市群年均常住人口增量超180万人，成渝、中原城市群年均常住人口增量超65万人，但东北、西部等区域近年面临产业结构单一问题，呈现人口流出趋势。中国"十三五"规划提出建设长三角、珠三角、京津冀、山东半岛等19个城市群。总体看，人口、经济已高度集中于19个城市群，近年越发向核心城市群集聚。2000—2020年，全国19个城市群土地面积占全国的39.59%，其常住人口占比由83.37%提升至86.72%。除2010—2020年天山北坡城市群数据缺失，2000—2010年、2010—2020年常住人口年均增加值为正的城市群分别为16个、17个。近10年，年均常住人口增量前五的城市群分别是珠三角、长三角、成渝、中原、京津冀。具体看，全国经济最活跃的珠三角、长三角城市群土地面积仅占全国的2.92%，2000—2020年常住人口合计占比由13.83%提升至18.05%；2000—2010年珠三角、长三角城市群年均常住人口增量分别为132.5万人、240.8万人，2010—2020年珠三角、长三角城市群年均常住人口增量分别为 218.9 万人、181.9 万人。上述两个时期，成渝城市群年均常住人口增量由 –37.34 万人变化为 69.5 万人。但近 10 年东北、西部等区域面临产业结构单一、经济转型缓慢等问题，呈现人口流出趋势，上述两个时期，哈长城市群年均常住人口增量分别为 26.2 万人、–63.2 万人（见图 5-2）。

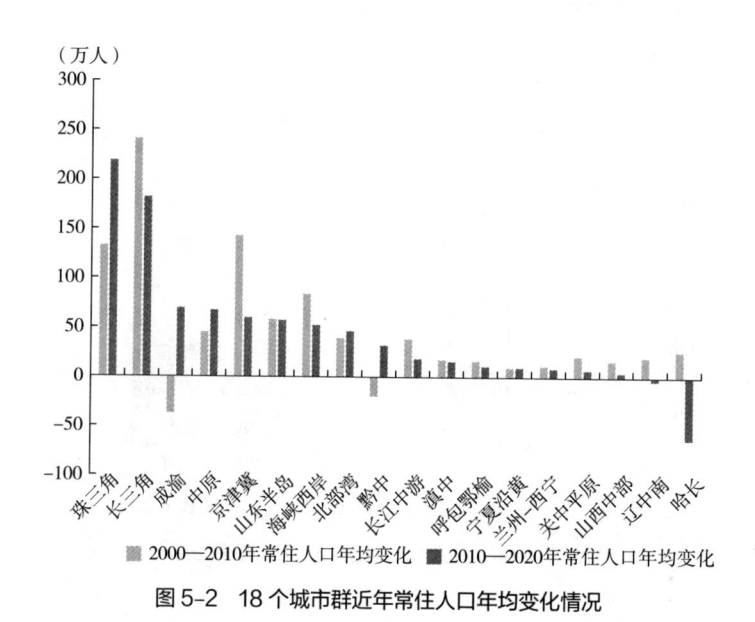

图 5-2　18 个城市群近年常住人口年均变化情况

资料来源：国家统计局，泽平宏观。

二、人口流动全景：人口流动加快，人口流出地区数量大幅增加

中国人口流动已从"四六分化"走到"二八分化"，表明人口流动越来越集聚化。我们总体以常住人口增长是否高于本省或本地市

人口自然增长率、小学生增速是否高于全国平均水平，作为判断全国2 177个地级及以上城市市辖区、县级市、县人口流入与流出的识别标准。扣除数据缺失导致难以识别的10个地区，人口流出地区数量呈上升态势，2000—2010年、2010—2020年分别为1 375个、1 676个，占比从63.9%增至77.9%；人口流入地区数量下降，上述两个时间段分别为776个、475个，占比从36.1%大幅降至22.1%（见图5-3）。

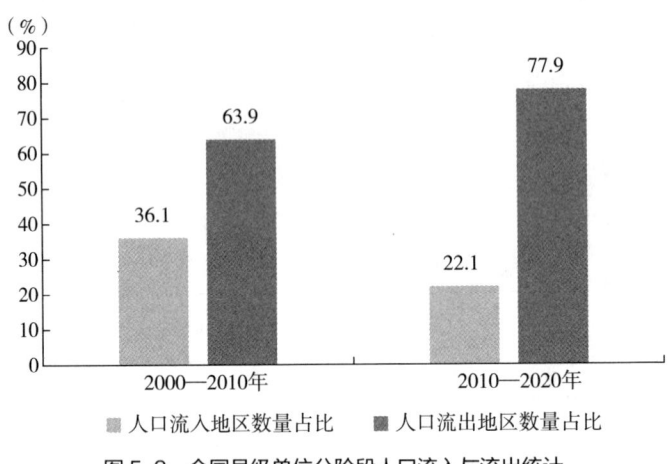

图5-3 全国县级单位分阶段人口流入与流出统计

资料来源：各地方统计局，泽平宏观。

分地区看，东北地区人口流出地区数量占比从66.1%增至89.8%，东部地区从57.5%增至69.4%，中部地区从67.4%增至83.5%，西部地区从64.8%增至76.8%。东部地区人口流出地区数量上升，2000—2010年、2010—2020年分别为289个、349个，占比从57.5%增至69.4%；中部地区人口流出地区数量大幅上升，分别为376个、466个，占比从67.4%增至83.5%；西部地区人口流出地区数量分别为592个、701个，占比从64.8%增至76.8%；东北地区人口流出地区数量小幅上升，两个时间段分别为117个、159个，占比从66.1%增至89.8%。

分省份看，扣除京津沪和缺失数据较多的新疆、西藏等地区，黑龙江人口流出地区较多，2010—2020年流出地区数量占比为94.7%，然后依次是陕西93.1%、吉林91.5%、山西89.2%。近10年来东北地区人口流失较严重，长三角、珠三角等发达地区的繁荣发展对东北地区人口有强大吸引力。

从行政建制看，地级及以上城市人口流出地区数量占比从19.9%增至30.3%，县级市从62.8%增至76.1%，建制县从73.0%增至87.9%，上升幅度最为显著。地级及以上城市人口流出地区数量明显逐渐增多，2000—2010年、2010—2020年分别为59个、90个，占比从19.9%增至30.3%；县级市人口流出地区数量同样逐渐增多，两个时间段分别为236个、286个，占比从62.8%增至76.1%；建制县人口流出地区数量两个时间段分别为1 079个、1 299个，占比从73.0%增至87.9%。地级及以上城市辖区人口流出地区占比上升幅度最为显著。

分线看，一、二线城市均无人口流出地区，三线城市从17.6%降至14.9%，四线城市从45.2%增至56.7%，五线城市从71.1%增至82.9%，六线城市从69.3%增至86.4%（见图5-4）。一、二线城市一直保持强劲的人口流入态势，2000—2010年、2010—2020年人口流出地区数量均为0，同期三线城市人口流出地区占比小幅上升，占比从17.6%降至14.9%；四线城市两个时间段人口流出地区数量分别为119个、149个，占比从45.2%增至56.7%。五、六线城市人口流出地区数量占比总体上增长趋势较大，其中五线城市从71.1%增至82.9%，六线城市从69.3%增至86.4%。可以看出，六线城市人口流出地区数量占比增幅最为显著，达17.1个百分点，高于三、四、五线城市的-2.7个百分点、11.5个百分点、11.8个百分点。

从人口流入地区来看，近年人口流动主要呈现两大特征。

一是人口流动更加大城市化和都市圈化，24个1 000万人以上大都市圈对全国人口增量的贡献率持续超过80%。2015年后大城市大幅放宽落户，并随后在全国范围内引发激烈的"抢人"大战，人口更加向一、二线大城市流入。例如，广东2010—2020年常住人口增长2 096万人，仅广州、深圳合计增长就高达1 318万人，对全省人口增长贡献率为62.9%。广州、深圳较宽松的落户政策和超强的人口吸引力，是广东省近年人口流出地区占比高达八成的重要原因，珠三角地区除广州、深圳、佛山、珠海外，多数地区也处于人口流出状态。除了大城市化，人口流动的都市圈化特征也越发明显。从人口增量贡献看，24个1 000万人以上大都市圈人口增加贡献率逐步提升，从2000—2010年的80.2%上升至2010—2020年的94.9%（剔除数据缺失地区）。从人口流入地区占比看，人口流入地区中位于大都市圈的地区数量占比上升，扣除数据缺失地区，2000—2010年、2010—2020年分别为17.2%、28.2%。大城市周边地区也对人口流入有吸引力，靠近北京的廊坊市下辖的固安县、香河县、大厂县、三河市2000—2010年常住人口年均增长率分别为0.5%、1.1%、0.5%、3.6%，2010—2020年分别提升至3.2%、2.7%、3.8%、4.0%，人口呈现显著集聚之态。

二是在原有产业优势明显的情况下，东部沿海地区仍然对劳动力有较大吸引力，其中浙江、福建、江苏人口流入地区明显增多。近10年我国东部沿海地区长期积累的产业和经济优势仍对劳动力有着吸引力，影响着劳动力的流动地区选择。扣除京津沪和缺失数据较多的新疆、西藏，2010—2020年人口流入地区占比相对2000—2010年上升的有6个，其中湖北和浙江均上升超过11个百分点，福建、江苏分别上升7.8个百分点、7.4个百分点，而大部分地区人口流入地区占比下降。但未来随着农民工回流和产业转移的完成，以及中西部核心城市对本区域人口的虹吸效应有所显现，预计这些中西部省份的人口流出地区数量还会持续增多。

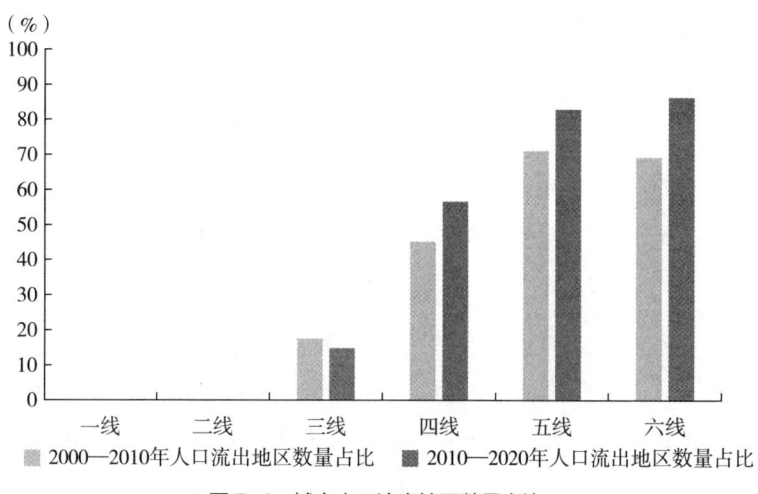

图 5-4　城市人口流出地区数量占比

资料来源：各地方统计局，泽平宏观。

三、人才流动趋势：一线城市、长三角、珠三角人才集聚，高能级城市人才跨区流动性上升

人口是一切经济社会活动的基础，人才更是第一资源。党的二十大报告提出，"人才是第一资源、创新是第一动力，深入实施科教兴国战略、人才强国战略、创新驱动发展战略"。

人才流入占比＝流入某城市的人才／全国流动人才总量

人才净流入占比＝（流入某城市的人才－流出某城市的人才）／全国流动人才总量

以上分别反映某城市引得来和留得住人才的能力。其中，流入某城市的人才指现居住地不在该城市，但简历投向了该城市的人才；流出某城市的人才指现居住地为该城市，但简历投向了其他城市的人才；全国流动人才总量指现居住地和简历投向地不一致的人才。

人才流动趋势有如下几点。

第一，分地区看，2022年东部人才跨区流动性小幅回升，东北人才流动性下降；东部、中部、西部、东北人才净流入占比分别为14.0%、-6.0%、-4.7%、-3.4%，东部人才持续集聚，中部、西部、东北人才持续净流出。从人才流入占比与流出占比看，2018—2022年东部地区人才流入占比从60.8%降至59.3%，人才流出占比从55.1%降至45.2%，东部地区人才流动性较2021年有小幅回升，全国有近六成人才向东部流入；中部和西部地区人才流入占比和流出占比均呈上升趋势，人才流动性提升；2018—2022年东北地区人才流入占比从5.3%降至4.3%，人才流出占比从8.3%降至7.7%，人才流动性下降。从人才净流入占比看，2018—2021年东部地区人才净流入占比从5.7%增至14.0%，人才持续向东部集聚，得益于东部雄厚的经济基础和较高的战略定位；中部、西部地区人才持续净流出，且2022年净流出占比加大（见图5-5）。

第二，分线看，2022年一线城市人才跨区流动性下降，三、四线城市人才流动性较稳定，一、二、三、四线城市人才净流入占比分别为5.3%、-0.5%、-0.5%、-4.3%，一线城市人才聚集放缓，二线城市人才小幅流出，三、四线城市人才持续流出。从人才流入占比与流出占比看，2018—2022年一线城市人才流入占比从21.8%降至18.6%，流出占比从22.7%降至13.4%，流出占比降幅远大于流入占比；二线城市人才流入占比下降，流出占比增加；三、四线城市流入占比与流出占比均有所增加，且流出占比增幅大于流入占比。从人才净流入占比看，2018—2022年，一线城市人才净流入占比分别为-0.9%、-2.7%、3.5%、5.4%、5.3%，2022年一线城市人才聚集放缓；二线城市分别为3.6%、1.1%、3.4%、0.4%、-0.5%，主要受人才流出占比增加影响；

三线城市分别为-0.3%、1.8%、-1.0%、-1.0%、0.5%,人才持续净流出;四线城市分别为-2.3%、-0.3%、-5.8%、-4.8%、4.3%,人才持续流出,2022年三、四线城市净流出占比略有下降。

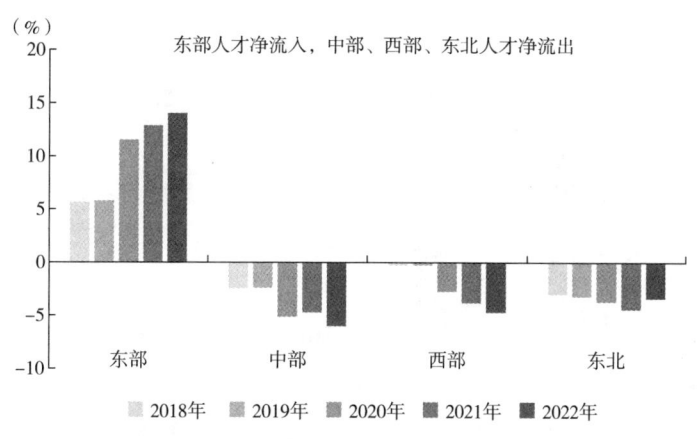

图 5-5 我国东部、中部、西部和东北地区人才净流入占比

资料来源:智联招聘,泽平宏观。

第三,分城市群看,超六成人才流向五大城市群,2022年长三角、珠三角人才持续集聚,京津冀人才转为净流入趋势,成渝、长江中游人才持续净流出。从人才流入占比与流出占比看,2018—2022年,长三角人才流入占比从22.2%降至21.4%,人才流出占比从17.6%降至13.5%;珠三角人才流入占比小幅上升,流出占比从11.5%降至10.4%;京津冀人才流入占比与流出占比均呈下降趋势;成渝人才流入占比与流出占比较为稳定;长江中游人才流入占比与流出占比均小幅上升。2022年五大城市群人才跨区流动性下降,2018—2022年五大城市群合计人才流入占比从64.5%降至62.1%,人才流出占比从60.6%降至51.7%。从人才净流入占比看,2018—2022年长三角人才净流入占比从4.6%增至7.9%,人才净流入且占比高于其他城市群,人才

大量向长三角集聚；珠三角从2.2%增至3.9%，人才净流入较2021年小幅降低；京津冀分别为–2.9%、–4.0%、–0.7%、–0.6%、0.5%，人才保持净流出，但占比有所缩小，北京人才净流入占比增加，带动京津冀整体净流出占比下降；成渝、长江中游人才呈净流出（见图5-6）。

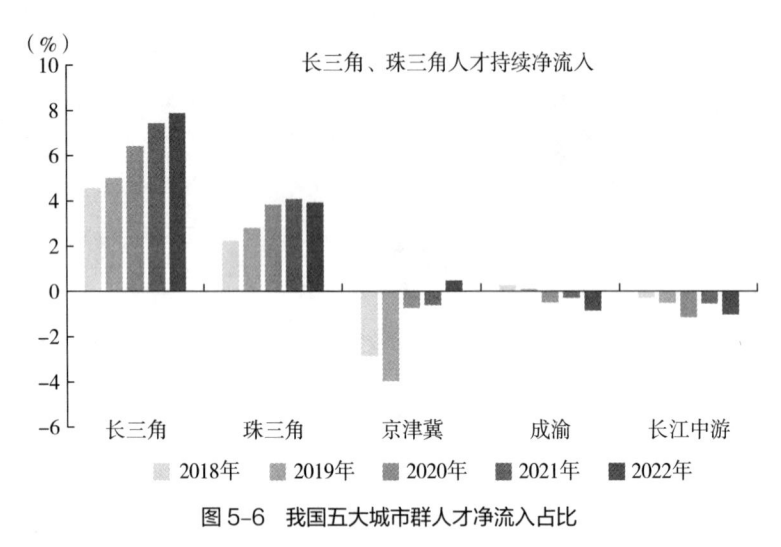

图5-6 我国五大城市群人才净流入占比

资料来源：智联招聘，泽平宏观。

四、"95后"人才流动趋势：更向往发达城市，更倾向于前往长三角、珠三角地区

"95后"年轻人才成长于经济高速增长时代，生活富足，更倾向于工作发展和享受生活的平衡，选择就业城市不仅关注薪资，还关注创新环境和文娱产业发展情况。"95后"人才流动趋势如下文所示。

第一，分地区看，2022年"95后"人才向东部地区集聚明显，人才净流入占比为18%，明显高于全国总体流动人才的14%。从人才流入占比与流出占比看，"95后"流入东部地区占比为60.6%，略高于全国总体流动人才的59.3%；其流出占比为42.6%，低于全国总体流动人才的45.2%，东部地区更能留住"95后"人才；中部地区"95后"人才流入占比为17.5%，略低于全国总体流动人才的19.0%，流出占比为26.6%，略高于全国总体流动人才的25.0%，"95后"人才流出中部地区；西部地区"95后"人才流入占比与流出占比均高于全国总体流动人才；东北地区"95后"和全国总体流动人才流入占比持平，流出占比分别为6.9%和7.7%，东北地区人才流动性较低。从人才净流入占比看，2022年东部地区"95后"和全国总体流动人才净流入占比分别为18.0%和14.0%，"95后"在东部地区集聚效应更高，中部地区分别为–9.1%和–6.0%，西部地区分别为–6.3%和–4.7%，东北地区分别为–2.5%和–3.4%，中部和西部"95后"人才净流出明显大于全国总体流动人才，东北地区略低于全国总体流动人才水平。这一地区特征与2021年一致。东部地区经济发达，GDP占比超过一半，人均产值更高，充满活力和抱负的"95后"年轻人更倾向于经济活力高、发展潜力大的东部地区。

第二，分线看，"95后"更向往一、二线城市，但2022年一线城市对"95后"人才的吸引力较2021年有所下降，而二线城市吸引力小幅上升，三、四线城市净流出趋势有所收窄。从人才流入占比与流出占比看，2022年，一线城市"95后"流入占比为18.7%，高于2022年全国总体流动人才的18.6%，人才流出占比为11.7%，低于全国总体流动人才的13.4%；二线城市"95后"人才流入占比为47.4%，高于2022年全国总体流动人才的44.9%，人才流出占比为43.5%，低于全国总体流动人才的45.4%；说明相对于全国总体流动人才来说，"95后"更愿意留在一、二线城市。而"95后"人才流入

三、四线城市的占比均低于全国总体流动人才，流出占比均高于全国总体流动人才，说明相对于全国总体流动人才来说，"95后"人才更倾向于流出三、四线城市。另外，2022年，一线城市"95后"流入占比较2021年下降2.5个百分点；二线城市较2021年上升0.4个百分点，说明2022年"95后"留在二线城市的意愿较2021年小幅提升。从人才净流入占比看，2022年，一线城市"95后"和全国总体流动人才净流入占比分别为7.0%和5.3%，二线城市占比分别为3.9%和-0.5%，"95后"在一、二线城市的集聚效应明显高于全国总体流动人才，三线城市占比分别为-2.4%和-0.5%，四线城市占比分别为-8.5%和-4.3%，三、四线城市"95后"人才净流出明显大于全国总体流动人才（见图5-7）。工作机会多、收入高、经济活力充足的一线城市仍吸引年轻的"95后"，同时年轻人也向发展潜力和生活性价比更高的二线城市集聚。但2021年，一、二线城市"95后"人才净流入占比分别为9.1%、3.4%，三、四线城市人才净流入占比分别为-3.3%、-9.1%。

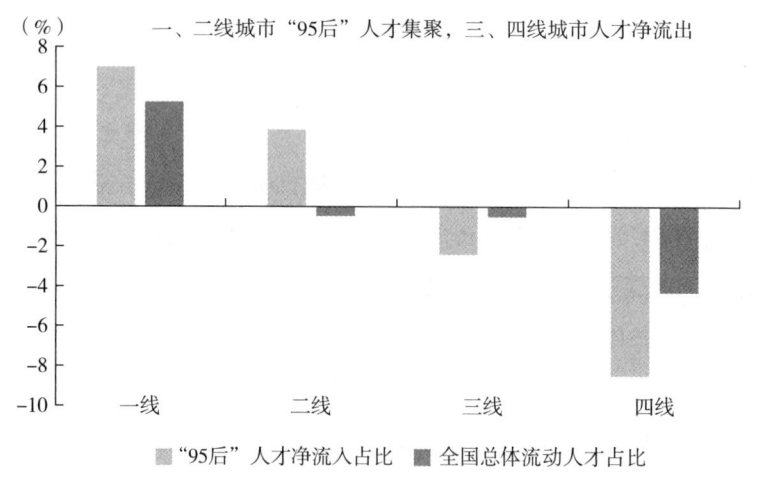

图5-7 2022年我国"95后"人才净流入占比和全国总体流动人才占比

资料来源：智联招聘，泽平宏观。

第三，分城市群看，"95后"更倾向于前往长三角、珠三角地区，而京津冀净流入占比较2021年有所下滑，成渝和长江中游持续净流出，五大城市群合计净流入占比为13.1%，远高于全国总体流动人才的10.4%。从人才净流入占比看，长三角、珠三角对"95后"人才的集聚效应强于全国总体流动人才，净流入占比分别为9.1%、6.1%，较2021年分别上升0.6个百分点、1.1个百分点，高于全国总体流动人才的7.9%、3.9%；"95后"人才在成渝地区净流入占比为-0.6%，高于全国总体流动人才的-0.9%，长江中游地区净流入占比为-0.8%，低于全国总体流动人才的-1.0%；而京津冀净流入占比为0.4%，较2021年下降2.8个百分点，低于全国总体流动人才的0.5%。"95后"和全国总体流动人才净流入五大城市群占比为13.1%和10.4%，"95后"更倾向于前往五大城市群。中国"十四五"规划提出，"优化提升京津冀、长三角、珠三角、成渝、长江中游等城市群"，它们以11%的土地聚集了42%的人口，创造了53%的GDP，独角兽企业占全国的95%，其中长三角、珠三角城市群是经济最活跃的地区，经济占比合计达29%，"95后"年轻人更倾向于前往有经济活力的地区。

# 机遇：
人口结构变动带来哪些新机遇

当前，我国人口面临结构性挑战，突出表现为少子化、老龄化，由此带来一系列重大而深远的影响和挑战。面对复杂的人口形势，一方面我们要积极应对人口问题，另一方面要挖掘人口结构中的"新红利"。

受劳动人口见顶回落、人口受教育水平逐渐提升、人口和人才不断向东部沿海、发达都市圈与城市群流动等人口结构变动的影响，未来有六大机遇。

第一，消费升级迎来新趋势，逐渐向健康化、品质化、情感化转型。具体表现为：老龄社会；健康消费；中产崛起；品质消费；独居盛行，情感消费。

第二，部分制造业向东南亚转移出海，产业面临转型升级，智能化数字化成趋势。

第三，产品和服务向适老化转型，医养结合更加紧密，养老金融前景广阔。

第四，教育系统面临结构性调整需求，短期托儿所供应不足，幼儿园及义务教育供应相对饱和。

第五，人口结构变动带来住房价值分化，人口、人才净流入的一线城市、强二线城市房地产市场热度更高，而人口、人才流出地区房地产市场较冷淡。

第六，住房改善时代来临，从"有房住"到"住好房"，产品力成为购房者关注的重点。[1]

---

[1] 本章执笔人：任泽平、白学松、刘煜鑫、柴柯青。

一、人口与产业周期：从人口红利向人才红利转变

人口是经济发展过程中的重要因素，宏观上，与资本、技术一起在供给侧决定经济潜在增长率；中观上，在供需两侧影响产业结构，是引发经济长周期拐点、影响产业发展结构转变的重要因素。我们既强调人口的基础性重要作用，也避免"唯人口决定论"。

第一，1990—2008 年，人口红利带来出口增长强劲。

1978 年，党的十一届三中全会明确了改革开放基调，开启了改革开放和社会主义现代化建设新时期。1992 年，确立社会主义市场经济体制的改革目标。2001 年，中国加入世界贸易组织，开始分享全球化带来的红利，"走出去"上升至国家战略。从世界范围看，制造业正在经历第四次转移，"亚洲四小龙"经济发展迅速，制造成本逐渐增加，产业转移需求旺盛。

此阶段，中国婴儿潮阶段出生人口逐渐进入劳动年龄，年轻劳动年龄人口众多。其中，15~24 岁人口占比保持稳定，在 15% 左右；35~49 岁人口占比呈上升趋势，从 1997 年的 20.2% 增至 2007 年的 26%。由于劳动力供应充足、生产要素成本低，吸引大量外贸加工订单流入，中国东部沿海地区逐渐成为"世界工厂"。

在改革开放和人口红利带来的制造业转移背景下，我国经济和产业发展活力迅速释放，出口贸易快速发展。从经济总量看，1990—2007 年中国经济总量从 1.9 万亿元增至 27 万亿元，年均增速 16.8%。世界排名稳步提升，从第 10 名升至前 3 名。在"三驾马车"中，出

口表现亮眼。从净出口看，1990—2007年，中国货物和服务净出口额从510.3亿元增至2.3万亿元，逐渐从贸易逆差转变为贸易顺差状态，净出口占GDP的比重从2.7%增至8.7%。2009年，中国出口货物贸易总量超越德国位居世界第一。

第二，2008—2018年，购房年龄人口增加，房地产迎来"黄金十年"。

1998年，我国启动房改，住房福利分配模式终结，商品房市场化启动。2003年，国务院发布《关于促进房地产市场持续健康发展的通知》，提出"房地产业关联度高，带动力强，已经成为国民经济的支柱产业"，此后房地产业进入快速发展阶段。2008年全球金融危机后经济增速回落，国务院常务会议提出"四万亿"政策救市，带动市场进入"黄金十年"。

此阶段，婴儿潮阶段出生的人口逐渐进入婚育年龄，城镇化发展迅速，购房需求增加推动房地产行业繁荣。分年龄阶段看，2008—2018年，25~34岁的刚需置业人口占比从13.4%增至16.3%，35~49岁的改善性需求置业人口占比从26.1%增至最高26.7%（2009年），之后缓慢回落至23.4%。分区域看，东部、中部、西部、东北地区的人口均呈现增长趋势，2000—2010年常住人口年均增量分别为635.6万人、123.4万人、89.4万人、46.5万人。分线看，一、二、三、四线城市常住人口年均增量分别为187.6万人、200.5万人、210.4万人、96.3万人。分城乡看，2005—2015年，城镇化率从42%增至57%，此阶段我国城镇化率仍处于快速发展阶段的加速发展阶段。

在政策红利和人口红利的双重利好之下，房地产市场迎来了大开发、大发展时期。此阶段，房子金融属性大于自住属性，成为投资者的首选。从房地产开发投资看，2000年以来，房地产开发投资完成额同比增幅一直保持两位数，2010年增幅最高达33.2%，企业纷纷入驻房地产业分享红利，2008—2018年房地产开发企业数量从8.8万家增至9.8万家。从房价看，2003—2016年，北京、上海、深圳等一线城市新房价格涨幅均在3倍以上。"三驾马车"中，投资部分表现亮眼，资本形成总额占GDP的比重从2005年的40%增至2011年的47%。

第三，2010年至今，人口红利向人才红利转变，创新驱动型新兴产业快速发展。

2010年10月，国务院发布《关于加快培育和发展战略性新兴产业的决定》，首先划定了七大领域。2012年，《"十二五"国家战略性新兴产业发展规划》发布，对于七大新兴产业做了进一步部署。党的十八大之后，创新驱动发展成为主要战略，创新成为推动经济增长的第一动力。2016年12月，《"十三五"国家战略性新兴产业发展规划》出台，将此前七类产业调整为六类，主要涉及处于重大技术突破边缘，但仍存在发展瓶颈且带动力较大的产业。此后，新兴产业快速发展，新能源、新一代信息技术等新兴产业发展迅猛。

此阶段，我国人口经历了劳动年龄人口占比和规模依次见顶回落、老龄化加速、人口受教育水平提升，人口红利向人才红利转变。分年龄人口看，2010—2022年15~64岁人口规模从10亿人降至9.6亿人，占比从74.5%降至68.2%。老年人口方面，2001—2010年中国65岁及以上老年人口占比年均增加0.2个百分点，2011—2022年年均增加0.5个百分点，人口老龄化速度明显加快。2021年中国65岁及以上人口占比达14.2%，进入深度老龄化社会，2023年上升至15.4%。从受教育程度看，受教育程度逐渐提升，人才红利将逐渐释放。与2010年第六次全国人口普查相比，2020年每10万人中拥有大学文化程度的由8 930人升为15 467人，拥有高中文化程度的由14 032人升为15 088人。2010—2020年具有大学文化程度的人数增长73.2%，15岁以上人口平均受教育年限提高9.1%，文盲率由4.1%降至2.7%，受教育程度大幅提高，人口红利逐渐转向人才红利（见图6-1）。

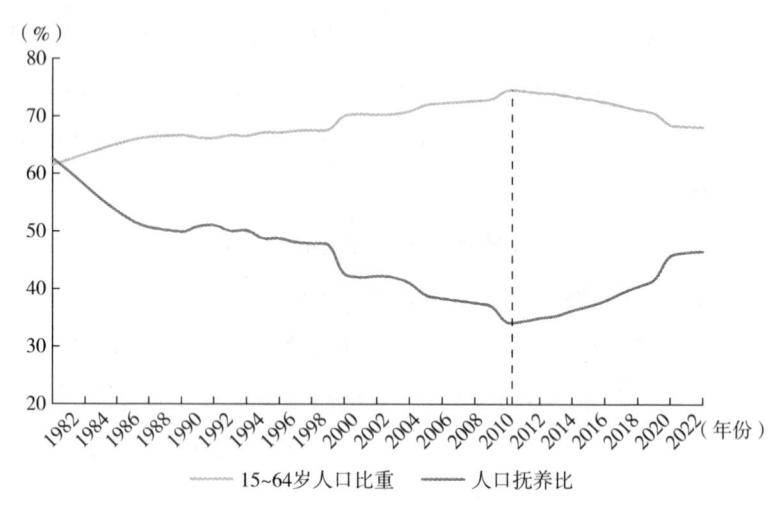

图6-1　1962—2022年我国劳动年龄人口占比和人口抚养比

资料来源：国家统计局，泽平宏观。

我国战略性新兴产业经过十几年的发展，经济引擎作用逐渐显现。不同于传统产业主要依赖于劳动力数量和资本等要素进行生产制造，新兴产业的运转主要依赖于创新和技术进步，将数据、知识等生产要素进行高效运用。随着我国创新驱动发展战略的逐渐实施，新兴产业的发展日益加速，成为驱动经济增长的主要动力之一。第一，战略性新兴产业规模总量迅速增加。2010—2021年，我国战略性新兴产业增加值从2.6万亿元左右增至15.3万亿元，年均增速约17.5%（远高于GDP增速的9.8%），占GDP的比重从4%增至13%以上。根据国家信息中心的数据，截至2021年底，A股上市公司中与战略性新兴产业相关的企业共2 067家，其中百亿元营收企业有216家，占比超10%。第二，部分新兴产业发展迅速，达到世界领先水平。此阶段，全球产业进入新一轮技术周期，高技术产业不断涌现，同时伴随着我国对战略性新兴产业提供政策支持，产业发展迅速。比如，我国已经建成全球最大规模的 5G（第五代移动通信技术）网络，已建成的 5G 基站占全球的 70% 以上。人工智能核心产业规模达到 5 000 亿元，企业数量近 4 000 家。高铁网络全球规模最大，截至 2023 年底，运营里程达 4.5 万公里，占全球的 2/3 以上。

二、人口结构变动带来六大机遇

（一）消费升级迎来新趋势：逐渐向健康化、品质化、情感化转型

1. 老龄社会，健康消费

分年龄结构看，人口老龄化、高龄化趋势明显。根据中国人口普查数据，1953—2023 年中国 65 岁及以上人口数量从 2 632 万人增至 2.2 亿人，占比从 4.4% 增至 15.4%，已进入深度老龄化社会。根据育娲人口《中国人口预测报告 2023 版》"中方案"，到 2035 年、2050 年，中国 65 岁及以上老年人口将分别达 3.27 亿人、3.93 亿人，占全球老年人口的比重分别为 36.8%、40.4%。

不同年龄段人口消费偏好不同，年轻人偏爱汽车耐用品消费，中年人偏好投资子女教育，老年人对医疗保健需求旺盛，人口老龄化使食品、文娱方面的消费减少，医疗保健方面的消费增加。一方面，根据生命周期消费理论，相较于中青年人，老年人收入水平低、平均消费倾向高，老龄化将导致经济中消费比重提升。另一方面，在中国家庭中，中老年人为日后养老和医疗做出的预防性储蓄、遗赠动机和"啃老"行为抑制了消费。目前，我国老龄化的影响主要是前者。随

着人口少子老龄化，家庭的烟酒消费支出减少，医疗保障支出增加；同时，地产产业链、传统汽车等相关行业消费需求呈下降趋势，但随着能源和环境问题加剧、政策引导，新能源汽车产业链仍空间巨大。

以日本为例，根据日本总务省统计局公布的不同类型消费的年龄分布可以看到，食品饮料消费高峰在40~64岁，服饰、文娱在35~59岁，教育、交通通信在40~59岁，水电燃料、家居用品在45~69岁，医疗保健在60岁以上，住房在40岁以下以及60~69岁（见表6-1）。

2. 中产崛起，品质消费

分收入结构看，随着中高收入群体数量不断增加，家庭的整体购买力水平趋于增加。近年，我国居民人均可支配收入明显正增长，2013—2023年从1.8万元增至3.9万元，年均增速达9.0%。根据《2023麦肯锡中国消费者报告》，2015年中低收入及低收入、中等收入、中高收入及高收入家庭统计数量占比分别为21.8%、66.4%、11.8%，2021年该比例变为20.6%、40.6%、38.9%，预计2025年该比例将变为16.3%、29.5%、54.1%。分教育结构看，我国人口受教育水平不断提升，2010—2020年，高中以上学历人口占比从23%增至30.6%，劳动年龄人口平均受教育年限从9.7年增至10.8年。

随着居民收入水平和受教育程度的提升，以及消费经验逐渐积累，其对日常消费品的品质要求逐渐提高，品质消费既看重"面子"，又注重"里子"。比如，对于护肤品/化妆品，消费者不再只关注精美的包装，而是更加注重产品的成分和功效，包括奶制品等。根据《2022麦肯锡中国消费者调查报告》，中国消费者对于食品的关键购买因素前三分别为需要的功效/口味/设计、安全/天然配方、品牌可靠，占比分别为53%、45%、28%，非食品的关键购买因素前三分别为需要的功效/口味/设计、安全/天然配方、知名品牌，占比分别为40%、39%、33%。

表6-1 2022年日本不同类别消费的年龄分布情况

单位：%

类别	<34岁	35~39岁	40~44岁	45~49岁	50~54岁	55~59岁	60~64岁	65~69岁	70~74岁	75~79岁	80~84岁	>85岁
食品饮料	6.9	8.4	9.1	9.1	9.2	9.2	9.0	8.7	8.2	7.8	7.3	6.9
服饰	9.4	10.2	11.4	12.1	12.0	10.5	8.9	6.8	5.5	5.0	4.0	4.3
文娱	7.8	9.7	10.5	10.3	10.0	9.2	8.9	8.5	7.4	6.8	6.1	4.8
教育	3.9	7.3	14.6	24.1	29.7	15.4	3.6	0.6	0.2	0.4	0.0	0.1
交通通信	8.8	8.8	9.8	10.9	11.3	12.1	9.4	8.0	6.7	5.6	4.7	3.7
水电燃料	6.6	7.7	8.1	8.6	8.9	9.1	9.0	8.9	8.4	8.5	8.0	8.2
家居用品	8.3	8.4	8.9	8.9	9.2	9.6	9.1	9.2	7.8	7.3	6.3	6.9
医疗保健	6.6	6.7	6.9	7.5	7.9	8.4	8.8	9.6	9.2	8.6	9.1	10.6
住房	13.3	9.5	8.1	6.8	8.5	8.3	9.2	9.0	6.9	6.1	6.1	8.1

资料来源：日本总务省统计局，泽平宏观。

我们的研究认为，未来人们对于品质生活、美好生活等的需求将持续上升，未来20年将属于"八大美好行业"：新基建、新能源、新国潮、新消费、数字经济、生命经济、银发经济、金融经济。那些能够给人们带来更好的品质、更实用的性能、更舒适的体验的产品，将脱颖而出。

3. 独居盛行，情感消费

分家庭结构看，中国家庭小型化趋势明显。2000—2020年三人以内小型家庭户占比从55.3%增至76.1%，其中一人户和二人户占比分别从8.3%和17.0%增至25.4%和29.7%，而同期三人户、四人户、五人户、六人户及以上占比分别从30.0%、23.0%、13.6%、8.1%降至21.0%、13.2%、6.2%、4.6%，三人户及以上占比均有下降。1953—2020年我国家庭户平均人口规模从4.33人大幅降至2.62人，与最高值相比减少1.81人。

随着家庭小型化，共享性消费品包括消费、租房等的消费占比将呈下降趋势。不同规模家庭的消费结构存在差距，共享型消费品的支出占比随着家庭规模的增加而下降，相反，非共享型的支出占比随着家庭规模的增加而增加。其中，共享型消费有食品、租房等，比如多人家庭在家做饭可摊低做饭成本，多人分摊房租也会让平均住房成本下降；非共享型消费有日用品、医疗保健、教育支出，难以通过多人分摊降低个人消费成本。根据2018年中国家庭追踪调查的数据，一人户到五人户家庭的食品支出占比从35.9%降至30.2%，日用品支出占比从13.4%增至16.6%，医疗保健支出占比从7.6%增至10.6%，教育支出占比从6.9%增至12%。

此外，家庭户规模的缩小带动"单身经济""宠物经济"等新消费业态的发展。在结婚率下降、晚婚晚育观念盛行的背景下，单身人群逐渐形成了新的消费观，进而产生了"单身经济"的概念，消费特点为小型化、快捷化以及幸福感。消费新业态逐渐成形，包括随着居住面积小型化带来的家居家电的小型化需求，单身条件下对购物产生的网络化需求，以及孤独感产生的对于宠物、手游等满足精神世界的需求，衍生出"一人份"餐食、迷你家电、预制菜、"宠物经济"等新赛道。

（二）部分制造业向东南亚转移出海，产业面临转型升级需求，智能化数字化成趋势

从劳动力总量看，我国劳动力规模持续萎缩。中国劳动年龄人口比例及规模分别在2010年、2013年见顶，随后进入快速下滑阶段，2010—2022年15~64岁人口规模从10亿人降至9.6亿人，占比从74.5%降至68.2%。根据育娲人口《中国人口预测报告2023版》"中方案"，2050年劳动年龄人口占比将下降到59.1%，2100年劳动年龄人口占比将下降到44.3%。

从劳动力成本看，我国劳动力成本逐渐增加。2023年泰国、越南制造业工资约为2 898元/月、2 299元/月，而中国约为8 127元/月，用工成本较东南亚国家高出2~3倍。人口数量红利消失，劳动力成本大幅上升，中国"世界工厂"的地位受到挑战。

过去我国依靠人口红利成长为"世界工厂"，"中国制造"销遍全球，但随着人口老龄化、少子化程度加剧，劳动人口占比下降，劳动参与率下降，用工成本上升，劳动密集型企业失去成本优势，逐渐将产能转移至要素成本更低的东南亚和中国中西部地区。一方面，由于东南亚地区拥有更加廉价的劳动力、较好的区位和海运条件以及优惠的税收政策，部分产业向东南亚转移。部分外资企业，比如苹果、日

本 YOKOWO（友华）等将部分产线移至东南亚国家。根据美国商务部的数据，2015—2021 年美国纺织纤维（及其废料）进口来自中国的比例从 21.3% 降至 9.1%，来自越南的比例从 1.5% 增至 4.4%。并且，部分中资企业为了节约生产成本，纷纷在东南亚建厂。但是，由于东南亚国家基础设施、营商环境等相对落后，目前仅能承载低端或部分产线。另一方面，相对于东部沿海地区，我国中西部地区也有较廉价的要素成本叠加优惠的税收条件，以及不断改善的交通运输和通信等基础设施条件，也承载了一部分产业转移，2000—2020 年我国中西部出口额合计占比从 8% 增至 20%。近年来，重庆、西安、郑州等中西部城市借助产业转移，成了新兴产业高地，比如重庆通过整合笔记本电脑的上下游产业和代工厂，成为全球最大的笔记本电脑制造基地。

劳动力数量下降、用工成本提升倒逼国内制造业转型升级。一方面，部分行业可以通过提升自动化、智能化水平来降本增效。互联网技术的发展使自动化技术逐渐成熟，可以用来补充劳动力缺口，向技术要生产力是未来发展的方向。另一方面，行业结构逐渐优化，技术密集型产业占比逐渐增加。对于以技术为核心的高端制造业，其劳动力需求更倾向于研究型人才，并且我国制造业具备全球最完整的产业链条，向高端制造业的先发优势明显。当前新一轮科技革命已经开始，大量创新型产业代替传统产业，产业结构不断优化。国家统计局的数据显示，以皮革、纺织为代表的劳动密集型制造企业占比逐年下降，2003—2020 年数量占比从 5.7% 降至 1.1%，而以计算机、电子设备为代表的技术密集型制造业占比从 3.0% 升至 5.2%。

当前，我国面临从人口红利向人才红利转变的需求。虽然我国劳动力人口已经进入负增长区间，但是随着人口整体受教育水平的提升，我国高质量人才规模比较大，人才红利正加速形成。在健康方面，我国人均寿命增至78岁以上，接近发达国家水平。在教育方面，我国高学历人才新增劳动力平均受教育年限为14年，2010—2022年，本科毕业人数从259万人增至472万人，研究生毕业人数从38.4万人增至86.2万人，高学历人才在不断增多。根据美国乔治敦大学安全与新兴技术中心的论文《中国的STEM博士增长速度快于美国》(China is Fast Outpacing U.S. STEM PhD Growth)[①]，2019年中国在STEM领域培养了49 498名博士，这个数据是美国的1.5倍，预计到2025年中国STEM领域的博士毕业生将是美国的2倍。科技人才的逐渐积累为中国的产业转型提供了支撑，带动产业向发展的前沿面拓展。2010—2022年中国发明专利授权数量从8万件增至69.6万件，越来越多的创新成果被推出，人才红利有望引领产业升级（见图6-2）。

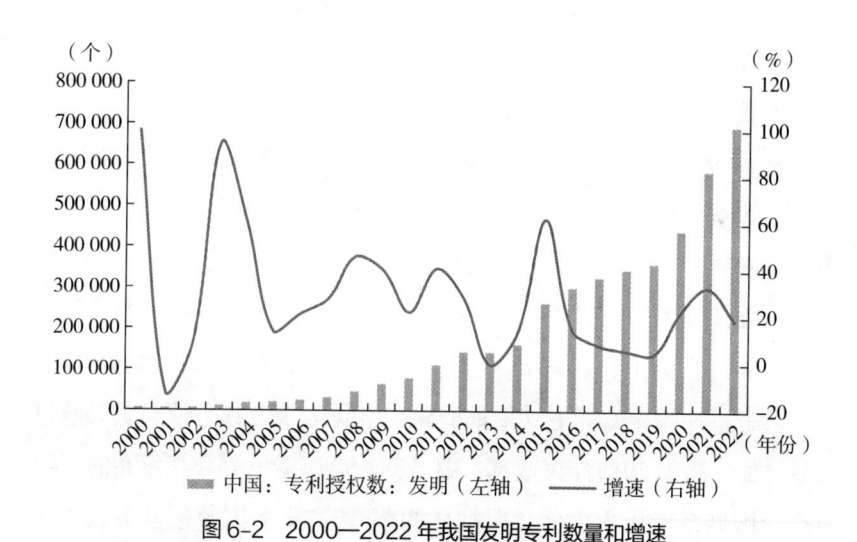

图6-2 2000—2022年我国发明专利数量和增速

资料来源：国家统计局，泽平宏观。

---

① STEM指科学、技术、工程、数学。

（三）产品和服务向适老化转型，医养结合更加紧密，养老金融前景广阔

从老年人口总量看，随着人均寿命的提升，我国老年人口总量将呈上升趋势。由于人口基数大，我国老年人口规模也大，2023 年 65 岁及以上人口超 2 亿人，约占世界老年人口的 1/4，相当于全球每 4 个老年人中就有 1 个中国人。

从老年人口抚养比看，随着老年人口抚养比大幅增加，社会养老负担加重。老年人口抚养比是指，人口中 65 岁及以上人口数与劳动年龄人口数之比。1982 年以来，我国老年人口抚养比逐渐增加，至 2023 年，我国老年人口抚养比攀升至 25%，意味着目前平均 4 名年轻人要赡养 1 名老人。根据育娲人口的预测，至 2030 年我国老年人口抚养比将增至 27.3%，2050 年增至 52.4%，老年人口抚养比成倍增加，社会养老负担加重。

从老年人口的年龄分布看，1987—2022 年，65~79 岁老年人口占比从 87.9% 降至 81.3%，80 岁及以上老年人口占比从 12.1% 增至 18.7%（见图 6-3）。1949 年以后，中国出现了三轮婴儿潮，分别是 1950—1958 年、1962—1975 年、1981—1991 年。目前来看，2015 年第一批婴儿潮人口陆续进入 65 岁。到目前为止，65 岁及以上老年人口以"50 后"为主；到 2025 年后，"60 后"人口将逐渐进入老龄阶段。

第一，伴随家庭养老功能的弱化，空巢老人尤其是独居老人数量明显增加。根据 2015 年民政部、财政部、全国老龄办联合发布的《第四次中国城乡老年人生活状况抽样调查》，空巢老人数量已突破 1 亿人，失能、半失能老年人超 4 000 万人，而祖辈和子代两地分居，子代对祖辈的照顾多为经济支持，生活照护、情感支持等家庭养老保障减少将严重弱化家庭养老功能。根据第七次全国人口普查数据，2020

年中国城市、镇、乡村中 60 岁及以上老年人独居（无保姆）占比分别为 10.0%、10.9%、13.5%。

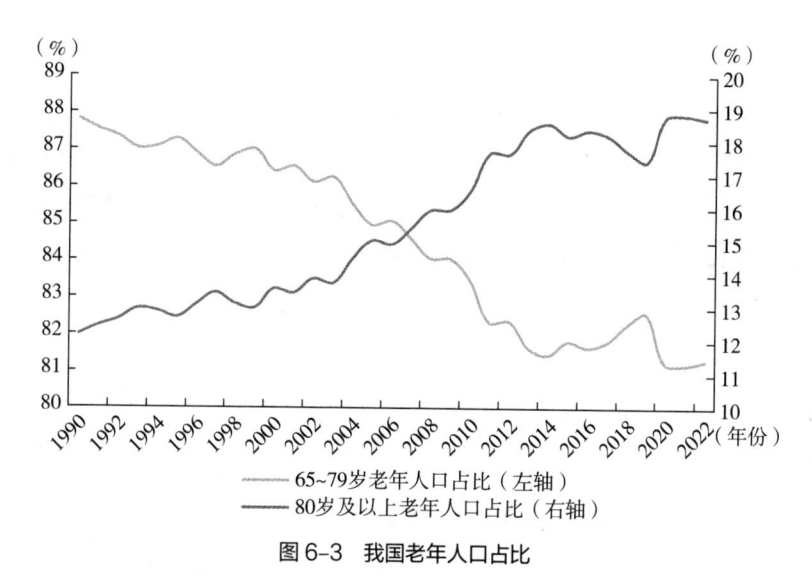

图 6-3 我国老年人口占比

资料来源：国家统计局，泽平宏观。

随着社区养老和机构养老的需求不断增加，未来养老产业将提供更全面的服务，不仅包括基本生活需求，还要兼具休闲娱乐、社交等附加服务属性。一方面，根据 2022 年中国老龄科学研究中心发布的《中国老龄产业发展及指标体系研究》报告，我国有 82.05% 的老年人愿意居家养老，仅有 4.38% 的老年人愿意入住养老机构，社区居家养老服务存在严重的供不应求问题。未来，增加社区养老服务，通过融合医疗、文娱等服务来满足老年人的养老需求是趋势。另一方面，根据华经产业研究院的数据，目前我国养老机构存在供需错配，中低端养老院空置率约为 50%，中高端的空置率仅不到 10%。随着养老产业的成熟和发展，现代养老服务业不仅要满足老年人的基本生活需求，还要尽量具备包括医疗保健、休闲娱乐、社交等附加服务属性，满足慢性病老人的医疗、护理、康复需求。目前，医养结合已纳入"十四五"规划及《"健康中国2030"规划纲要》，通过鼓励原有养老机构的转型，将闲置的医疗及养老资源有机结合，实现资源的有效利用。

第二，随着老龄化的加剧，政府债务负担逐渐加重，财政收支情况恶化。一方面，随着劳动人口下降，创收人群将逐渐减少，政府收入面临压力；另一方面，老龄人口增加将导致养老和医疗等支出增加，社保账户收支缺口增加将加重财政支出。纵向对比看，1993—2022年，中国政府部门杠杆率从7.8%增至50.4%；65岁及以上老年人口占比从6.2%增至14.9%，政府债务负担与社会老年人口占比为正比例关系。横向对比看，2015年日本、意大利、西班牙、英国政府部门杠杆率均超过100%，这些国家的老年人口抚养比也相对较高，分别为42.7%、34.1%、28.1%、27.9%。

随着养老金供需缺口的增加，三支柱迎来发展期，并且随着居民对于养老理财储备需求的增加，养老金融未来前景广阔。一方面，我国第一支柱负担过重，占比近70%，急需第二、第三支柱补充。近年来，我国主要在产品端对第三支柱建设进行积极探索，2022年底个人养老金制度出台，多支柱的养老金体系建设加快，未来，随着养老金收不抵支压力逐渐增加，以多种形式的个人商业养老金补充养老金供给迫在眉睫。另一方面，随着老年人逐渐从"老有所养"到"老有善养"，银发消费需求升级，养老财富储备意识也逐步提升。中国保险资产管理业协会发布《中国养老财富储备调查报告（2021）》，大部分被调查者具有初步养老投资规划意识，但是由于专业知识不足、缺乏时间等，仅27%的人付诸行动，仅4%的人有完整规划。由于未老个体对财富"跨期配置"的需求增加与个人资产配置能力不足存在矛盾，依靠专业的金融机构来发展的养老金融体系前景广阔。

（四）教育系统面临结构性调整需求，托儿所供应不足，幼儿园及义务教育供应相对饱和

从出生人口看，2017年开始，我国出生人口数量连续7年下降，至2023年，降至902万人，创历史新低。2015年末中央决定实施全面放开二孩政策，出生人口在2016年达到1 786万人，创2000年以来的峰值；但2017年开始，出生人口连续下滑，从1 723万人降至2023年的902万人，降幅近50%。

出生人口下降导致入学人数下降。新生儿与入学生源是正相关关系，新生人口在3年后进入幼儿园，6年后进入小学，12年后进入中学，18年后进入大学。从入学率看，2023年，0~3岁入托率约5.5%，3~6岁学前教育毛入园率85.2%，小学学龄儿童净入学率99.96%，初中阶段毛入学率102.5%，高中阶段毛入学率91.2%，高等教育毛入学率54.4%。

第一，学前教育阶段呈现0~3岁托儿所不足与3~5岁幼儿园相对饱和并存的局面。托儿所方面，在计划经济时代，托儿服务比较普遍，很多企事业单位都开办托儿所，员工可以在上班时将小孩托管，1949—1956年托儿机构从643家增至5 775家。但是随着中国经济社会的转型，普惠性的托儿服务被取消，托儿所大量缩减，到2010年国家集体办托儿所基本消失。2019年后，托育行业利好政策频出，托育机构重新发展，截至2021年6月，全国已经有4 000家托育机构备案，1万家在积极申请。但是我国入托率较低，仅5.5%左右，每千人托位数约2.03，相对于4 000多万的0~3岁婴幼儿数量来说，托育服务供给缺口较大。国际对比看，经济合作与发展组织国家3岁以下婴幼儿入托率平均值为35%，欧盟国家约32.7%，中国入托率处于垫底位置。幼儿园方面，2023年，全国共有幼儿园29.14万所，普惠性幼儿园覆盖率为80.24%；在园幼儿4 818.1万人，普惠性幼儿园覆盖

率达到84.74%，从入园情况可以看出，幼儿园数量基本满足入园需求（见图6-4）。

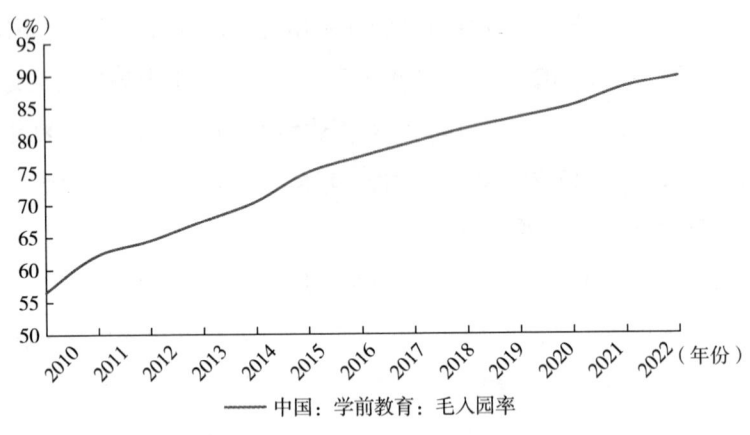

图6-4 2010—2022年我国幼儿园入园率

资料来源：国家统计局，泽平宏观。

第二，义务教育阶段的入学需求减少，其中小学入学人数下降更明显，农村下降更快。根据中国教育财政科学研究所的报告，受出生人口下降的影响，未来30年内，义务教育（小学和中学）适龄儿童整体呈下降趋势，总体降幅为50%~60%，其中小学适龄儿童规模下降更明显。

从小学生数量看，与1949年新中国成立后三波婴儿潮相对应，中国小学在校生数量经历了1960年、1975年、1997年三次高峰，此后由1997年的13 995万人逐年下降到2013年的9 361万人，后触底回升至2021年的10 780万人。2016年全面二孩政策带来出生人口的小高峰，2023年、2024年对应"二孩入学潮"，小学学位面临供应紧张问题。随着2018年以后出生人口开始大幅下降，预计2024年之后，义务教育适龄入学儿童将迎来快速下降期。

分城乡看，农村地区适龄儿童入学数量下降速度明显快于城镇。根据复旦大学社会发展与公共政策学院的研究，2020—2040 年，城镇地区小学适龄儿童规模将从 6 500 万人降至 4 500 万人左右，农村地区将从 4 200 万人降至 2 000 万人左右，农村地区小学适龄儿童数量下降更快。并且由于城乡教育差距较大，很多农村家庭不惜花费高价将孩子送到城里读书，这会进一步加剧城乡教育入学需求的分化。

分区域看，人口流入和出生率较高的区域义务教育在校生保持正增长，而人口流出和出生率较低的区域在校生有所下降。数据显示，2016—2022 年，广东省小学生在校生年均增量为 29.8 万人，增量居首；山东、广西、江苏等 6 地的增量为 10 万~20 万人；陕西、安徽、湖北等 18 地的增量为 0~10 万人；四川、辽宁等 6 地的小学在校生数量下降，主要受人口流出或出生率较低的影响。

从学校数量看，2001 年开始，"撤点并校"开始实行，2006 年之后撤并行为开始被规范，2001—2022 年普通小学数量从 55.4 万所降至 14.9 万所，大量小学被关停或者撤点并校。其中，2022 年农村和城镇小学数量比为 7∶3。未来随着出生人口下降带来的适龄儿童数量下降，特别是农村适龄入学儿童的减少，还有小学面临关停或撤并的风险。

（五）人口结构变动导致住房价值的分化，人口或人才流入的核心城市住房价值凸显

长期看，人随产业走，人口或人才流动导致的区域人口分化将直接影响未来房地产市场的价值变化，人口或人才流入地区的房子价值高于人口或人才流出地区。

从人口流动看，人口将持续向东部沿海、发达都市圈与城市群流

动。分线看，近 10 年一线城市人口年均增速为 2.37%，人口持续流入，但增速放缓；二线城市人口年均增速为 1.91%，人口持续流入且增速小幅上升；三线城市基本平衡；四线城市人口年均增速为负，人口持续流出。从都市圈看，近 10 年深莞惠、上海、广州都市圈年均常住人口增量超 80 万人，成都、杭州、郑州、苏锡常都市圈年均常住人口增量超 40 万人，京沪都市圈人口向周边疏解。从城市群看，近 10 年珠三角、长三角城市群年均常住人口增量超 180 万人，成渝、中原城市群年均常住人口增量超 65 万人，但东北、西部等地区近年面临产业结构单一问题，呈现人口流出趋势。

从人才流动看，近年人才仍不断向东部城市集聚，长三角、珠三角城市群人才集聚能力逐渐增加。分区域看，2018—2022 年东部地区人才净流入占比从 5.7% 增至 14.0%，人才持续向东部集聚，得益于雄厚的经济基础和较高的战略定位；中部、西部地区人才持续净流出，且 2022 年净流出占比增大。分线看，2018—2022 年一线城市人才净流入占比从 –0.9% 增至 5.3%，一线城市人才不断集聚；二线城市人才净流入占比从 3.6% 降至 –0.5%，人才由净流入变为净流出，主要是因为人才流出增加；三线城市人才净流入占比变动不大；四线城市人才持续流出。分城市群看，超六成人才流向五大城市群，长三角、珠三角人才不断集聚，2018—2022 年人才净流入占比分别从 4.6%、2.2% 增至 7.9%、3.9%，京津冀人才由于北京人才净流入占比增加而转为净流入趋势，成渝、长江中游人才持续净流出。

人口和人才流动导致不同区域房地产市场呈现分化，人口或人才净流入的一线城市、强二线城市房地产市场热度更高，而人口或人才流出地区房地产市场较为冷淡。分区域看，根据中国房价行情平台的数据，2022 年 12 月东部、中部、西部、东北地区的二手房均价分别为 16 352 元/平方米、7 374 元/平方米、6 665 元/平方米、5 372 元/平方米，

2017—2022年二手房价涨幅分别为23.7%、19.1%、25.8%、14.8%，其中西部地区房价涨幅较大的原因，一方面是房价基数相对较低，另一方面是成都、西安近年经济产业发展迅速，吸引了一批优秀人才入驻，带动当地房地产市场发展。分线看，2022年12月，一、二、三、四线城市的二手房价分别为6.3万元/平方米、1.9万元/平方米、1万元/平方米、0.6万元/平方米，2017—2022年二手房价涨幅分别为28.2%、23.5%、23.4%、20.8%，其中一线城市房价最高、涨幅最大，三、四线城市房价低、涨幅较小。分城市群看，2022年12月，珠三角、长三角、京津冀城市群二手房均价分别为2.7万元/平方米、1.8万元/平方米、1.5万元/平方米，2017—2022年二手房价涨幅分别为33.5%、35.0%、2.2%。

预计未来中国新增城镇人口的约80%将分布在19个城市群，其中约60%将分布在长三角、珠三角等七大城市群，随着人口分布逐渐分化，未来不同区域房地产市场价值也将继续分化。并且，随着人口红利消失、人才价值日益凸显，如何吸引人才、留住人才并培养人才成为各城市提升综合实力的手段。2017年初以来，各地掀起"抢人大战"，城市人才竞争不断升级，2022年以来各地人才政策不断优化，包括放宽人才落户政策、提供租购房补贴、创业补贴等，未来能否吸引人才将成为影响城市房地产价值的重要因素，有优质购买力的城市房地产潜力更加凸显。

（六）住房改善时代来临，从"有房住"到"住好房"，产品力成为购房者关注的重点

中国住房短缺时代已经过去，购房者从追求"有房住"向"住好房"转变。

从人口结构看，一般来说，20~35岁人群数量决定首次置业需求，35~50岁人群数量决定改善性置业需求。其中，购房者在首次置业时资金有限、家庭人口少、年龄不大，在购房时主要考虑的是基本的居住需求。改善性需求的产生往往伴随着购房者资产积累、组建家庭、年龄增长，因此在购房时不仅会考虑居住需求，还会考虑户型、品质、服务等产品力。根据国家统计局的数据，1990—2022年，20~34岁、35~39岁人口占比分别从27.4%、17.3%变为19.1%、21.6%，主力购房年龄人口逐渐从首次置业需求人口变为改善性置业需求人口。

从实际购房结构看，住房市场改善性需求稳步提升。根据贝壳研究院发布的《改善性购房需求洞察报告》，2020—2022年，一线城市35~44岁的改善性置业需求人口占比从26%提升至30%。其中，一、二线城市改善性需求更高，北京、厦门、天津的改善群体住房交易量是刚需的1.5倍以上。主要由于一、二线城市老破小居多，换房需求更旺盛，比如，北京存量房中20年以上房龄的住房占比超过60%。

从未来预测结果看，改善性置业需求将成为主力。由于家庭规模小型化以及人民对美好生活的需要，未来城镇居民人均住房面积需求将进一步增加。根据我们的测算，2024—2030年年均新增城镇居住需求约10.0亿平方米，相较于2011—2023年年均新增城镇居住需求的11.3亿平方米有一定下降。2024年我国年新增城镇居住需求约10.6亿平方米，城镇常住人口增加居住需求（剔除行政区划变动，后同）、城市更新居住需求、改善性居住需求分别占总需求的28.8%、34.5%、36.7%。2030年总需求波动降至9.1亿平方米，城镇常住人口增加居住需求、城市更新居住需求、改善性居住需求分别占总需求的20.3%、35.8%、43.9%（见图6-5）。

改善性需求将是未来最大的需求

—— 城镇常住人口增加居住需求占比 —— 城市更新居住需求占比
—— 改善性居住需求占比

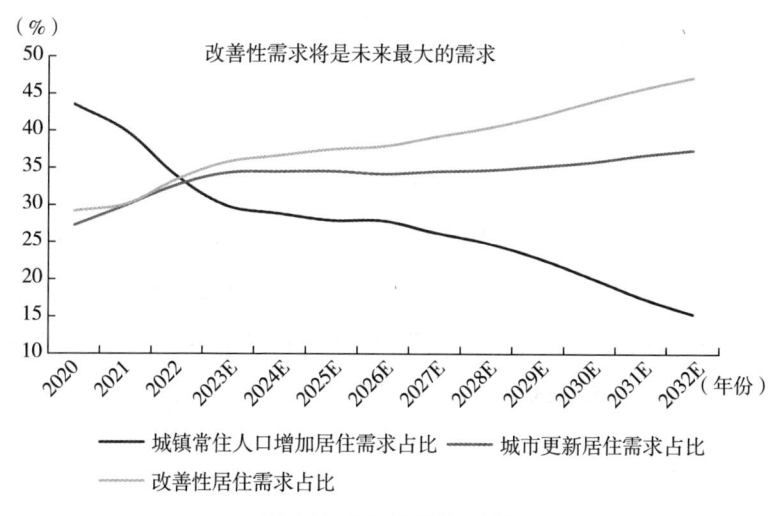

图6-5 我国居住需求占比

注：E表示预测数据。
资料来源：国家统计局，泽平宏观。

随着居民收入水平的提升和外部环境的变化，居民对于改善型住房的要求也更加多元，除了要求地理和面积的变动，对住房品质的要求也在提升。一方面，居民收入水平越高，对于居住环境的要求就越高，2010—2023年，我国居民人均可支配收入从1.25万元增至3.92万元，增长2.1倍，随着收入的增加，居民对于住房的要求逐渐从"有房住"向"住好房"转变，对住房品质有了更高的要求；另一方面，过去几年长期居家隔离使人们居家时间变长，对居住体验的感受更深，从而激发了居民对改善型住房的品质需求。具体看，居住品质体现在户型、产品质量、服务和周边环境等方面。从户型看，方正的户型空间利用率更高，家具布局更方便，不易出现死角，并且空间布局合理，动静分离的房型居住体验更佳，是买房时考虑的重要因素之一。从产品质量看，房龄、外观、建筑结构、室内墙面、电路管道等设计合理性是考虑的重点。一般来说，房龄较新、外观设计较优、墙

第六章 机遇：人口结构变动带来哪些新机遇　　127

体结构稳定、电路管道设计合理的改善型房源更受欢迎。从服务看，物业配套是软实力，拥有好物业的项目更加受欢迎，优质的服务不仅包括保洁、安保、设备维修，还包括对于公共空间的维护、小区的定期翻新以及引入智能化管理服务。从周边环境看，园林绿化和卫生环境影响业主的身心健康和居住体验。居住小区30%的绿化率是及格线，绿化率高意味着小区绿化面积更多、居住环境更好，居住的舒适度也相应更高。因此，未来在购房者的预算范围内，在地段、面积相似的前提下，品质更高的房子将是购房者的首选项。

第二篇

世界人口

第七章

世界人口：
大变局

全球人口正面临重大变局，人口爆发期正临近尾声，人口因素逐渐从慢变量变成快变量。有以下九大趋势。

第一，总量：由高增长转为低增长，或将在2087年前达峰。

第二，年龄：老龄化加速，日本、意大利等31国进入超级老龄化阶段。

第三，性别：性别差距仍然存在，实现政治参与、经济地位的性别平等仍任重道远。

第四，婚姻：晚婚现象突出，非传统家庭数量增加。

第五，生育：少子化加快，超过40%的国家总和生育率低于更替水平。

第六，劳动：受教育水平明显提升，从人口红利转向人才红利。

第七，收入：分配不均程度较高，13%的人口拥有超80%的财富。

第八，移民：超六成国际移民在欧亚，美国是最大迁入国。

第九，城市化：进入减速增长阶段，预计2050年世界城市人口将占2/3。

注：联合国估算数与实际情况有偏差；由于数据可得性，本章中国数据均为中国内地数据，不包含港澳台地区。[①]

---

① 本章执笔人：任泽平、白学松、柴柯青、周里鹏。

人口预测数据是世界各国和地区制定人口、经济和社会发展等宏观发展战略规划所需的基础数据。无论是在《理想国》中柏拉图所倡导的调节人口数，还是诸子百家争辩的"大国众民"，抑或是老子主张的"小国寡民"，世界各国在战略层面从未停止对人口的预测规划与调控。近年来，人口与资源矛盾、人口老龄化加深等问题突出，如何对未来人口变动趋势做出准确判断，不仅是人口学领域的研究重点，而且关系着世界各国未来人口发展战略和社会经济发展的根本大计。在此背景下，若干国际组织或研究机构基于不同方法对世界人口进行预测，在对未来几十年甚至更遥远的生育率和人口数量变化进行预测时，难免产生激烈争论。由于对历史数据收集和估算不准确、预测方法的局限性、对生育率预测的偏差，以及对人口问题的认知偏差，总人口预测是不太准确的，需要不断修正。

联合国通过新数据不断对人口估计和预测值进行修正，《世界人口展望》不断调低对世界总人口的预测值，联合国最新"中方案"预测全球人口将在 21 世纪末达到峰值 103.6 亿人。联合国经济和社会事务部人口司自 1963 年起对各国的人口进行预测，每 5 年修订一次（1980 年改为每 2 年修订一次），目前已经更新到《世界人口展望 2022》（由于新冠肺炎疫情推迟一年发布），包含 234 个国家和地区 1950—2021 年的人口估计数和 2022—2100 年的人口预测数。2015 年、2017 年、2019 年版《世界人口展望》"中方案"预测，2100 年世界人口分别为 112.1 亿人、111.8 亿人、108.8 亿人，《世界人口展望 2022》继续调低全球人口预测，认为 21 世纪末世界人口将达约 103.6 亿人。

联合国《世界人口展望 2022》调低了对中国人口预测的数据，但仍倾向于高估中国人口。《世界人口展望2022》对中国人口预测的"中方案"生育率参数，2022年为1.18，2030年为1.27，2040年上升到1.34，2050年为1.39，到2100年上升到1.48左右。但根据官方数据，2022年中国总和生育率仅为1.05，可见联合国高估了中国人口生育率，并预测未来的趋势是缓慢上升。但我们认为，由于生育成本过高，中国人平均生育意愿较低，如果不大力鼓励生育，未来生育率可能难以回升。育娲人口《中国人口预测报告2023版》对人口预测的"中方案"参数为，从2023年起生育率逐渐递增，2028年回升到1.1，从2028年起固定为1.1。相比之下，联合国对中国总和生育率高估了15%~30%。需要注意的是，生育率高估30%意味着对下一代的出生人口数高估30%，对两代人以后的出生人口数高估69%，对三代人以后的出生人口数高估一倍以上。

数据方面，虽然联合国数据有部分局限性，但其提供了200多个国家和地区的人口历史估计数与未来预测数，且包括生育、死亡、移民等数据，较为全面。因此，本章主要采用《世界人口展望2022》的数据，中国部分采用育娲人口《中国人口预测报告2023版》的数据。其中，世界总人口预测数据＝联合国预测总人口－中国部分＋育娲人口对中国人口的预测数据。

一、总量：由高增长转为低增长，或将在2087年前达峰

自古以来，世界人口经历了高出生率、高死亡率的低增长阶段，高出生率、低死亡率的高增长阶段和由高增长向低增长转变的过渡阶段，这在人口学上被称作"第一次人口转变"。根据联合国最新数据，

2022年11月15日，世界人口总量达到80亿人。

第一，1770年之前：高出生率、高死亡率的低增长阶段。世界人口数量由不足2亿人缓慢增至8亿人，年均增速低于1‰，受经济和医疗条件所限，人类平均寿命较低，但缺乏可靠数据。根据史学家的研究，1400年之前欧洲人平均寿命不足50岁，清代中国人平均寿命仅33岁。

第二，1770—2000年：高出生率、低死亡率的高增长阶段。1770—1950年人口由8亿人快速增至25亿人，年均增速6.4‰，1950—2000年人口由25亿人增至61亿人，年均增速达18‰。从死亡率看，工业革命后经济繁荣和技术进步带来生活和医疗条件改善，死亡率大幅降低，预期寿命延长，1950—2000年粗死亡率由19.1‰降至8.5‰，婴儿死亡率由14.0%降至4.9%，人类预期寿命由1950年的45岁（男）、48岁（女）增至2000年的65岁（男）、69岁（女）。从出生率看，1950—2000年粗出生率由36.9‰降至21.0‰，保持在较高水平。

第三，2000年以来：由高增长向低增长转变的过渡阶段。2000—2022年，世界总人口由61亿人增至80亿人，年均增速降至12‰，人口粗死亡率保持在8‰左右的较低水平，随着经济发展和健康水平提高，婴儿死亡率已降至28‰的水平，但人们生育意愿下降，人口粗出生率由21.0‰降至16.8‰。根据联合国《世界人口展望2022》"中方案"的预测，结合育娲人口的预测，世界人口在2087年将达峰值103亿人，然后缓慢下降至2100年的102亿人（见图7-1）。

分区域看，21世纪之前，世界人口聚集在亚洲和欧洲，之后人口重心逐渐南移，预计2023—2100年世界90%以上的人口增量在非洲。从人口占比看，1950年亚洲、欧洲人口占世界人口的比重分别为55.4%、21.7%，世界前十人口大国有8个在亚欧大陆，非洲人口占比仅9%，此后人口重心逐渐南移，欧美发达国家人口进入低增长阶段，而非洲人口处于高增长阶段，世界人口格局重新洗牌。2022年世界59.2%的人口聚集在亚洲，欧洲人口占比降至9.4%，非洲人口占比升至17.8%，非洲国家尼日利亚成为世界第七人口大国，德国、英国、意大利、日本均退出人口大国的行列。从人口增量看，1950—2021年非洲、亚洲、欧洲、拉丁美洲、北美洲、大洋洲分别贡献世界人口增量的21.8%、61.0%、3.7%、9.0%、4.0%、0.6%。根据联合国《世界人口展望2022》"中方案"的预测并结合育娲人口的数据，2023—2100年非洲将贡献世界人口增量的九成以上，为世界人口主要增长极。

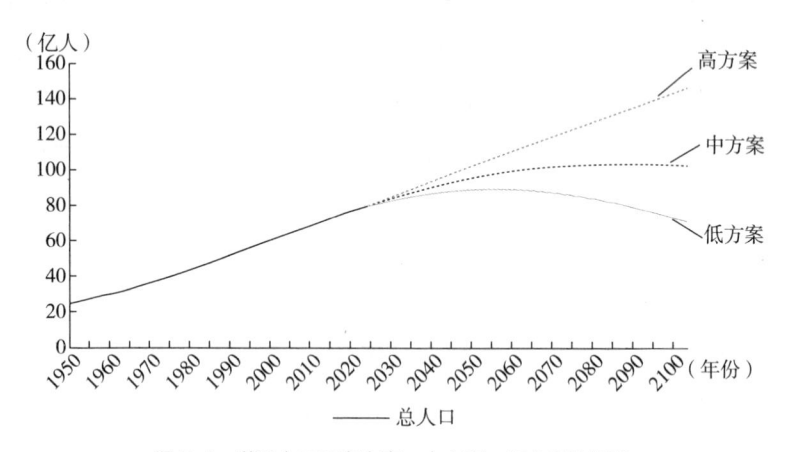

图7-1 世界人口及高方案、中方案、低方案的预测

资料来源：联合国，育娲人口，泽平宏观。

从具体国家看，2015—2021年世界人口减少的国家约42个，其中年均减量最多的国家分别为日本、委内瑞拉、乌克兰、意大利等。主要分为三类，第一类是日本、乌克兰、意大利等国家，面临"低生育率陷阱"，年均自然增长率为负，人口总量减少；第二类是委内瑞拉、黎巴嫩等国家，贫穷、战乱导致人口外流，年均净迁移率为负；第三类是罗马尼亚、保加利亚等东欧国家，人口出生率低叠加外流至西欧、北美等

地区，总人口也呈负增长。当前已经有40多个国家面临人口自然负增长，包括日本、意大利、德国等发达国家，其中德国移民支撑总人口维持增长态势，日本和意大利生育率低，人口均为负增长。日本生育率长期低迷，是世界上少子老龄化最严重的国家，人口问题已上升至"国难"级别，经济陷入"失去的三十年"；美国因人而兴，人口助推美国经济腾飞，20世纪60年代美国进入低自然增长阶段，移民支撑人口维持稳定增长，但是作为最大的移民接收国，种族问题仍然存在。

近70年，中国、印度、美国一直是世界人口排名前三的国家，根据联合国的估算，印度人口已经在2023年中期超越中国，成为世界第一人口大国。2022年中国人口为14.1亿，约占亚洲的30%，占世界的17.8%。根据育娲人口《中国人口预测报告2023版》"中方案"，2030年、2050年、2100年中国人口总量分别为13.7亿人、12.3亿人、6.3亿人，占世界人口的比重分别为16.2%、12.8%、6.1%。根据"低方案"，2100年，中国人口将降至4.8亿人，不到印度人口的一半。

二、年龄：老龄化加速，日本、意大利等国进入超级老龄化阶段

世界人口从2005年开始进入老龄化，2015年后世界人口老龄化进程加速，人口红利消失，老年人口占比增速由每年不到0.1个百分点增至0.2个百分点，2022年65岁及以上老年人口规模已达7.8亿人，预计到21世纪中期，老年人口总量将翻倍至16亿人，预计21世纪末，65岁及以上老年人口占比将达到25%。

第一，1950—1970年，少儿人口（15岁以下）占比迅速增加，

由34.3%增加至峰值37.5%，其中68.7%的新增少儿人口来自亚洲；劳动年龄人口（15~64岁）占比降低，由60.6%降低至57.2%；老年人口（65岁及以上）占比为5.0%~5.3%。

第二，1970—2015年，少儿人口占比下降至26.2%；随着1950—1970年出生人口年龄不断增加，人口红利显现，劳动年龄人口占比增加至峰值65.6%，其中亚洲人口红利最明显，此阶段世界劳动年龄人口增量的66.7%发生在亚洲；老年人口占比保持较低水平，由5.3%缓慢升至8.2%，每年增长不到0.1个百分点，世界人口进入老龄化阶段。

第三，2015年以后，世界人口年龄结构发生极大变化，老龄化加剧，人口结构将由青少年型转为中老年型。2015—2022年老年人口占比由8.2%上升至9.8%，每年增长0.2个百分点。根据联合国《世界人口展望2022》"中方案"，世界人口将分别在2038年、2066年前后进入深度老龄化、超级老龄化阶段（见图7-2）。

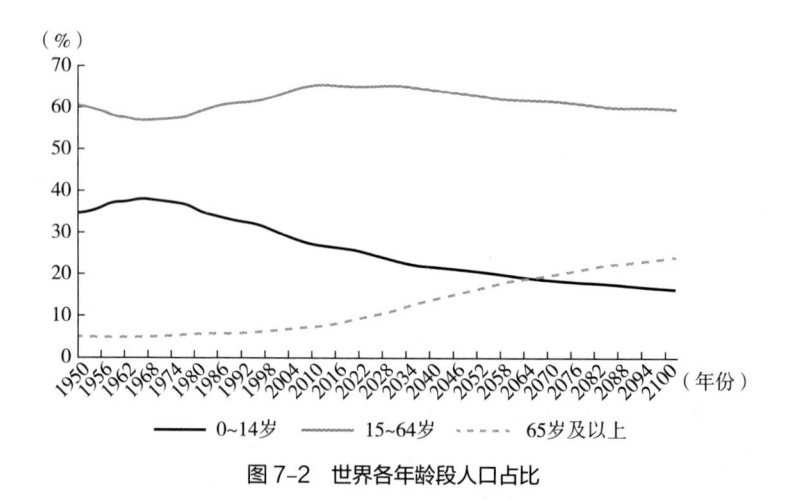

图7-2 世界各年龄段人口占比

资料来源：联合国，泽平宏观。

分国家看，日本、意大利等31个国家和地区已进入老年人口占比大于20%的超级老龄化阶段，西班牙等42个国家和地区进入深度老龄化阶段。

从老年人口占比看，2022年，日本和意大利、芬兰、葡萄牙等31个国家和地区的老年人口占比高于20%，处于超级老龄化阶段，其中70%在欧洲地区；西班牙、奥地利、比利时等42个国家和地区的老年人口占比为14%~20%，处于深度老龄化阶段，其中62%在欧洲地区。日本为老龄化最严重的国家，老年人口占比为29.9%。

从老龄化速度看，日本从老龄化到深度老龄化用了24年，德国用了40年，法国用了126年，中国只用了21年；从深度老龄化到超级老龄化，日本用了11年，德国用了36年，法国用了28年，预计中国用10年左右。

从人口抚养比看，在老年人口占比高于20%的国家中，所有国家的总抚养比均高于50%，人口负担较重。在老年人口占比为14%~20%的42个国家和地区中，有23个总抚养比高于50%，有19个总抚养比小于50%。其中新加坡、韩国、泰国、中国的总抚养比相对较低，分别为36.9%、41.0%、44.4%、46.6%。

德国、法国、意大利、日本、英国、美国、韩国的劳动年龄人口分别在1986年、1988年、1991年、1992年、2007年、2009年、2013年见顶，中国、巴西分别在2010年、2018年见顶，但是当时的人均GDP远低于发达国家，随着人口红利消失，中国较早面临老龄化加快、"未富先老"挑战。

根据人口金字塔可以判断一国人口年龄结构的合理性，包括扩张型、稳定型和衰退型。其中扩张型的人口金字塔呈山形，上尖下宽，低年龄组人口占比最大，并向高年龄组缩减，如印度；稳定型的人口金字塔呈钟形，上下同宽，各年龄组人口比重大致均衡，如美国、法国、瑞典；衰退型的人口金字塔上宽下窄，老年人口比重大，低龄人口比重小，如日本（见图7-3）。韩国人口金字塔正在向衰退型转变。

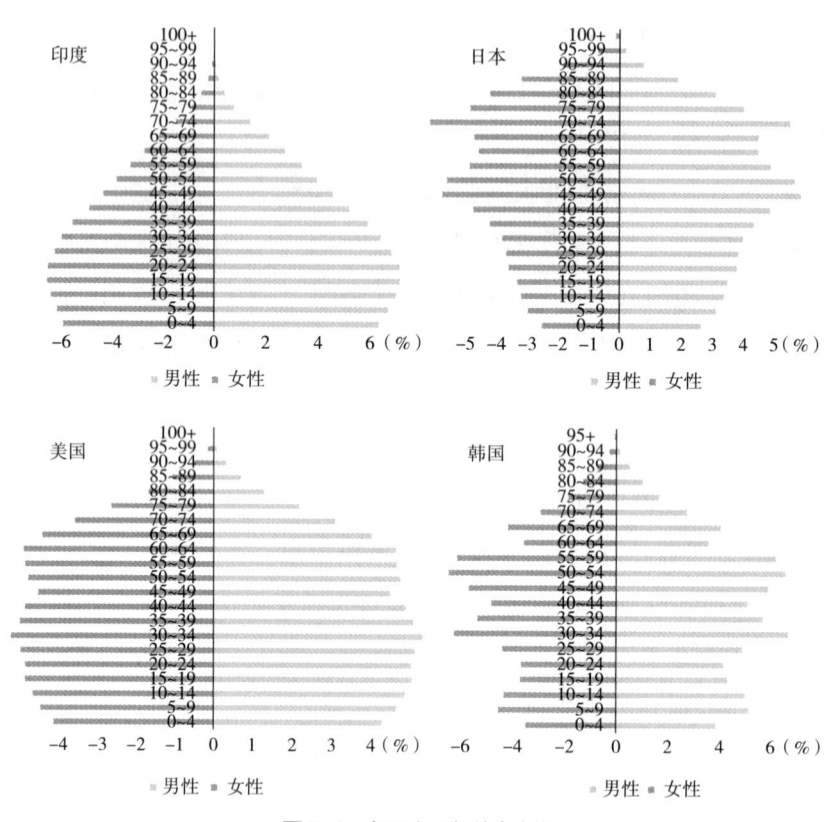

图7-3 各国人口年龄金字塔

资料来源：联合国，泽平宏观。

三、性别：性别差距仍然存在，实现政治参与、经济地位的性别平等任重道远

近年来，世界总人口性别比一直稳定在合理区间内，1950—1963

年，世界男性人口数略少于女性，性别比为99.3~100.0；1964—2011年，性别比由100.0上升至101.3，此后一直维持在101左右。分洲看，亚洲、大洋洲男性人口多于女性，其中亚洲性别比最高，1950—2022年性别比保持在103以上，主要受男性血统传宗接代、子随父姓、"男主外、女主内"等观念的影响；大洋洲性别比呈下降趋势，2022年性别比为100.6；非洲、拉丁美洲和北美洲男性人口数略低于女性，2022年性别比分别为99.7、97.0和98.1；欧洲男性人口数远低于女性，受二战影响男性伤亡较多，1950年欧洲人口性别比低于90，至2022年恢复至93.3，尚未恢复平衡。分国家看，世界上性别比超过110的有卡塔尔、阿联酋等16个国家和地区，其中6个在西亚，5个在中东，石油国家体力劳动依靠男性，引进劳动男性移民比例高也会提升整体性别比，其他分布在南亚和非洲等地区。性别比最低的10个国家和地区包括乌克兰、拉脱维亚等5个欧洲国家和地区，马提尼克等3个拉美国家和地区以及亚美尼亚和格鲁吉亚2个西亚国家。

由于亚洲地区人口占比较高，世界出生人口性别比受亚洲影响较大，出生人口性别比均为先升后降，呈倒U形。1950—1980年，世界出生人口性别比一直维持在105左右，1980—2005年，出生人口性别比从105提升至107，此后逐渐下降至2022年的105.7。分洲看，亚洲出生人口性别比变动较大，1950—1979年出生人口性别比一直稳定在106，1980—2005年出生人口性别比从160增至109.9，此后出生人口性别比逐渐下降至2022年的107。分国家看，出生人口性别比最高的国家分别为列支敦士登、阿塞拜疆、中国、越南，这些国家出生人口性别比均高于110，其中列支敦士登总人口仅4万人，样本量较小；阿塞拜疆主要受传统观念影响，男孩被认为是家族继承人、财产继承人，所以妇女在怀孕后会进行性别选择，从而造成国家性别失衡；中国同样受传统观念影响，男多女少问题仍然存在，但近年重男轻女思想有明显改善，出生人口性别比明显下降；越南属于"汉文化圈"的一部分，也存在重男轻女思想。

根据生物学规律，在未受到干预的自然生育状态下，不同时期、不同国家和地区的出生性别比相对稳定，保持在103~107，由于出生人口性别比反映了未来人口性别比例，如果出生人口性别比长期偏离这个正常范围，会导致人口比例失衡、婚恋市场不匹配、性别歧视加剧。根据联合国《世界人口展望2022》，20~40岁适婚男性占该年龄段总人口比重在70%以上的国家有卡塔尔、阿联酋，均为西亚伊斯兰国家，这些地区适婚男性占比较高，性别歧视仍根深蒂固。从总量看，中国、印度两国的20~40岁男性数量均比女性数量多2 000万人以上；阿联酋、印度尼西亚、沙特阿拉伯、美国的20~40岁男性数量均比女性数量多100万人以上。此外，性别比长期失衡会加剧性别歧视，拐卖妇女、性犯罪等问题也会出现。如果女性绝对数量不足，将会有大量适婚男性游离于正常婚姻家庭生活之外，形成特殊单身社会群体，会给传统家庭生活带来冲击，非婚性需求增加，妇女和女童的权益会受到侵犯。

除了人口数量上的性别差距外，女性在经济、政治、教育程度等方面与男性也有差距。整体看全球教育和健康方面性别差距较小，已经消除95%左右的差距，但缩小政治参与和经济地位这两个方面的性别差距仍任重道远。世界经济论坛发布了《2023年全球性别差距报告》，对4个领域性别差距的变化进行了分析：经济参与和机会、教育程度、健康和生存、政治赋权。报告显示，经济参与和机会、教育程度、健康和生存、政治赋权方面的性别差距指数分别为60.1%、95.2%、96.0%、22.1%，按照目前的速度，缩小经济参与和机会性别差距、政治赋权性别差距、教育程度性别差距分别需要169年、162年、16年（见图7-4）。

世界人口在教育和健康方面性别差距较小

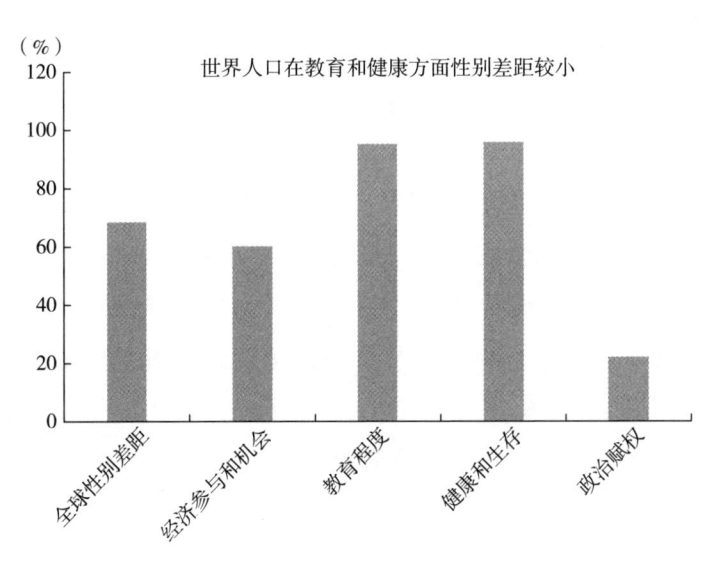

图 7-4 2023 年性别差距指数

注：指数越大说明性别差距越小。
资料来源：世界经济论坛，泽平宏观。

分区域看，北美洲性别差距最小；欧洲性别差距指数为 76.3%，超过了北美洲的 75.0%；拉丁美洲紧随其后，性别差距指数为 74.3%；欧亚和中亚地区为 69.0%；东亚和太平洋地区为 68.8%；撒哈拉以南非洲为 68.2%；南亚为 63.4%，超过了中东（63.4%）和北非（62.6%）。按照目前的速度，欧洲需要约 67 年消除性别差距，北美需要 95 年，而中东和北非还需要 152 年。

四、婚姻：晚婚现象突出，非传统家庭数量增加

列思泰赫（Lesthaeghe，1995）提出"第二次人口转变"理论，

并将其划分为三个阶段。第一阶段（1955—1970年）：离婚率上升，生育率下降，避孕革命，在结婚年龄下降时停止。第二阶段（1970—1985年）：婚前同居上升，非婚生育率上升。第三阶段（1985年以后）：离婚率稳定，再婚率下降；恢复30岁以上的生育能力，推动生育率的上升。目前，欧美发达国家处于第三阶段，具体表现如下。

第一，结婚率下降。1970年，大多数经济合作与发展组织国家的结婚率为7‰~10‰。到1995年，经济合作与发展组织国家的结婚率普遍下降到5‰~7‰。随后结婚率继续下降，到2020年，经济合作与发展组织国家的平均结婚率不超过4‰（见图7-5）。

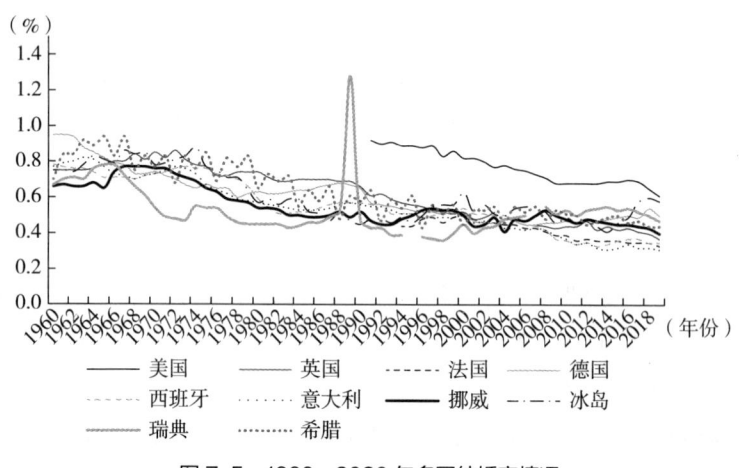

图7-5 1960—2020年多国结婚率情况

资料来源：OECD，泽平宏观。

第二，离婚率稳定。与1970年相比，大多数经济合作与发展组织国家目前的离婚率普遍较高，许多经济合作与发展组织国家，如挪威的粗离婚率在此期间翻了一番。到2010年后离婚率保持稳定。但分国别来看，各国的粗离婚率差别较大，2020年，意大利的离婚率低至1.1‰，瑞士的离婚率高达2.5‰。

第三，初婚时间推迟。20世纪90年代初，经济合作与发展组织国家女性平均初婚年龄在22~27岁，男性平均初婚年龄在24~30岁。2020年几乎所有经济合作与发展组织国家的女性平均初婚年龄都在27~33岁，男性在29~35岁，经济合作与发展组织国家的女性平均初婚年龄为30.7岁，男性平均初婚年龄为33.1岁。数据显示，大多数国家的女性平均初婚年龄推迟了4~9岁。

第四，未婚同居占比增加。未婚同居在北欧普遍成为婚姻的替代形式，而在东欧和中欧较罕见。在经济合作与发展组织国家中，平均约有60%的20岁以上的人与伴侣住在一起，他们中的大多数是已婚的，或有民事或注册的伴侣关系，但也有约10%以同居伴侣的身份生活。瑞典同居比例较高，接近20%，在丹麦、爱沙尼亚、法国、新西兰和挪威约为15%。在南欧和东欧国家，同居比较罕见，特别是在波兰和希腊，20岁及以上的人口中只有2%左右的人同居。在北欧国家，同居已成为长期伙伴关系的一种重要形式，造成推迟婚姻或者取代婚姻现象普遍存在。在瑞典和法国，未婚同居取代婚姻的比例最高，其次是西北欧，但在南欧、中欧和东欧该比例较低。在许多中南美洲国家（如智利、墨西哥），"自由结合"同居但未登记结婚的情况越来越普遍。

第五，非婚生育占比增加。1970年，大多数经济合作与发展组织国家的非婚生儿童占比不到10%，而有数据的28个经济合作与发展组织国家的平均比例仅为7%。到1995年，经济合作与发展组织的28个成员的该比重平均水平增长到24%，到2020年增长到41.9%。分具体国家看，智利、丹麦、爱沙尼亚、法国等14个经济合作与发展组织国家，非婚生育占比超过50%，其中智利（75.1%）、哥斯达黎加（72.5%）和墨西哥（70.4%）的比例特别高。相比之下，在以色列、土耳其、日本、韩国，非婚生育占比只有不到10%。

第六，终身未婚率处于较高水平。终身未婚是指一辈子没有结婚，但是现实中统计困难，虽然50岁及以后也有人经历第一次结婚，但是相应比例较小。根据联合国《2019年世界婚姻数据》，我们使用45~49岁人口单身率来近似反映终身未婚率。数据显示，德国45~49岁男女未婚率差距较大，2016年男性为25.8%，女性为16.6%；瑞典45~49岁男女未婚率较高，2016年男性为35.9%，女性为29.5%。

适婚年龄人口下降、性别比失调都会带来结婚率的下降。一方面，适婚年龄人口下降明显，结婚基础被削弱；另一方面，适婚年龄人口性别比失调也会带来婚姻的不匹配。根据联合国的数据，1950—2022年，全球20~40岁女性人口从3.8亿人增至12.1亿人，男性从3.8亿人增至12.7亿人，适婚男女数量差距从-358万人增至5 996万人，绝对值不断增加。

宗教影响、观念变化、成本压力、政策变化等因素影响婚姻行为变迁，导致婚育行为推迟，以及非婚同居、非婚生育等非传统型家庭数量增加，具体如下。

一是在很长一段历史时期，天主教传统影响促成了保守的价值观。家庭主要是父系结构，强调家庭责任，认同婚姻之外的性行为和不以生育为目的的性行为有罪论。而在西北欧，日耳曼-北欧传统的影响导致了薄弱的家庭关系，在那里个人优先于家庭，而宗教改革进一步巩固了这一历史格局。因此，在受宗教影响微弱的北欧国家，非婚同居和非婚生育非常普遍。

二是婚姻价值观念变化主要体现在从过去只注重形式向注重质量和幸福感转变，夫妻之间属于平等关系，更加关注婚后生活和相处方式是否愉快，婚姻不仅仅是一种形式，也不仅仅关注长久和稳定，"一言不合就离婚"的现象更加普遍。

三是婚姻压力过大、成本高导致年轻人推迟婚姻甚至逃避婚姻。

受社会传统婚姻规范压力的影响，年轻人在结婚时会面临婚姻对象的选择、婚后公婆同住、婚后传统社会角色压力等困境，并且在"男主外女主内"的婚姻家庭模式下，男性将面临房价高、无法解决居住问题的压力，女性将面临育儿时间成本高的压力，这大大加剧了家庭整体的婚姻成本，加剧了晚婚、不婚现象。

四是婚育政策的不同也会导致各国婚育行为的不一致。比如在一些北欧国家，同居伴侣被允许以注册"民事结合"的方式获得法律地位。无论结婚与否，共同居住的伴侣在税收、居留、生育子女的权利和福利等方面并不会有太大区别，未婚同居率也相对更高。

五、生育：少子化加快，超过 40% 的国家总和生育率低于更替水平

由于"二战后的补偿性生育"，20 世纪 50 年代世界总和生育率短暂上升，此后进入快速下降的 30 年，21 世纪后世界总和生育率降幅放缓，各地区生育率变动出现分化，由于部分推迟婚育的人群开始生育以及生育政策的友好程度高等，2000 年后欧洲总和生育率有所提升，其他地区总和生育率持续下降。

第一，20 世纪 50 年代，绝大多数发达地区出现"二战后的补偿性生育"。世界总和生育率维持在 5 左右，西欧和北欧大部分国家平均总和生育率回升至更替水平以上，达 2.7，北美洲和大洋洲发达国家总和生育率达 3.7，东欧的社会主义国家的生育水平也有所回升。由于该现象发生在二战后，所以被称为"二战后的补偿性生育"。

第二，20 世纪 60 年代至 90 年代世界各地生育率均大幅下降，欧

洲、北美洲降至更替水平之下，其他地区仍在更替水平之上。从生育率看，世界总和生育率从5降至2.7。其中非洲总和生育率从6.7降至5.3，仍处于较高水平；欧洲、北美洲分别从2.6、3.5降至1.4、2.0，均在更替水平之下；亚洲、拉丁美洲、大洋洲总和生育率分别从5.7、5.9、4.1降至2.5、2.7、2.5，仍在更替水平之上。从生育率变动情况看，世界总和生育率降幅接近50%，其中亚洲、拉丁美洲总和生育率降幅超过50%，分别为55.2%、54.4%；欧洲和北美洲总和生育率降幅为40%~50%，非洲和大洋洲总和生育率降幅低于40%，分别为21.2%、39.6%。

第三，21世纪后，世界总和生育率降幅放缓，各地区生育水平变动趋于分化，欧洲是唯一的总和生育率正增长地区，增长率为4.6%。从生育率看，世界总和生育率从2.7降至2.3，其中拉丁美洲从2.6降至1.9，降至更替水平以下；非洲从5.3降至4.3，仍在更替水平之上；亚洲从2.5降至1.9；北美洲和大洋洲总和生育率先小幅上行后分别降至1.6和2.2；欧洲总和生育率从1.4增至1.5，但仍在更替水平之下。从生育率变动情况看，世界总和生育率增长率为-9.6%，其中拉丁美洲、亚洲、非洲、北美洲、大洋洲变动分别为-28.6%、-24.3%、-16.8%、-17.6%、-12.2%，仅欧洲总和生育率正增长，增长率为4.6%。

分具体国家和地区看，2021年超过100个国家和地区的总和生育率低于更替水平，其中42个国家和地区陷入"低生育率陷阱"，韩国总和生育率为世界最低，仅0.88（2023年降至0.72）。2021年31国总和生育率高于4，大部分来自非洲；121个国家和地区总和生育率低于更替水平，占比52%，其中韩国、新加坡、中国等42个国家和地区已进入总和生育率小于1.5的"低生育率陷阱"。

不同国家生育率下降速度明显不同：欧洲等发达国家生育转变较早开始，但是经历的时间较长；部分亚洲国家的生育转变较晚开始,但是由于限制生育政策的出台,生育率下降速度较快。其中,新加坡、日本、韩国在二战后均开始实施以控制人口增长为目标的生育政策,通过宣传少子女家庭的好处、补贴节育家庭等手段推行计划生育,加速生育率下降,韩国、新加坡总和生育率从5降至2.1以下分别用了19年、12年,明显快于欧洲国家(见表7-1)。

表7-1 各地生育率变动情况

国家	总和生育率下降需要的时间(年)			开始控制人口年份
	从5降到3	从3降到2.1	从2.1降到1.5	
全球	28	—	—	—
法国	—	26	—	—
美国	—	22	—	—
日本	22	22	18	20世纪50年代
印度	28	15	—	1952年
中国	5	14	29	20世纪60年代
韩国	12	7	14	1962年
新加坡	7	5	24	1965年

资料来源:联合国,国家统计局,汤梦君(2013),泽平宏观。

根据生育理论,随着经济和社会的发展,生育率下降是必然趋势,可以将生育率变化划分为四个阶段:第一,高死亡率驱动阶段,人们需要以高生育率抗衡高死亡率,总和生育率多在6以上;第二,死亡率下降驱动阶段,人们认识到低生育率也能保证收益最大化,总和生育率从6以上降到3左右;第三,功利性生育消退阶段,人们的生育行为更接近情感需求,并重视子女质量的提升,总和生育率从3降到2左右;第四,成本约束的低生育率阶段,总和生育率降至更替水平2.1以下,低于意愿生育水平。根据联合国的数据,即使在生育率极低的人群中,女性平均也希望有两个孩子,现阶段低生育率正在由死亡率驱动向功利性生育消退和成本约束驱动转变，生育基础削弱（晚婚、不婚、晚育等）、生育的机会成本和直接成本上升是影响生育率水平的主要原因。

从生育成本看，一方面，生育阻碍女性的人力资本积累与职业发展，导致生育机会成本增加。在学历"内卷"的时代，女性受教育水平提高，1970—2022年全球高等院校女生入学占比由8.2%增加至44.8%，技术进步解放体力劳动，更多女性能参与劳动市场，但是性别不平等会影响生育意愿。经济合作与发展组织的数据显示，2021年经济合作与发展组织国家中全职男性员工收入中位数比女性高12%，其中极低生育率国家韩国全职员工收入性别差距高达31.1%，日本则为22.1%，而生育率回升至1.8的北欧国家丹麦、瑞典全职员工收入性别差距仅为5.0%、7.4%。经济合作与发展组织国家的数据显示，男女劳动参与率差异越小，总和生育率越高。另一方面，育儿成本高昂抑制生育行为。根据育娲人口发布的《中国生育成本报告2024版》，中国的抚养成本相当于人均GDP的6.3倍，在统计的14个国家中，高于除韩国以外的所有国家。

此外，婚育文化和宗教也会影响生育情况。东亚信奉儒家文化，非婚生育占比低；欧美发达国家更崇尚自由、开放，非婚生育占比高；同时伊斯兰国家经济发展水平相对比较低，生育率相对高。从文化方面看，二战后欧美发达国家对婚育问题更崇尚自由选择，欧美文化圈内"非婚生育"更多地被接受，西方国家在立法时也开始维护婚外同居者权益，非婚生育占比明显提升。东亚国家长期受儒家文化影响，婚姻观传统，非婚生育往往被禁止甚至被唾弃，社会接受度较低。根据经济合作与发展组织的数据，2020年，美国、法国非婚生育占比分别为40.5%、62.2%。而日本、韩国不到5%（见图7-6）。从宗教方面看，伊斯兰国家生育率高于非伊斯兰国家，2021年伊斯兰国家生育率均值约为 3.4，非伊斯兰国家生育率约为 1.3。伊斯兰国家经济发展水平相对较低，女性受教育程度和劳动参与率较低。根据世界银行的数据，生育率和人均 GDP 呈负相关，其中伊斯兰国家的回归线高于东亚国家，说明伊斯兰妇女生育率水平在同等经济水平下高于东亚国家。

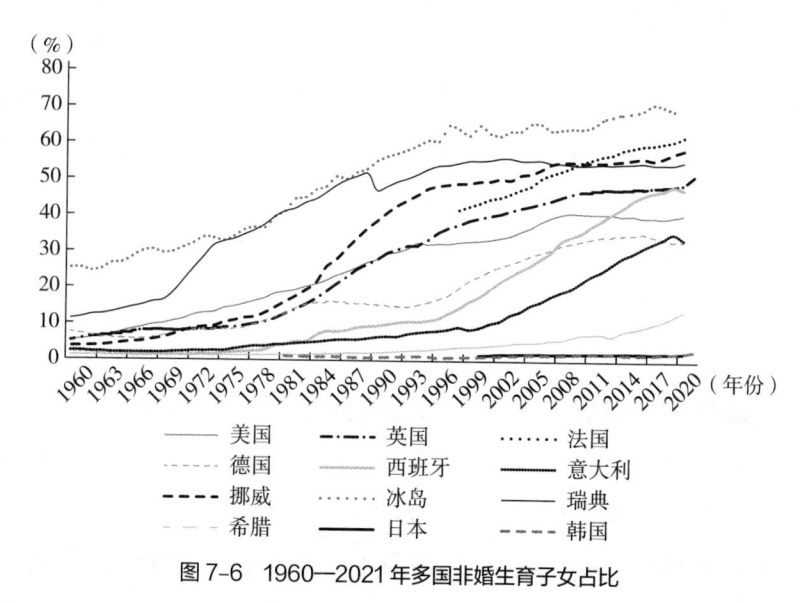

图 7-6　1960—2021 年多国非婚生育子女占比

资料来源：经济合作与发展组织，泽平宏观。

六、劳动：受教育水平明显提升，从人口红利转向人才红利

由于劳动年龄人口增速放缓，劳动参与率下降，全球劳动力数量增速明显放缓。1991—2019 年，劳动力数量同比增速从 1.8% 降至 1.2% 左右，2020—2022 年平均增速约 0.7%。一方面，1982 年以来劳动年

龄人口增速明显放缓，1982—2022年劳动年龄人口从27.3亿人增至51.6亿人，同比增速从2.4%降至0.6%。另一方面，受退休潮、新冠肺炎疫情和经济下行等因素的影响，劳动参与率不断下降，1990—2022年，全球总体劳动参与率从71.6%降至66.4%。随着劳动人口总量的减少叠加劳动参与率整体下降，此阶段劳动力数量同比增速呈下降趋势，1991—2019年，劳动力同比增速从1.8%降至1.2%。2020—2022年，受新冠肺炎疫情、经济下行等因素的影响，部分劳动年龄人口退出或暂时退出劳动力市场，劳动人口总量年均增速维持平衡或小幅下降趋势。

分区域看，高收入经济体通过提高法定退休年龄、增加老年工人继续就业的激励措施提高劳动参与率，1979—2022年，全球15岁以上人口劳动参与率从60.6%小幅增至60.9%（不考虑新冠肺炎疫情冲击的影响）。而同期，由于人口少子老龄化、社会福利提升带来的逆向选择等的影响，中等收入经济体、低收入经济体劳动参与率有所下降，分别从65.7%、69.4%降至59%、66.9%。

劳动力是经济发展的基础，国际经验表明，劳动年龄人口增速与GDP增速在一定程度上正相关。人口与经济之间的关系较为复杂，经济发展水平并不绝对由人口规模和结构所决定，但是人口特别是劳动力是任何一个经济体发展最为基础和重要的因素。根据世界银行调查的182个有数据的经济体的情况，15~64岁劳动年龄人口近10年平均增速与GDP近10年平均增速呈正相关关系（见图7-7）。

日韩等国经济增速与同期劳动年龄人口增速正相关。日本伴随着劳动人口见顶，人口红利消失，经济陷入"失去的三十年"，韩国经济走势和劳动人口增速也基本一致。数据显示，伴随着1961—1975年日本劳动年龄人口平均增速维持在1.6%的高位，实际GDP平均增速也维持在7.7%的高位；1976—1988年劳动年龄人口维持0.9%的低速增长，实际GDP增速也降至4.4%；1989—2022年劳动年龄人口增速由正转负且持续负增长，实际GDP增速从5.4%变为零增长。1992年日本劳动年龄人口占比在达到69.8%的峰值后下滑，与20世纪90年代初泡沫的破灭、政策应对失误、国际环境动荡、产业结构调整滞后等因素一道，使日本经济陷入"失去的三十年"。

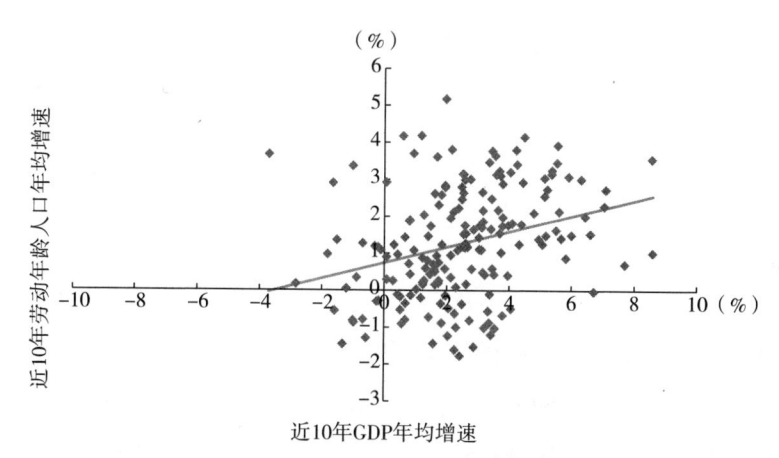

图7-7 劳动年龄人口增速与GDP增速正相关

资料来源：世界银行，泽平宏观。

由于少子老龄化加剧、劳动力总量减少，人口红利面临用质量换数量的需求，向人才红利转变，体现为教育水平提升、健康寿命延长。

第一，经济社会发展和收入水平提升带来人口受教育程度提升，小学毛入学率从快速提升到缓慢下降再到缓慢提升阶段，高等教育实现了从精英式教育到大众化阶段的跨越式发展。从初等教育看，世界人口小学毛入学率整体呈上升趋势。1970—2020年，世界人口小学毛入学率从89%增至102%。1970—1986年，小学毛入学率快速提升，从89%增至100%；此后10年，小学毛入学率经历了小幅下降阶段，1987—1997年从100%降至97%，主要由于男生毛入学率快速下降；

之后，小学毛入学率持续增加，1998—2020年，世界人口小学毛入学率从97%增至102%（由于包含较早或较晚入学及复读的学生，总入学率超过100%）。从高等教育看，高等教育实现了从精英教育到大众化阶段的跨越，1973—2022年，世界人口高等教育入学率从10.3%增至41.8%。国际上，高等教育入学率通常用来表示高等教育的发展历程，国际上通常认为，高等教育毛入学率在15%以下时属于精英教育阶段，15%~50%为高等教育大众化阶段，50%以上为高等教育普及化阶段。

第二，分具体国家看，美国、英国人口受教育水平领先，中国、印度等国家小学和初中教育学历人口占比较高，但是受教育程度在高中及以上的占比有待提升。从受教育年限看，1990—2020年美国25岁及以上人口平均受教育年限从13.0年升至13.7年，英国从7.9年升至13.4年，法国从7.6年升至11.6年（2019年），日本从11.6年升至12.8年（2017年），中国从4.8年升至8.1年，中国近年人口受教育水平提升较快，但和发达国家仍有较大差距，人才红利有待进一步开发。从劳动人口学历分布看，根据经济合作与发展组织的数据，美国、德国、法国、英国、中国、印度的25~64岁初中及以下学历人群占比分别为8%、16%、17%、19%、63%、78%，高等教育人群占比分别为50%、33%、42%、51%、19%、13%。

第三，世界人口健康状况改善，人口预期寿命延长。根据《世界人口展望2022》，1950—2021年，世界的出生人口预期寿命从46.5岁增至71岁，年均提升0.3岁。分区域看，高收入国家的出生人口预期寿命从61.5岁增至80.3岁，中等收入国家从43.5岁增至70.1岁，低收入国家从31.6岁增至62.5岁。分国家看，中国的出生人口预期寿命从43.7岁增至78.2岁，年均提高0.5岁。

教育、人力资源优先发展是推动一国经济持续强盛的动力源泉，需要普及高等教育，提升人才质量。第一，美国是最早普及初等和中等义务教育，并且最早推进高等教育普及化的国家。二战后，通过资助退伍军人接受高等教育、扩大资助范围，美国不断扩大高等教育覆盖范围。20 世纪 80 年代开始，美国将重心逐渐转变为提升教育质量，通过多次修改《高等教育法》，建立教师培养质量报告制度，提出更高的实践性要求。第二，韩国在产业转型阶段实施科教兴国战略，重视人才培养，增加教育投入，在完成产业转型的同时也实现了人口红利向人才红利的转化。1990 年以来，韩国教育公共开支逐年增加，高等教育入学率增速提升，为韩国经济转型储备了大量的人力资本。第三，日本通过三次教育改革，助力人才红利释放。1960 年，日本经济审议会发表了《日本经济的长期展望》，在第一次人口红利繁荣期就明确地发出了创造教育红利的呼声。20 世纪 70 年代，日本开始推行第二次教育改革，推行了高中准义务教育和函授教育。此后，为了满足国民的教育需求以及经济发展的需要，日本不断扩大高等教育规模，大学数量和在校生人数急剧增加，逐步实现了高等教育的大众化。通过制定《终身学习振兴法》，确立了"科技立国"战略，推行第三次教育改革等措施不断加强人才培养，提升人才质量。根据联合国的数据，2020年，美国、韩国、日本的人力资本指数（HCI）分别为 0.7、0.8、0.8。

七、收入：分配不均程度较高，13% 的人口拥有超过 80% 的财富

全球收入与财富分配不均状况大体经历了"加剧—改善—再加剧"的过程，2020 年新冠肺炎疫情发生后大规模货币宽松使全球财富分配区域不均状况加剧，富人更富、穷人更穷，2022 年财富不均状况

有所改善（见图7-8）。

从收入分配情况看，世界财富与收入数据库（WID）显示，世界大部分经济体收入分配集中程度在二战前达到峰值，之后逐渐减弱。然而，自20世纪80年代以来，各经济体内部收入分配状况未能改善，反而重新恶化，并且恶化速度超过此前的改善速度。1982—2000年全球收入排名前1%的人群占据的收入份额从16.9%增至20.8%，收入差距持续拉大，2000年之后收入差距维持在19%左右，收入不平衡程度较高。

从财富总量看，全球财富自2008年首次下降，很大原因是美元对许多其他货币升值。按当前名义美元计算，2022年私人财富净值同比下降24%，成人财富同比下降3.6%。但是如果按照2021年汇率计算，总财富同比增加3.4%，所以全球财富缩水在很大程度上是由于美元升值。

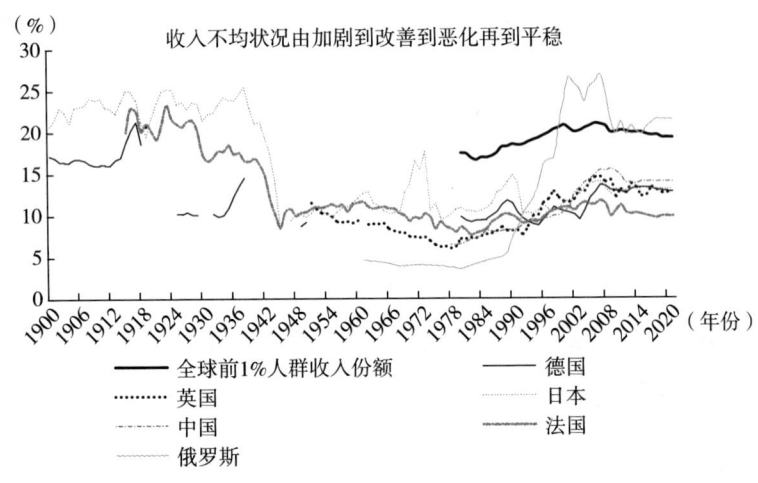

图7-8 1900—2021年全球及部分国家前1%人群收入份额

资料来源：WID，泽平宏观。

从财富分配情况看，2022年财富差距缩小，全球前1%的超富裕阶层财富占比下降至 44.5%。根据瑞士信贷《2023 年全球财富报告》，2022 年有 5 940 万名百万富豪（以美元计算），人数同比减少 350 万人。但整体财富差距仍悬殊，2022 年全球 13.1% 的成人拥有 85.2% 的财富。

从区域间看，2022 年拉丁美洲、非洲、印度社会总财富分别增长 18.6%、4.6%、1.5%；北美、欧洲、亚太地区（不含中国）和中国的社会财富总额负增长，降幅分别为 4.5%、3.4%、2.6% 和 1.7%。

从国际比较看，中国收入差距处于世界中等偏高水平，财富差距处于世界中等偏低水平。从各国看，日本和意大利的收入和财富基尼系数均保持较低水平，通过有效的分配和再分配政策使收入和财富差距维持较低水平；美国的收入基尼系数不高，但财富基尼系数较高，持续量化宽松的环境推升金融资产价值，使贫富差距加大；印度等发展中国家陷入收入分配陷阱，收入和财富基尼系数均较高；中国目前收入和财富基尼系数处在合理区间，不均衡情况可控，但仍需改善。

货币超发、劳动收入份额下降、收入分配制度及机制是造成贫富差距的主因。

第一，货币超发会造成财富再分配，易加剧贫富差距，超发货币流入市场，会造成通货膨胀和广义资产价格上升。一方面，通货膨胀会挤压居民实际收入；另一方面，资金流入资本市场会催生资产泡沫，资产配置结构中房产和金融资产占比高的人财富增值快，贫富差距加大。房地产兼具消费属性和金融属性，房价和货币供应密切相关，根据国际清算银行的数据，1970 年第一季度至 2022 年第一季度，23 个经济体本币房价年均增速、本币名义 GDP 增速分别为 6.3%、7.2%，剔除泰国、马来西亚、韩国、中国香港，相关系数达 0.87。2008 年全球金融危机后，各国央行宽松，推升房价和股价，2009 年 1 月至 2023 年 12 月，纳斯达克指数和标准普尔 500 指数均上涨 3 倍以上，上证 100 指数、上证 50 指数、沪深 300 指数分别上涨 4.7 倍、3.8 倍、2.4 倍。

第二，技术进步会使资本边际生产率（资本偏向型）升高，从而使资本收入份额上升，劳动收入份额下降，扩大劳动所有者和资本所有者的收入差距，进而拉大贫富差距。

第三，不同发展阶段对效率和公平的抉择影响收入分配差距。新中国成立以来，中国收入分配制度从平均主义到按劳分配，再到多要素分配；思路从重视平均到效率优先、兼顾公平，再到兼顾效率和公平；贫富差距逐渐由处于低位到持续扩大，再到缓和。

第四，收入分配机制影响收入差距。收入分配制度分为初次分配、再分配和三次分配。美国主要通过税收和社会保障进行再分配调节，所得税制度是随着收入水平的提高，其边际税率增加，同时由联邦或州政府出资，以现金补贴、食品券等形式为低收入者提供帮助，并且通过税收抵扣鼓励个人捐赠。日本通过初次分配促进平等，包括维持农产品高价、对小企业实行优惠金融政策、在边远地区开展公共工程等手段。

八、移民：超六成国际移民在欧亚，美国是最大迁入国

近年来国际移民存量逐渐增加，1970—2020年移民存量占比从2.3%增至3.6%，其中全球有超过60%的移民在欧洲和亚洲，近20年亚洲移民占比逐渐增加，欧洲移民占比下降，大洋洲和北美洲的移民占人口总量比例高，是移民大洲。

从移民总量看：1970—2020年全球移民存量从0.8亿人增至2.8亿人，占比从2.3%增至3.6%，一方面得益于交通设施的便利化和交通工具的发展，另一方面由于和平年代和经济全球化，跨境投资和生产带来工作移民。从移民存量结构看：1990—2020年20~64岁工作年

龄的移民占比从 69% 增至 73.2%，其间一直维持在 70% 以上。由于动荡和冲突，叠加新冠肺炎疫情的影响，2020 年国际移民中难民占比为 12%，为近 20 年来新高。

从移民分布看：2020 年，欧洲、亚洲、北美洲、非洲、拉丁美洲和大洋洲移民存量占比分别为 30.9%、30.5%、20.9%、9%、5.3% 和 3.3%，世界 60% 以上的移民存量在欧洲和亚洲；2000—2020 年，亚洲移民存量占比不断上升，而欧洲和北美洲逐渐下降，欧洲和北美洲执行更严格的移民政策，亚洲国家经济增长提升移民"性价比"。

从移民占总人口的比重看：大洋洲、北美洲为移民大洲，2020 年移民占各区域总人口的比重分别为 22.0%、15.9%。

国际移民普遍流向高收入国家，截至 2020 年，约有 64% 的移民居住在高收入地区；居住在美国的移民超过 5 000 万人，约占全球移民总量的 1/5；从印度迁出的移民超过 1 700 万，印度为最大迁出国。

从迁入国和迁出国来看：最大的移民迁入国是美国，截至 2020 年，有 5 063.3 万名国际移民居住在美国，占总量的 19%，其次是德国和沙特阿拉伯，分别为 1 576.2 万人和 1 345.5 万人；印度为国际移民的最大来源国，截至 2020 年，从印度迁出的人口达 1 787 万人，其次是墨西哥、俄罗斯和中国，分别有 1 118.6 万人、1 075.7 万人和 1 046.1 万人，最大的移民通道往往是从发展中国家到更发达的经济体。

从近 5 年的净移民看：2015—2020 年净迁入前五的分别为美国、德国、土耳其、英国、加拿大，净移民量分别为 477.4 万人、271.9 万人、142.0 万人、130.3 万人、121.0 万人；净流出前五的分别为委内瑞拉、印度、叙利亚、孟加拉国、中国，净迁出人口分别为 326.6 万人、266.3 万人、213.7 万人、184.8 万人、174.2 万人。

对于迁入国来说，移民年龄结构较年轻，能够缓解劳动力短缺、增加人才、提高国家人口创新力，但存在文化融合问题（见图 7-9）。

以美国为例，美国种族矛盾起源于15世纪的黑奴贸易，尽管南北战争实现了黑人解放，但未能根本解决黑人的社会地位问题，美国接连出现洛杉矶大骚乱、"黑人的命也是命"等反种族歧视运动。虽然美国近年来接收的亚洲、中南美洲以及非洲的移民持续增长，但少数族裔在政治地位、教育、就业等方面仍处于弱势地位。同时，外来移民增加了高福利国家的财政支出，挤占了当地公民的就业机会，会引起当地人的"反移民运动"。以欧洲为例，2015年以来中东、北非局势动荡，大量难民涌入欧洲，而随之频发的治安事件和恐怖袭击影响社会稳定，扰乱经济秩序。欧洲本地人认为外来移民经济贡献低、损害经济发展，却得到了政府的财政补贴，使本地人的利益受损，由此产生反移民情绪，发起反移民运动。对于迁出国来说，其能获得侨汇、发行侨民债券，并能获得侨民的直接投资。根据世界银行的数据，中低收入国家的外汇汇款流入额增长强劲，明显大于外商直接投资，2022年外汇汇款流入额约是外商直接投资的3倍。但是人口迁出会使迁出国劳动力流失，影响当地经济发展。

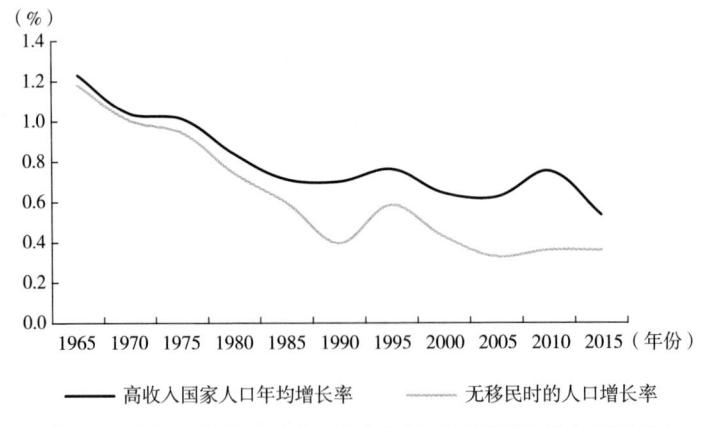

图7-9　1965—2015年高收入国家有移民和无移民时的人口增长率

资料来源：世界银行，泽平宏观。

九、城市化：进入减速增长阶段，预计 2050 年世界城市人口将占 2/3

世界城市化进程大致分为三个阶段，1950 年之前世界农村人口占比超过 2/3，2007 年世界城镇化率达 50%，城市人口开始超过农村，目前世界人口城市化进程处于减速阶段，2020 年世界城镇化率约为 56.2%。

第一，1950 年之前，世界超过 2/3 的人居住在农村。18 世纪 60 年代工业革命从英国开始，逐渐传导至德国、美国、法国等国家，带动世界城市化发展。到 1950 年世界城镇化率达到 30%，英国、德国、美国、法国这 4 个发达国家的城镇化率分别为 79.0%、67.9%、64.2%、55.2%，基本实现城市化，而中国、印度等发展中国家的城镇化率低于 20%。

第二，1950—2007 年，世界城市化处于加速发展阶段，世界城市人口快速增长，从 7.5 亿人增至 33.6 亿人，年均增速 2.7%，城镇化率从 30% 增至 50%，世界城市人口占比超过农村，此阶段韩国、巴西城市化进程较快，城镇化率分别增加 60 个百分点、47 个百分点，日本、中国城镇化率分别增加 35 个百分点、33 个百分点，英国和德国城市化进程明显放缓。

第三，目前世界人口城市化处于减速阶段，根据联合国《世界城市化展望 2018》的预测，2007—2050 年城市人口将从 33.6 亿人增至 66.8 亿人，年均增速降至 1.5%，2050 年世界将有约 2/3 的人住在城市。

分区域看，北美洲和拉丁美洲已进入城市化后期，亚洲、非洲城市化水平低于全球水平的56.2%，未来30年将成为城市化主力，预计将提供87.7%的新增城市人口。分洲看，2020年北美洲和拉丁美洲城市化程度较高，城镇化率分别为82.6%和81.2%，进入城市化后期；欧洲和大洋洲城镇化率分别为74.9%和68.2%，城市化程度也较高；亚洲和非洲城镇化率分别为51.1%和43.5%，还在城市化快速发展阶段，城市化程度低于全球56.2%的水平。分国家看，2020年日本城镇化率已经突破90%，英国、美国、韩国等国家也超过80%，进入城市化后期，中国、印度的城镇化率分别为65.2%（2022年）、34%。

城市化进程中城市人口向大城市集聚，1950—2020年世界超千万人的城市人口占比从3%增至13%，2020年德国、英国城市人口主要集中在30万人以下的小城市，日本城市人口主要集中在1 000万人以上的超大城市。

从城市数量看，1950年人口超过1 000万的城市仅有日本东京和美国纽约，1990年有10个，2020年人口超过1 000万的城市有29个。

从城市人口占比看，1950—2020年1 000万以上城市人口占比从3%增至13%，30万以下城市人口占比从60%降至41%（见图7-10）。

从具体国家看，德国、英国城市人口目前主要集中在小城市，30万以下城市人口占比分别为73%、54%，没有人口超过1 000万的城市。德国大中小城市的基础设施、工作机会、社会保障等条件差距较小，城市化表现为"去中心化"；日本的城市人口主要集中在超大城市，1 000万以上城市人口占比49%，而30万以下城市人口占比仅20%。

从居住在最大城市的人口占比看，1960—2020年世界的最大城市人口占比从17.6%小幅降至16.1%。

整体看美国、日本、韩国等地最大城市人口占比从19世纪下半叶开始下降，但是在大都市圈的人口继续聚集，1970—2020年美国加利福尼亚州、得克萨斯州、佛罗里达州人口占比从18.6%增至29.1%，日本东京圈人口占比从23.3%增至29.3%。

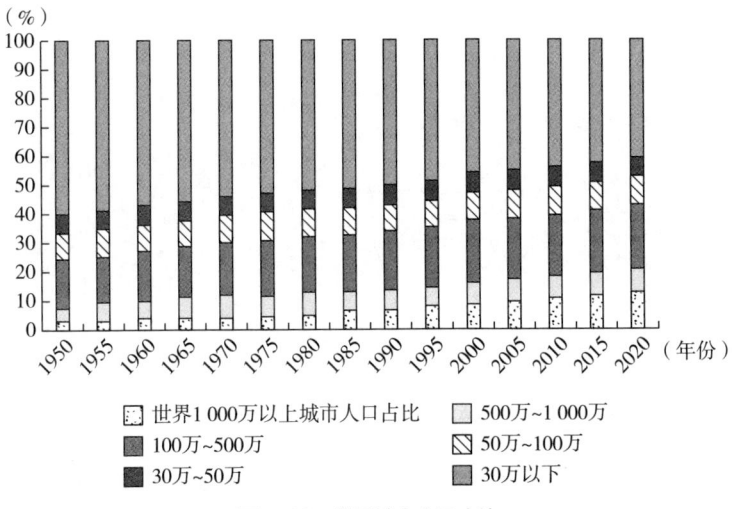

图7-10 世界城市人口占比

资料来源：联合国，泽平宏观。

第八章

美国人口:
成功的移民政策,拉大的贫富差距

美国依靠着19世纪以来移民支撑下人口总量的迅猛增长、人才培养体系带来的人口质量提升，获得大量人口红利。人口助推美国在第二次工业革命中经济腾飞，并在二战后成为世界霸主。但近年来，美国老龄化加剧，贫富分化严重。此外，作为一个移民国家，美国民族众多，冲突不断，社会撕裂愈演愈烈。美国历史上为应对人口问题，在劳动力素质提高、调节社会收入分配、社会服务供给、福利制度建立等方面频频施策。本章聚焦于梳理美国当年的人口红利、目前的人口困境，探讨美国过去应对人口问题的一系列措施，以及能为我国带来哪些启示。[①]

---

① 本章执笔人：任泽平、白学松、周里鹏、柴柯青。

一、美国人口红利与经济崛起

（一）因人而兴

美国建国百年领土扩张12倍，经济腾飞始于第二次工业革命，1894年开始成为世界第一经济体。从领土看，大航海时代后期英国在北美大西洋沿岸建立了13块殖民地。由于英国实行强硬的殖民统治，13州发动独立战争并于1776年宣布独立。1783年英国承认美国独立并将大西洋沿岸部分土地划归美国。19世纪初美国向墨西哥控制的得克萨斯、加利福尼亚地区移民并开展农业生产。19世纪60年代南北战争北方的胜利维护了领土统一。随后，美国又陆续获得阿拉斯加、夏威夷等领土。至此，美国在建国后的100多年中从80万平方公里的小国扩张成937万平方公里的大国，目前面积位居世界第四。从经济看，根据经济学家安格斯·麦迪森《世界经济千年史》中的估计[①]，1870年第二次工业革命前夕，美国GDP升至983.7亿元（1990年国际元，下同），低于中国的1 897.4亿元、英国的1 001.8亿元；第二次工业革命中，美国经济腾飞，在1894年前后超越中国成为世界第一经济体。2022年美国GDP达25.7万亿美元，占全球的25.5%。

第一，人口是美国在第二次工业革命中经济腾飞的关键。数量

---

① 麦迪森的《世界经济千年史》对于GDP的统计和计算方式与一般意义上的计算不同，他选取的是1990年一篮子商品的物价水平，综合考察各国的物价水平，计算出不同国家的货币换算关系。这是利用购买力平价计算出来的GDP。

上，高速增长的人口为西进运动和工农业生产提供了充足劳动力；质量上，重视科教与生产实践相结合的人才培养制度输送了大量科技人才支持经济增长。美国在第二次工业革命中经济高速增长是"天时地利人和"多因素共同作用的结果：不同于海外殖民地丰富的英国、法国、荷兰等国，海外殖民地较少的美国无法维持以榨取殖民地资本为支柱的经济体系，但成功实现了路径突破，实行以工业化为导向的发展战略，获得了赶超契机；美国地处北美大陆，可避免陷入欧陆国家纷争；美国人口高速增长，带来丰富的劳动力供给与庞大的消费市场潜力，其中"人和"是美国经济腾飞的关键。

从数量看，移民和自然增长推动美国人口在18世纪初开始高速增长，19世纪60年代南北战争中北方的胜利有效解放了劳动力并促进全国性市场形成。1867年第二次工业革命初期，美国人口已达4 024万人，超过同期英国的3 193万人、法国的3 844万人；1913年美国人口达9 761万人，远超同期英国的4 565万人、法国的4 146万人。高速增长的人口为西进运动和第二次工业革命的工农业生产提供了充足劳动力。19世纪初开始，大量移民向美国中西部迁移并开展大规模农业生产，推动美国中西部形成了小麦、玉米、棉花等农作物的规模化种植区，有效满足了国内人口高涨的粮食需求。美国东北部五大湖区涌现出芝加哥、匹兹堡、克利夫兰等重工业城市，成为当时美国经济增长的重要极点。

从质量看，美国从19世纪开始实行科教与生产相结合的教育制度，国家和企业为全国各地的高校、研究所和工业实验室提供了充足的基金支持，并将研究创新的成果直接应用于社会化大生产中，推动电力、内燃机、石油化工等科技成果和新兴产业不断涌现。人才红利的直接成果是技术进步与创新发展。以专利为例，1800年美国专利年授予量为41件，平均每万人0.06件；1900年已达2.5万件，平均每万人3.2

件，且在19世纪末到20世纪初的第二次工业革命中始终处于较高水平，不仅总量在世界各国位居前列，并且高度集中于化学、通信、医药、机械等应用性领域，科技转化为生产实践的能力不断增强。

第二，人口推动美国在二战后综合国力稳居世界第一。数量上，人口总量优势增加国内市场消费需求。1950年美国人口达1.6亿人，远超苏联、英国、法国的1.0亿人、0.5亿人、0.4亿人，人口总量优势有利于美国国内市场消费需求长期保持高涨，并且收入增长、城镇化率提高等因素共同推动消费规模扩大和结构完善（见图8–1）。以美国在二战后的生育高潮"婴儿潮"为例，该时期出生人口达7 600万，在成长历程中对美国消费市场影响巨大。从20世纪60年代到90年代，婴儿潮一代先后拉动美国的儿童产业、快餐产业、运动产业以及汽车业、房地产业等高消费行业的繁荣。如今步入老龄的婴儿潮一代凭借积累的大量财富，已形成对养老及相关产业的巨大消费需求。根据美国退休人员协会最新的《长寿经济展望》，2018年美国50岁及以上中老年群体为美国经济贡献8.3万亿美元，占美国GDP的40%，消费总额高达7.6万亿美元，占美国各年龄段人口消费总额的比重达56%，预计2030年将达12.2万亿美元。其中医疗护理、养老地产、休闲娱乐等产业潜力巨大。

质量上，高素质国际移民在核心领域发挥关键作用。人才是美国在二战后综合国力达到世界第一并不断稳固世界霸主地位的关键。在继续实行科教与实践相结合的人才培养制度并广泛推行13年义务教育的基础上，美国长期以来实行宽松的国际移民体系，对移民持积极接纳的开放态度，吸收了大量高素质国际移民。特别是在一战和二战时期，美国本土远离战争、相对和平的环境吸引了大批欧洲和亚洲的科学家移民。譬如爱因斯坦、冯·诺依曼等来自欧洲国家的顶尖科学家，在电子信息、航天、原子能等核心领域发挥了中流砥柱的作用，推动了美国高新技术产业的发展。

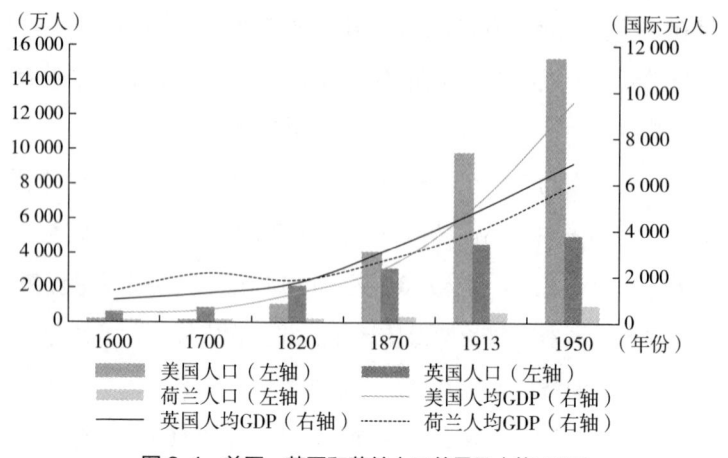

图 8-1　美国、英国和荷兰人口总量及人均 GDP

资料来源：安格斯·麦迪森，《世界经济千年史》；泽平宏观。

（二）美国人口发展特征

第一，数量上，美国在 19 世纪初进入高出生率、低死亡率、高自然增长率的人口增长模式，并大量吸收国际移民，人口总量迅猛增长，1800—1960 年从 680 万人增至 1.9 亿人。美国建国前后国内人口主要由北美原住民和少量欧洲移民构成，总量少且增长缓慢，1800 年仅 680 万人，远远落后于英国、法国、德国等欧洲国家，处于高出生率、高死亡率、低自然增长率的人口增长模式。美国人口在 19 世纪初进入高出生率、低死亡率、高自然增长率模式，人口迅猛增长。1800—1960 年，美国人口从 680 万人增至 1.9 亿人，年增长率维持在 1.0% 以上，二战后婴儿潮时期高达 3.0%，即使在大萧条、二战等特殊时期也始终高于 0.5%。19 世纪以来美国人口持续增长，主要由稳定的自然增长率和大量吸收国际移民支撑。一方面，高自然增长率保证新生人口长期处于较高水平。1820—1960 年，自然增长率长期高于 10‰，总和生育率在大萧条时最低降至 2.05，其余时间始终高于 2.5。

另一方面，美国长期宽松的国际移民体系保证国内人口中国际移民数量与人口总量的持续增长。根据美国国土安全部的数据，1820—1960年总计有4 184万名国际移民获得美国合法居留权。

20世纪60年代至今，美国进入低出生率、低死亡率、低自然增长率的人口增长模式，人口自然增长放缓；但国际移民支持人口总量维持稳定增速，1960—2023年总人口从1.9亿增至3.4亿（见图8-2）。美国在20世纪60年代婴儿潮结束后开始进入低出生率、低死亡率、低自然增长率的人口增长模式，出生率降至20‰以下，死亡率保持在9‰左右的低水平，自然增长率低于10‰。总和生育率由20世纪60年代的2.4以上波动降至2021年的1.7。这一时期人口年增长率为0.6%~1.5%，稳定增长主要得益于国际移民的持续增加。根据美国国土安全部的数据，1820—2022年共有8 845.6万名移民获得美国合法居留权。同时，大量非法移民通过偷渡等手段进入美国。2023年，美国总人口达3.4亿，位居世界第三。

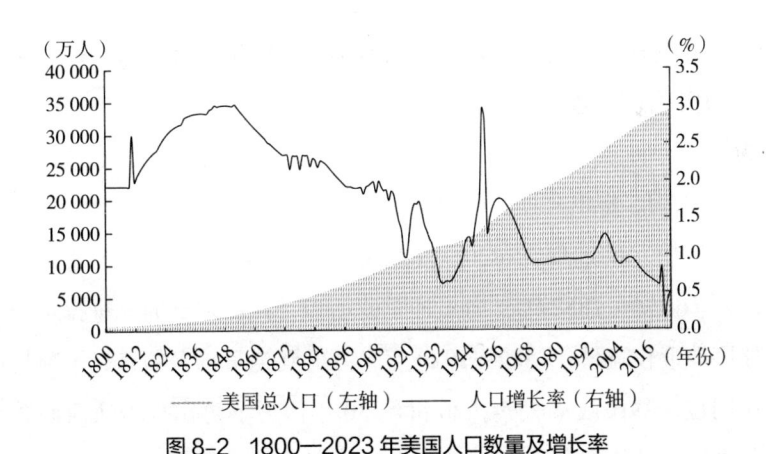

图8-2 1800—2023年美国人口数量及增长率

资料来源：联合国经济和社会事务部人口司，泽平宏观。

第二，质量上，美国建国以来人口质量持续提升，1880—2021年人口预期寿命从29.4岁升至79.1岁，1820—2021年人均受教育年限从3.7年增至13.3年。美国人口总量的高速增长伴随着人口质量的显著提高。人类发展指数（HDI）是对一国发展水平和人口质量的综合衡量，由收入、教育、健康三个方面组成。1880—2021年美国人类发展指数从0.22升至0.92，位列全球前茅。分领域看，健康质量方面，得益于医疗技术的迅猛发展，1880—2021年美国人口预期寿命从29.4岁升至79.1岁，人口生理健康质量提升显著。教育方面，1971—2021年美国初、中、高等教育毛入学率分别从92.1%、86.1%、50.0%跃升至98.3%、101.2%、84.9%，人均受教育年限从3.7年增至13.3年，识字率已达99%以上。

二、历史上美国如何应对人口问题

（一）引进移民、鼓励生育、推进老年就业等多措并举，提高劳动力供给和素质

第一，1776年至今，美国移民政策经历了"放松—收紧—放松—收紧—放松"的过程，1820—2022年共有8 845.6万名移民获得合法居留权。1776—1882年，为了补充劳动力，并引入欧洲先进技术，美国移民政策较宽松；1882—1929年，考虑到越来越多的移民不断挤占工作岗位，移民政策收紧；20世纪30年代为了协作打击法西斯并增强美国国际话语权，罗斯福政府大幅放宽了除德国以外的外国移民签证限制；1943年废除《排华法案》；1953年通过《难民救济法》，进一步放低政治流亡者移民门槛；1965年《移民和归化法》颁布，以更

加平等的态度对待世界移民；1990年《移民法》公布，将合法移民总额由每年27万人扩大至70万人，并创立了投资移民类别；2003年EB-5投资移民法规进一步放宽，投资移民快速升温。2021年随着拜登上台，美国开始力推具有鲜明自由主义特征的移民政策。在美国建国至今的200多年历史中，大量移民的涌入为美国提供了丰富的劳动力资源。根据美国国土安全部的数据，1820—2022年共有8 845.6万名移民获得合法居留权（见图8-3）。若考虑非法或逾期居留的"偷渡客"，实际移民的人会更多。

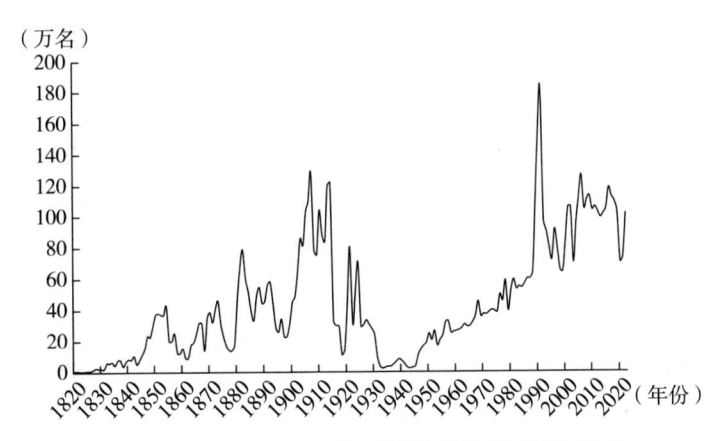

图8-3　1820—2022年获得美国合法居留权的移民数量

资料来源：地理沙龙，泽平宏观。

第二，美国从分娩保障、营养支持、税收优惠等多个方面出发，构筑生育支持体系，2019年学校午餐计划覆盖率超90%。从分娩保障看，1963年《社会保险法修正案》颁布，允许对非政府机构妇幼保健研究项目拨款；2010年《平价医疗法案》颁布，独立的产妇分娩中心被纳入医疗救助计划；2012年医疗保险和医疗补助服务中心（CMS）开展"母亲和新生儿的良好开端"（Strong Start for Mothers and

Newborns）计划，提供集体产前护理并建设更加完善的分娩中心与妇幼保健院。从营养保障看，1946年实行"全国学校午餐计划"（NSLP），为非营利学校的学生提供营养均衡的午餐，根据家庭收入不同，学生可获得餐费削减或免费。根据美国农业部的数据，2022财年约3 010万名学生（占公立学校学生的60%以上）通过NSLP获得了免费或减价午餐；美国妇幼营养补助计划（WIC）于1972年诞生，为中低收入家庭的妇女儿童免费提供按月发放的营养食品和健康教育（见图8-4）。从税收优惠看，20世纪六七十年代，美国生育率出现了明显的下降趋势，在此背景下《税收改革法案》于1976年颁布，抚养10岁以下儿童的纳税人可在儿童照顾费用方面获得税收抵免，每个家庭每年不超过800美元，2001年年龄限制提高至13岁以下，抵免上限提高至2 100美元。1997年儿童税收抵免（CTC）计划颁布，为家庭抚养的每名17周岁以下儿童提供每年400美元的税收抵免，1999年、2001年、2019年分别提升至500美元、1 000美元、2 000美元。

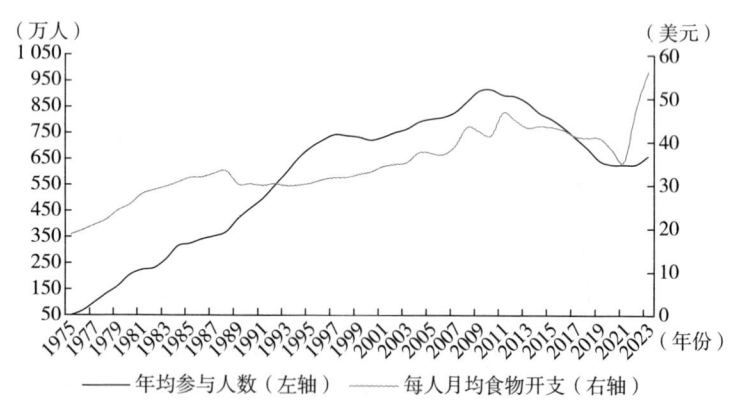

图8-4 1975—2023年美国妇幼营养补助计划参与人数及月人均开支

资料来源：美国农业部，泽平宏观。

第三，通过推进老年教育、进行退休金激励及完善老年医保制度，美国不断推进老年就业。一方面，政府不断推进老年教育。随着20世纪50年代美国逐步步入老龄社会，1965年美国出台了《高等教育法》和《美国老年人法》，规定老年人可以参与公立社区学院的学习；1971年白宫召开的老龄问题会议强调了终身教育的概念，并鼓励老年人再就业。随着高等教育的普及，老年人口素质不断提高，不再满足于一般的休闲娱乐活动，20世纪90年代，老年游学营、退休学习学院等广泛发展起来，同时，高校也对老年人开放，并招收老年学员。另一方面，政府出台一系列鼓励老年人就业的措施。由于部分低收入老年人存在较为迫切的就业需求，1965年美国实行社区就业计划，为55岁以上低收入人群提供培训与社区就业的机会；为了促进老年人自我雇用、扩大就业，2010年奥巴马政府推出平价医疗法案，使不在大型企业工作的老年劳动力也能获得高质量、价格低廉的医疗保险。根据美国劳工部的数据，1999—2022年美国65岁及以上劳动者数量占比由2.9%增至6.6%，预计2032年将达到8.5%。

第四，美国通过提高年轻人职业教育水平、完善妇女的职场权利保障提高劳动参与率，2000—2022年中、高级管理人员中妇女占比提升7.5个百分点。年轻人职业教育方面，1990年《帕金斯法案》通过，学生可以更自由地选择接受职业教育的时间，避免时间上与中、高等教育冲突。为解决职业教育与市场需求不对口的问题，2014年美国推出学徒计划，劳工部拨款5亿美元，资助社区学院与雇主合作设立适应未来工作需要的在职培训项目。学徒计划在建立一支满足美国经济社会发展急需的技术技能型人才队伍方面发挥了积极作用。妇女劳动力参与方面，美国妇女对自身就业权的维护越发重视，1963年和1964年《同酬法》和《民权法案》颁布，规定若同等的劳动条件下从事相同的工作，雇主必须对男女雇员按相同的工资率支付报酬，禁止在雇佣待遇中有任何性别歧视行为。之后陆续颁布的《反怀孕歧视法》《家庭及医疗休假法》，对女性在怀孕分娩、职场晋升以及新生儿抚养等方面，提供了更加完善的保障。根据世界银行的数据，2000—2022年，美国中、高级管理人员中女性占比提高了约7.5个百分点。

第五，通过扩大高等教育覆盖范围、提升高等教育质量，美国不断增强劳动力素质，2020年美国人力资本指数为0.7，处于世界前列。二战后，为提升人才质量，扩大高等教育覆盖范围成为美国战略重点。随着婴儿潮人口到达入学年龄，1972年与1976年《高等教育法》两次修正，分别将私立学校与无高中文凭学生纳入联邦资助范围；20世纪70年代，社区学院开始降低入学要求，高等教育规模扩大。20世纪80年代以来，美国高等教育重心转移至提升教育质量。同时，美国目前已经有美国商学院认证委员会（ACBSP）等近70个专业评估机构，对高校的特定专业办学质量进行评估；有高等教育委员会（HLC）等六个区域认证机构，对院校办学质量进行评估，形成了政府与评估机构相互协作的多层次教育质量保障体系。人力资本指数是用于衡量各国对年轻人教育健康投资水平的指标，2020年美国人力资本指数为0.7，处于世界前列，与英国、法国相近，显著高于巴西、越南等发展中国家（见图8-5）。美国女性的人力资本指数也明显高于男性和总体水平，美国女性在劳动就业方面所发挥的作用不逊于男性。

（二）调整社会财富分配方式，推进收入公平，保障弱势群体权益

第一，美国通过鲜明的三次分配对收入进行调节：初次分配领域借助政府力量遵循效率优先原则，确保市场公平；再分配领域发挥税收和社会保障制度的作用；第三次分配注重税收和慈善机构的调节。

在初次分配领域，美国遵循效率优先原则，确保市场公平。一方面，美国通过反垄断对干扰市场秩序的企业进行强有力的规制。内战

结束后，美国商业集团逐渐在政界、商界取得话语主导权，贫富差距不断拉大。在此背景下，1890年《谢尔曼反托拉斯法》通过，1914年《克莱斯顿反托拉斯法》通过，两部法律成为反垄断的主要依据。美国联邦贸易委员会与司法部均可进行反垄断调查。1911年，美国针对美国烟草公司与美孚石油公司进行首次反垄断调查，随后，针对美国电话电报公司、IBM（国际商业机器公司）、微软等发起反垄断调查。根据 Westlaw Analytics（法律信息平台）的数据，2022年联邦地区法院收到242起案件，而2021年有300多起案件，2020年有400多起案件。另一方面，美国鼓励自由竞争，扶持中小企业发展。二战期间大企业因战争物资需求而蓬勃发展，小企业生存空间空前狭窄，在此背景下，1953年小企业管理局设立，为小企业提供资金支持与管理帮助；1984年《小企业二级市场改善法》通过，对高新技术企业提供资金援助；2009年《美国复苏与再投资法案》通过，为市场注入资金增强流动性，鼓励市场经济发展。

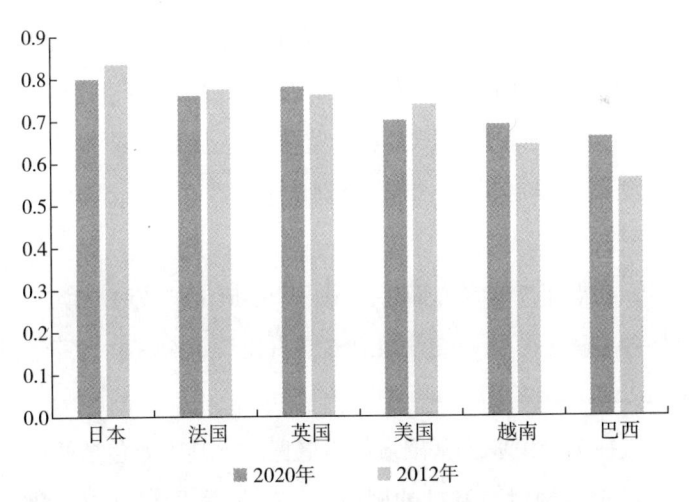

图 8-5 美国与其他国家人力资本指数比较

资料来源：世界银行，泽平宏观。

在再分配领域，美国将个人所得税作为调节的主要手段。美国对高收入纳税人设置随收入增加、宽免逐步减少的征管体系，对中低收入家庭实行个人所得税抵税福利等多种税收优惠政策。同时辅助使用遗产税、赠与税等多种税收手段，对收入分配进行调节。社会保障在再分配的调节中也发挥了重要作用。其主要由社会救济、社会福利和社会保险三部分组成。前两者由联邦或州政府出资，以现金补贴、食品券等形式为低收入者提供帮助。社会保险则由雇员和雇主共同出资，在养老、医疗等方面提供全面的保险保障。并且，政府也鼓励私人保险参与社会保障。根据美国社会保障局的统计，2023 年约有 6 700 万美国人享受超过 1.4 万亿美元的社会保障福利，平均每 5 个美国人中，就有 1 个人可享受社会保障福利支持；65 岁及以上人口中，社会保障福利覆盖率达到 90% 以上。

美国政府主要通过税收手段引导和促进企业、个人进行捐赠来完成第三次分配。如果企业和个人财产用于慈善捐助或公共事业支出，则可享有一定比例的税收扣除待遇，比例为 15%~100%。同时高额的遗产税也限制了富人的资产转移，并有效鼓励了捐赠。美国还建立了一套有效的慈善企业监管运行机制。慈善机构的财务报告经审计后，需要接受公众与州总检察长的联合监督。根据美国国内收入局的数据，2022 年美国遗产税、赠与税分别贡献了约 281.3 亿美元、43.8 亿美元（见图 8-6）。

第二，在老年人养老方面，美国逐渐形成了"政府+雇主+个人"的三支柱养老体系，第一支柱政府养老占比约 10%，私人养老占据主体地位。

第一支柱为国民职工基础最低养老保险，其主要包括两个方面的内容，即以现收现付为基础的国民职工退休养老（OASI）和伤残保障养老（DI）。这一体系最早出现于 1850 年，一些大城市率先为教师和警察提供养老金；1920年美国公务员退休制度（CSRS）实施，联邦政府雇员被纳入统一养老保险计划中；1935年《社会保障法》出台，开始正式以政府为主导，建设养老保障金体系；1939年《社会保障法修正案》通过，标志着国民职工退休养老正式设立；随着二战及战后工会不断发展，1956年《社会保障法修正案》通过，伤残保障养老正式设立，并沿用至今。这两种养老体系高度统一，由政府主持并强制保证执行，覆盖全美境内大多数人群。根据美国社会保障局的数据，2022年美国国民职工退休养老资产储备为2.7万亿美元，伤残保障养老资产储备为1 179.9亿美元，两者在养老金总储备中合计占比约7.5%。

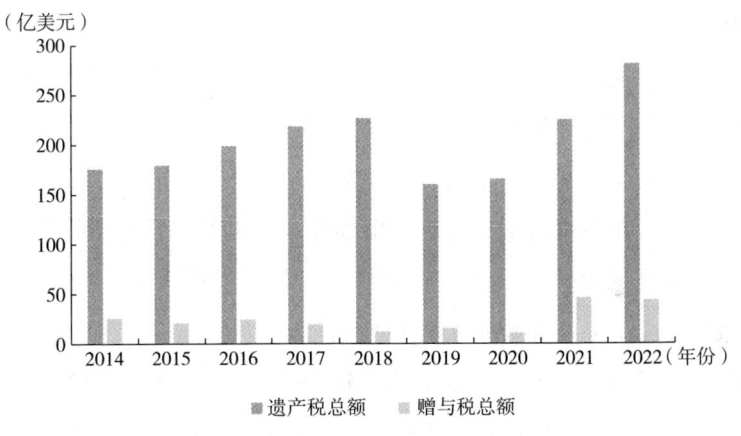

图8-6 美国遗产税、赠与税历年税收额

资料来源：美国国内收入局，泽平宏观。

第二支柱为公司部门雇主参与的企业补充养老保险，是对政府主导的养老保险制度的进一步完善。美国的企业补充养老保险最早出现在19世纪70年代，大多数由铁路公司设立；二战期间，由于美国劳工部限制工人工资增长，企业补充养老金成为重要的福利来源之一，第二支柱迎来了较快的增长；1974年《雇员退休收入保障法》通过，企业补充养老保险的法律监管体系正式确立；1978年《税法修正案》通过，第二支柱制度基本完善。第二支柱养老保险主要由公司或部门单位牵头，雇主和雇员按比例出资建设，普通个人和企业有关部门可以自主决定对基金的投资。其在三支柱中发展速度最快，2014年起成为全美养老金的最主要来源，占比超过40%。美国的企业补充养老保险具体方案一般分为三种类型：定额年金给付计划通过特定公式计算退休金；定额缴费计划由雇主和雇员共同存入一定资金，退休后提取；混合计划则综合了两种计划。

第三支柱为个人储蓄投资型养老保险。民众在自愿的前提下，单独参与，自负盈亏。1974年《雇员退休收入保障法》通过，个人退休账户（IRA）正式推出；20世纪90年代，为了鼓励没有能力建设企业补充养老保险的小微企业参与IRA计划，美国相继于1996年和1997年推出SEP[①]IRA与SIMPLE[②]IRA，进一步扩展了IRA的覆盖范围。个人投资型养老保险的特点为，针对个人建立专门的个人退休基金账户，参与者可根据自身的市场经验和偏好进行自主投资。IRA中最受欢迎的是传统IRA、罗斯IRA与基奥计划。传统IRA采取税收递延方式，个人可将部分税前收入注入账户，而账户内资金及投资收益均可延期纳税；罗斯IRA采取个人税后收入缴费的方式，账户资金及投资收益均免税；基奥计划主要针对自雇人员，同样采取账户资金税收延付的形式。第二、第三支柱同属于私人养老金范畴，根据经济合作与发展组织的数据，2022年美国私人养老金总资产约23.3万亿美元，在养老金总储备中占比约61.6%，占据了主导地位。

---

① SEP全称为Simplified Employee Pension，指简化的雇员养老金。
② SIMPLE全称为Savings Incentive Match Plan for Employees，指雇员储蓄激励配套计划。

第三，倒按揭模式，通过"以房养老"的方式，为老年人提供额外的退休金来源。倒按揭模式即"以房养老"模式，房屋产权拥有者将房子抵押给银行、保险公司等金融机构，并获得按月支付的收入，且继续拥有居住权。在房主去世后，其房产出售，所得用于偿还贷款本息。1961年倒按揭模式在缅因州面世；1984年，American Homestead（美国宅地）签署世纪计划，政府成为倒按揭的担保人，完善了倒按揭发展的基础；1988年里根签署倒按揭贷款法案，宣布其在美国正式落地。主要分为三种类型：由联邦政府进行保险的倒按揭贷款不需要收入证明，形式灵活；由美国联邦全国抵押协会办理的倒按揭贷款，则要求借款人做好搬出住房及还贷的计划，有固定的贷款期限；专有倒按揭贷款由私人公司办理，根据客户群不同，其规则也不相同。2008年倒按揭贷款的上限由36.3万美元提高至41.7万美元，目前最高可达到76.6万美元。其以美国完善的房地产和金融市场为基础，得到了政府的支持，缓解了政府的养老负担，为金融机构提供了更丰富的收益方式。

（三）完善社会服务供给体系，不断建设医疗保障体系与为老服务体系

第一，美国主要通过混合制的医疗保险制度对公民进行医疗保障，以私营商业保险为主体，同时也包括政府团体开办的社会医疗保险。美国的社会医疗保险由联邦政府、州及地方政府主导，主要针对弱势群体，是强制性医疗保险计划。1965年美国国会通过《社会保障法修正案》，医疗照顾保险（Medicare）与医疗补助保险（Medicaid）被正式纳入社会医疗保险体系。医疗照顾保险主要为65岁以上老年人提供医疗保障措施，可覆盖大部分的门诊以及住院医疗费。医疗补

助保险主要为贫困者提供免费医疗保障计划，同时覆盖老人的长期护理费用。1970—2022年美国联邦卫生总支出（包括医疗保险与医疗救助、健康研究和公共卫生）占GDP的比重由6.9%升至17.3%。其中，2022年医疗照顾保险净支出、医疗补助保险净支出共计占GDP比重约6.3%（见图8-7）。

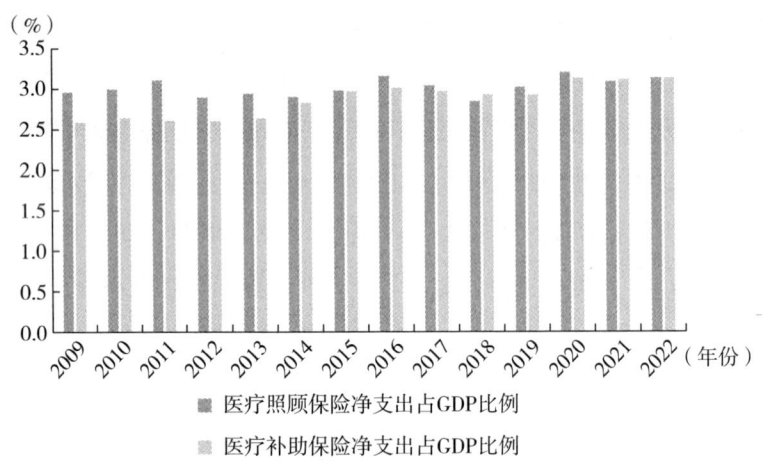

图8-7 医疗照顾保险净支出与医疗补助保险净支出占GDP比例

资料来源：美国经济分析局，泽平宏观。

社会医疗保险并不能完全覆盖所有的医疗费用，私营医疗保险在美国的医疗保险体系中占据主导地位。私营医疗保险由雇主提供，主要针对有正常工作的群体。非营利性医疗保险由民间组织和医生发起，享受政府的税收优惠，包括蓝十字计划和蓝盾计划。蓝十字计划主要承保医院费用，而蓝盾计划主要承保医生和其他诊治费用。美国的医疗保障体系既可以保障特定低收入和贫困老年人最基本的医疗服务水平，也可以满足部分高收入和有特殊医疗需求的老年人群，层次丰富，覆盖领域较广。

第二，政府与企业多层次合作，建设护理院、养老社区，2018年美国老年地产及护理服务市场规模约2 700亿美元。在老年人居住体系方面，政府层面建设了配备养老服务协调员的老年公寓，62岁及以上的低收入老年人可申请入住，租金较为低廉。政府与私人企业合作层面则建设了社会辅助居家养老社区（NORC），尊重老年人的居家养老选择，以社区形式为老年人提供个人社工、医疗健康等服务，满足老年人各方面的需求。私人层面则有房地产公司针对老年人开发的养老地产，大致可分为两种模式。太阳城模式中，社区提供菜单式服务，老年人支付一次性会员费及月固定费与服务费，主要针对55岁及以上可自理生活人群，以娱乐为主要功能；持续照料退休社区（CCRC）精细化管理服务则主要针对75岁及以上老年人，会兼顾娱乐功能与医疗健康服务的提供。根据美国老年人住房和护理投资中心（NIC）的估计，2020年老年地产及护理服务的市场需求规模约4 750亿美元。

第三，推进智能技术与医疗服务、出行服务结合，并建立专业化的健康养老人才队伍。医疗层面，21世纪初开始美国陆续建立了老年人医疗服务车队，降低了老年人养老健康服务的成本。同时，美国利用物联网技术将城市与专业的医疗机构对接，弥补急救医疗服务的不足。美国电话电报公司提供多种物联网医疗服务，例如通过远程监测设备监控出院患者状态，帮助医生及时介入；规模建设虚拟网络并结合5G，实现更快的患者数据传输速率等。出行层面，美国陆续出现了服务于老人便利出行的公司。例如，GoGoGrandparent（提供电话预订车辆服务的企业）为老人提供电话便捷打车服务。人才方面，美国不断推进专业化的健康养老护理队伍建设。1996年哈特福德基金会启动了针对老年护理人才的长期投资计划；2010年美国护理学院协会与哈特福德基金会共同制定发布了《老年护理护士初级保健领域七大技能要求》与《成人老年临床护理专家职业能力素质标准》，对老年护理护士技能做出了严格界定与要求。目前，美国已经形成了高校教育与专业护士培养并举的老年护理人才培养体系。

（四）推进少数族裔、弱势群体权益保障立法，建立福利制度，构建尊老爱幼扶弱的社会环境

第一，出台相关法律并设置管理机构，对少数族裔、儿童、老人进行保护。19世纪40年代以来为缓和种族矛盾，美国政府在就业、入学等领域为少数族裔提供了一定优惠，罗斯福总统颁发第8802号行政令，禁止政府和国防工业中的歧视行为，建立了公平雇佣委员会；20世纪60年代伴随非裔美国人民权运动等，约翰逊总统任期内通过了《民权法案》。针对儿童，1875年纽约儿童保护协会成立，成为第一个非政府儿童保护组织；1922年全美非政府儿童保护组织达到300个；大萧条使慈善捐助枯竭，由政府承担保护责任越来越成为全社会的共识；1974年美国通过《儿童虐待预防和处理法》。在大多数州，人们发现虐待、忽视或遗弃儿童的情况后，均可通过24小时热线举报。对于侵害儿童的犯罪，量刑更是远高于其他罪名。针对老年人，1935年美国通过了具有重要地位的《社会保障法》，之后陆续颁布了《老年人营养方案》《老年人社区服务就业法》《禁止歧视老年人就业法》等多部法律。特别是1965年颁布的《美国老年人法》规定联邦政府要设立联邦老年署，而各州要设立地方老龄局。

第二，加强无障碍设施标准立法，保护残疾人权益。20世纪60年代，美国逐渐兴起残障人权运动，1961年美国国家标准协会制定了

世界上最早的建筑无障碍标准《便于肢体残疾人进入及使用的建筑和设施的美国标准说明》，为残疾人平等享用公共建筑、公共交通和其他服务的权利提供了法律保障；1968年通过的《建筑无障碍条例》规定，所有联邦政府投资的项目必须实施无障碍设计；1990年《美国残疾人法》通过，规定15人以上雇工企业必须提供残障辅助设施，公共交通与公共建筑也必须建立无障碍设施；2004年美国建立了详细的残障人士建筑标准，涵盖了无障碍设施的设计细节以及评估标准。同时，美国的行政机关也需要在无障碍设施建设方面接受民众的监督与诉讼，并被要求进行必要的改正。美国的无障碍设施建设机制，既包括由上至下的法规标准制定，也包括由下至上的法律督导机制，通过严格的执法培养了全民的意识。

第三，建立福利制度，并注重教育扶贫，推进"反贫困"战略，1980年以来中小学入学率始终保持在90%以上。就福利体系而言，美国有为低收入者提供援助的福利制度，包括住房援助计划、儿童营养计划、工作培训计划等14个项目。1986—2020年美国家庭福利支出规模占GDP的比重由0.43%升至0.67%。就教育扶贫而言，美国分别于1965年与1995年出台"开端计划"与"早期开端计划"，为0~5岁儿童提供学习、营养等多方面保障。同时，接受公立教育的孩子，从学前班到高中都实行免学费政策，贫困学生可享受学杂费、书本费、餐费等费用的全方位免除。1965年颁布的《初等与中等教育法》，旨在为贫困学生提供高质量的平等受教育机会，规定所有接受联邦基金资助的孩子都必须获得较高的数学能力和阅读能力，而不合格的学校则必须为学生提供转学机会以及更换教师等。同时，美国还通过完备的奖助学金和助学贷款制度，保障贫困大学生顺利完成大学学业。1980年以来，美国的小学和中学入学率始终保持在90%以上，大多数年份超过95%。

三、当前美国人口困境：老龄化，贫富分化，少数族裔弱势与社会撕裂

（一）老龄化压力持续加大

一方面，美国 20 世纪 50 年代开始进入老龄化社会，1950—2022 年美国 65 岁及以上老年人口占比从 8.1% 升至 17.1%，人口老龄化压力持续加大。根据联合国 1956 年发布的《人口老龄化及其社会经济后果》以及 1982 年维也纳世界老龄大会确定的老龄化与深度老龄化划分标准——"65 岁及以上老年人口占总人口比重超过 7%""60 岁及以上老年人口占总人口比重超过 10%"，美国在 1942 年就已经进入老龄化社会，65 岁及以上老年人口占比达 7.1%。受生育率下降及寿命延长影响，1960—2023 年美国 65 岁及以上老年人口数量由 1 646.9 万人升至 5 320.6 万人，占比由 9.1% 增至 17.6%，特别是 2010 年以来增长迅猛，在 2013 年占比超过 14%，进入深度老龄化社会。2022 年美国总和生育率降至 1.66，处于近百年来最低水平，由于新冠肺炎疫情对社会和经济发展带来较大的不确定性，育龄妇女对生育的偏好降低。

另一方面，老龄化导致人口年龄结构趋于年长化，1950—2022 年美国人口中位年龄从 30.2 岁升至 38.9 岁，中高年龄段人口占比持续上升，而青少年人口占比明显下降，未来老龄化问题将持续加剧。从 20 世纪 50 年代开始，美国人口中位年龄总体呈上升趋势，1950—2022 年从 30.2 岁升至 38.9 岁。分年龄段看，1960—2022 年 14 岁及

以下少年儿童人口占比从 30.7% 降至 17.7%，下降显著；而 45~64 岁、65 岁及以上人口占比分别从 20.6%、9.1% 增至 24.7%、17.1%，且目前仍在加速增长（见图 8-8）。年龄金字塔能够更直观地反映各年龄组所占比重及未来年龄结构的发展趋势。20 世纪中期美国人口年龄金字塔为扩张型，塔形上尖下宽，低年龄组人口占比最大并向高年龄组缩减；20 世纪末已演变为稳定型，54 岁及以下各 5 岁年龄组占比基本相等，55 岁及以上各 5 岁年龄组占比随年龄增大逐渐减小，塔形较直；2020 年以来，人口年龄金字塔已明显向衰退型演变，即低年龄组人口占比较小，中高年龄组人口占比较大，塔形趋于上宽下窄，表明未来美国人口老龄化问题将进一步加剧。

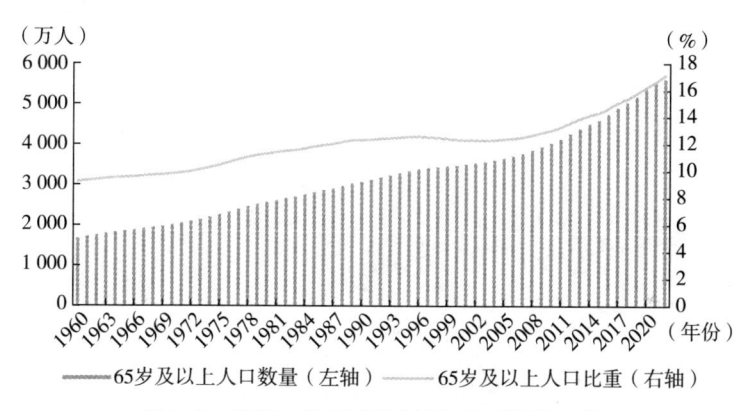

图 8-8　1960—2022 年美国老年人口数量及占比

资料来源：世界银行，泽平宏观。

（二）贫富分化严重

第一，美国贫富差距悬殊，收入和财富逐渐向富人集聚，最富裕的 10% 的家庭财富份额长期维持在 60% 以上，带来民粹主义、贸易保护主义、逆全球化等思潮。整体看，美国的贫富分化是一个稳定的长期趋势，是由美国的政治制度和美国政府所代表的资本利益所决定的。从收入分配看，百年来美国收入差距先降后升。1913—1928年，最富有的1%人群收入份额与底层50%人群收入份额的差距从5.3%升至8.8%，收入差距持续增加。而罗斯福新政关于提高所得税和遗产税等均贫富措施，使收入差距逐渐缩小，1929—1977年，最富有的1%人群收入份额与底层50%人群收入份额的差距从8.3%降至-10.3%。20世纪80年代后，里根提出的为富人减税、削减社会福利、瓦解工会等措施使收入差距迅速拉大。2023年最富有的1%人群收入份额与底层50%人群收入份额的差距为27.9%（见图8-9）。从财富分配看，美国财富的不平等比收入的不平等更大。1980—2023年，美国最富裕的10%家庭财富占全美家庭财富的比例从64.2%升至66.6%，而后50%家庭财富占比则从2.2%升至2.6%，始终保持极低的水平。

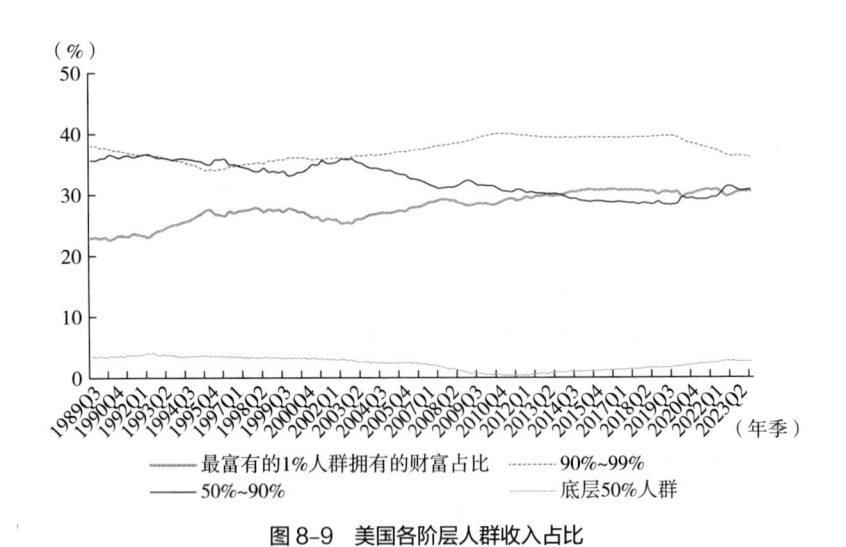

图8-9 美国各阶层人群收入占比

资料来源：美联储，泽平宏观。

第二，新冠肺炎疫情发生后，低收入劳动者大规模失业，加剧贫富分化与社会不公。新冠肺炎疫情暴发以来，由于防控不力，美国陷入二战以来最严重的经济衰退。企业大批倒闭，许多餐饮店铺关门，从事服务业的低收入劳动者大规模失业，而中上收入群体工作地点灵活，可以居家办公，加之货币宽松环境推动资产价值上涨，使持有大量资产的富人更富，加剧了贫富分化。受疫情影响，2020年美国失业人数占劳动力比例直线上升，由2019年的3.7%大幅增至10.2%。根据中国国务院新闻办公室发布的《2020年美国侵犯人权报告》，新冠肺炎疫情发生后，美国有2 050万人在短期内失去工作，几乎是2007—2009年整个金融危机期间的2倍，创"大衰退"以来历史最高水平。然而，美国富人阶层的财富却在疫情发生后迅速扩张。根据2020年彭博和美联储发布的数据，美国最富有的50人与最贫穷的1.65亿人拥有的财富相等。

（三）少数族裔弱势与社会撕裂

美国少数族裔人口持续增长，但仍处于弱势地位，种族矛盾突出，政治地位、教育、就业等方面的差异加剧社会撕裂。根据美国人口普查局的数据，1920—2010年非西班牙裔白人占比从69.1%降至58.9%，少数族裔占比从11.5%升至41.1%。2023年，在少数族裔中，人口数最多的分别为拉美裔、非裔、亚裔，占比分别为19.1%、13.6%、6.3%。

少数族裔人口总量及比重的增长源于宽松的国际移民政策与较高的生育率。一方面，美国近年来接收的亚洲、中南美洲以及非洲的移民持续增长，且移民中青壮年占主导地位。2000—2023年美国接收的移民中49岁及以下人口占比始终高于60%（见图8-10）。另一方面，少数族裔较高的生育率保证少数族裔新生人口长期处于较高水平，

2022年拉美裔、非裔的总和生育率分别为1.90、1.68，高于美国1.66的平均水平。但美国种族歧视问题一直存在，少数族裔仍处于弱势地位。美国的种族矛盾最早起源于欧洲移民对印第安原住民的屠杀，15世纪的黑奴贸易也埋下了黑人受歧视的祸根。尽管南北战争实现了黑人的解放，但未能从根本上改变黑人的社会地位。政治地位方面，根据美国皮尤研究中心的调查数据，2022年美国有资格的选民中白人占61%，非裔和拉美裔分别占13%和17%，亚裔占6%；就业方面，美国劳工部的数据显示，2022年12月至2024年1月，美国总体失业率从3.5%增加到3.7%，而拉美裔失业率从4.2%攀升至5.0%。

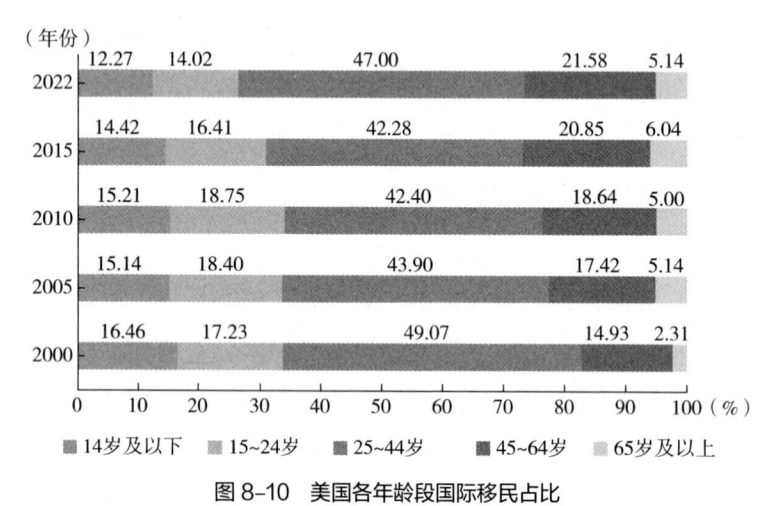

图 8-10 美国各年龄段国际移民占比

资料来源：《美国移民统计年鉴》，泽平宏观。

第九章

日本人口：
低欲望社会、"平成废物"
与"失去的三十年"

日本是世界上少子老龄化最严重的国家之一，被安倍晋三称为"国难"。日本的应对措施谈不上成功，仍然有很多问题，比如错过鼓励生育的时机、老年人口过多、社会活力下降、社会阶层固化、出现大量"平成废物"、"草系"年轻人步入"低欲望社会"、社会医疗养老负担持续加重、移民政策不如美国开放等。但日本相对完善的社保三支柱体系、制造业工匠精神、相对较低的收入差距和基尼系数、受教育水平高等值得学习。本章聚焦日本人口形势与政策，探讨人口少子老龄化的影响、应对、经验与教训。[①]

---

① 本章执笔人：任泽平、白学松、张硕。

一、日本人口特征：儿童青少年占比倒数第二，老年人口占比排名第二

（一）总量：总人口连续13年减少，自然增长率降幅连续16年扩大

2023年日本总人口连续13年减少，较最高点下降2.8%，未来总人口将加速减少，按出生率中位数预测，到2070年总人口将减少超30%。

从总人口看，日本总人口在2008年达到最高点1.28亿人之后开始下降，2023年8月较高点下降2.8%至1.24亿人（见图9-1）。根据日本国立社会保障和人口问题研究所的数据，假设死亡率在中位数水平，按出生率低位数、中位数、高位数三种情况预测，到2070年日本人口分别为8 023.7万人、8 699.6万人、9 549.0万人，即使是最乐观的情况，人口仍将减至2023年的3/4左右。

从自然增长率看，日本人口自然增长率在2007年为-0.1‰，此后开启连续16年负增长，降幅不断扩大，2022年为-5.8‰。

从全球看，2020年日本总人口首次跌出前10至第11位，2023年降至第12位。

（二）结构：儿童青少年占比倒数第二，老龄化程度排名第二

不婚不育、晚婚晚育使日本陷入"超少子化"困境，2022年

0~14岁人口占比全球倒数第二，仅次于韩国。

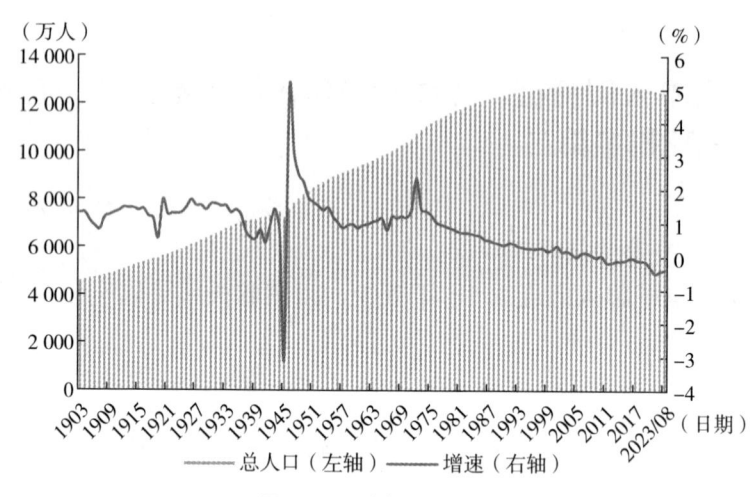

图 9-1 日本总人口及增速

资料来源：日本国立社会保障和人口问题研究所，泽平宏观。

从结婚率看，日本结婚率于1947年见顶下降，1972年反弹至10.4‰后持续降至2021年的4.1‰。如果将50岁未婚定义为终身未婚，那么1970—2020年，日本男性、女性终身未婚率分别从1.7%、3.3%增长到28.3%、17.8%。

从结婚年龄看，晚婚现象加剧，日本男性、女性初婚年龄显著增长，影响生育子女数量。1972—2021年，男性初婚年龄从26.7岁增至31.0岁，女性从24.2岁增至29.5岁。

从婚后生育率看，婚后不生孩子、晚生孩子的比例上升，1970—2021年女性婚后生育首胎的平均年龄从25.8岁增至30.5岁。1975—2021年，婚后一年内生育首胎的比例从39.4%降至23.4%。

不婚不育、晚婚晚育导致日本总和生育率持续下降，1974年日本总和生育率低于世代更替水平进入少子化时代，1992年降至1.5掉入

"低生育率陷阱"，陷入"超少子化"困境，2022年总和生育率仅1.26，在全球主要国家中排名倒数；0~14岁人口占比仅11.6%，在全球主要国家中排名倒数第二（见图9-2）。

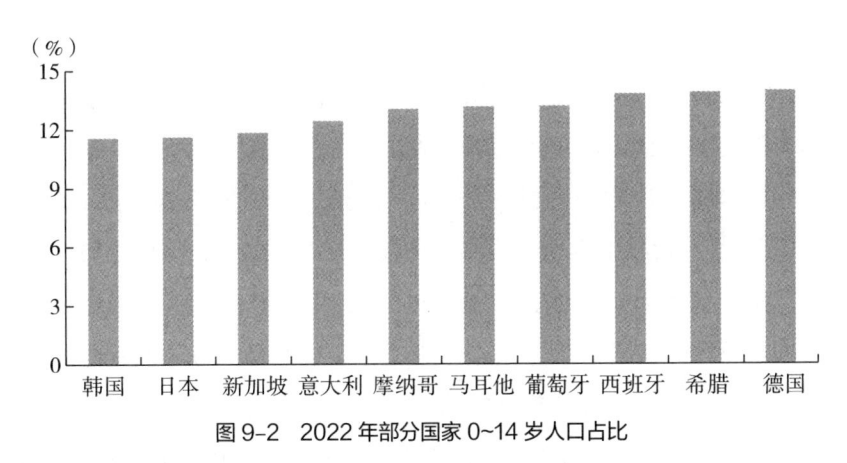

图9-2 2022年部分国家0~14岁人口占比

资料来源：世界银行，泽平宏观。

低生育率叠加医疗技术提升带来的人口平均寿命延长，使日本老龄化程度持续加深，2022年65岁及以上人口占比达29.0%，创历史新高，老龄化程度仅次于摩纳哥，排名第二。

从老龄化程度看，日本老龄化程度不断加深，人口金字塔由扩张型转为衰退型。1970年日本65岁及以上人口占比为7.1%，进入老龄化社会，1994年65岁及以上人口占比突破14%，进入深度老龄化社会；2005年占比超过20%，进入超级老龄化社会，成为全球主要经济体中最早进入超级老龄化社会的国家。

从老龄化速度看，日本老龄化时间晚于其他发达国家，但发展速度远高于其他国家。从老龄化过渡到深度老龄化，美国用了65年，法国用了126年，英国用了46年，德国用了40年，日本仅用了24年；从深度老龄化到超级老龄化，法国用了28年，德国用了36年，日本仅用了11年。

（三）迁移：东京都成为唯一人口正增长的都道府县，东京都市圈人口单极化逆势增长

2022年，东京都成为日本唯一人口正增长的都道府县，其人口占日本总人口的11.2%，人口增速0.2%。

日本都、道、府、县是平行的一级行政区，全国分为1都（东京都）、1道（北海道）、2府（大阪府、京都府）、43个县。2022年，仅东京都实现人口正增长，从1 401.0万人增至1 403.8万人；23个县人口下降率持续扩大，其中，岩手县、福井县和歌山县的增幅最大，京都府等19个都道府县的人口减少率有所下降。

三大都市圈人口占比百年来持续增至52.9%，2010年以来人口向东京都市圈单极化集中。

日本人口分布不均衡持续加剧，人口呈现向三大都市圈中心城市聚集趋势，东京圈、大阪圈、名古屋圈三大都市圈人口占比百年来持续增长，1920年三大都市圈人口占比为33.3%，2022年增至52.9%。

2010年以来，东京都市圈人口在日本总人口持续负增长的背景下实现逆势增长。2010—2022年，东京都市圈人口从3 561.8万增至3 687.3万，占总人口的比重从27.8%增至29.5%，人口单极化向东京圈流入。而大阪圈、名古屋圈人口同期分别下降45.0万、16.4万，但由于日本总人口下降，两大都市圈人口占比基本稳定在14.4%、9.0%（见图9-3）。

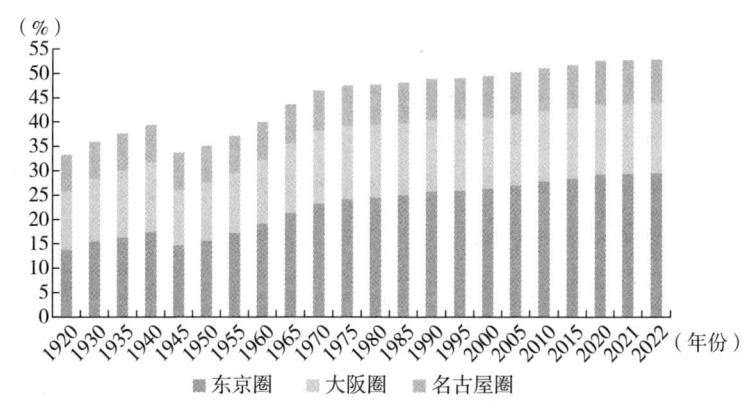

图9-3 1920—2022年日本三大都市圈人口占比

资料来源：日本国立社会保障和人口问题研究所，泽平宏观。

日本农村地区青壮年人口大量迁移至城市，农村老龄化、少子化程度远高于城市。

2022年，老龄化程度最高的是临海的农业县秋田县，65岁及以上人口占比达38.6%，而最低的东京都仅22.8%。少子化程度最高的依然是秋田县，0~14岁人口占比低至9.3%，老龄化、少子化叠加使秋田县劳动人口为全日本最低。

二、日本人口变化带来的影响

（一）劳动力短缺，需求疲软，经济陷入"失去的三十年"

日本老龄化导致劳动力供给不足、劳动生产率增速趋缓，破坏经济潜在增长率。1990年前后，日本劳动年龄人口占比见顶，劳动生产率放缓，叠加当时泡沫破灭、政策应对失误、国际环境动荡、产业结构调整滞后等因素，日本经济陷入"失去的三十年"。

1961—2022年日本劳动年龄人口增速、劳动生产率增速与经济走势基本同步变化。伴随1961—1975年日本劳动年龄人口平均增速维持在1.5%的高位，劳动生产率增速达到12.7%的峰值，实际GDP平均增速也维持在7.7%的高位；1976—1988年劳动年龄人口、劳动生产率分别维持0.9%、3.1%的低速增长，实际GDP增速也降至4.4%；1989—2022年劳动年龄人口、劳动生产率增速分别从0.9%、4.5%大幅降至-0.4%、0.7%，实际GDP增速从5.4%降至1.5%（见图9-4）。

从国际看，2022年日本劳动年龄人口占比仅58.5%，在全球主要发达国家中垫底，远低于经济合作与发展组织国家平均64.8%的水平。劳动生产率为每小时52.3美元，人均劳动生产率85 329美元，与拉脱维亚、匈牙利等东欧国家持平，劳动生产率和人均劳动生产率在38个经济合作与发展组织国家中排名第30位和第31位，均创1970年以来最低水平。

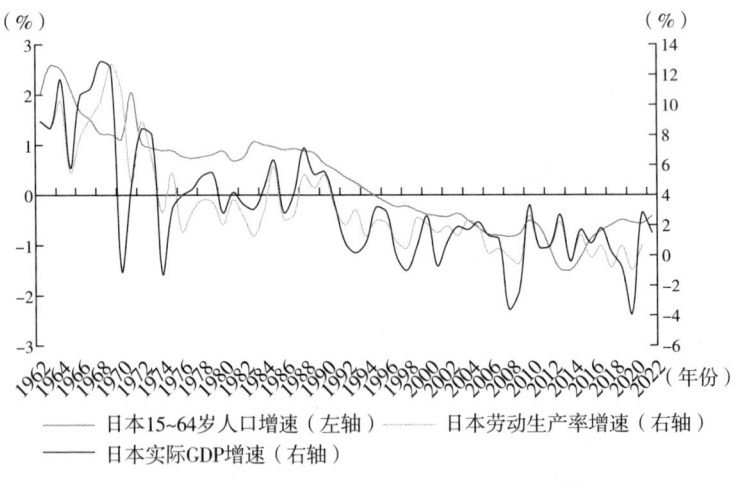

图9-4 日本劳动力供给下降，劳动生产率增速趋缓

资料来源：日本总务省统计局，世界银行，日本生产性本部，泽平宏观。

日本老龄化提高消费占比，改变消费结构，消费增速降至冰点，医疗消费需求显著提升。

根据生命周期消费理论，中年人收入和支出水平高、平均消费倾向低，老年人收入和支出水平低、平均消费倾向高，老龄化导致经济中消费的比重上升，但消费增速会下滑。1991—2022年家庭消费占比从51.6%升至54.1%，1973—2022年家庭消费增速从21.0%降至5.3%。

根据生命周期消费理论，不同年龄段的人口消费偏好不同。日本老龄化影响消费结构，2000—2022年汽车销量从821.4万辆降至630.2万辆，降幅为23.3%。1992年以来，国民医疗费用占GDP的比重从4.9%增至8.2%，在经济合作与发展组织国家中处于较高水平。

人口结构变化使日本储蓄、投资需求显著下滑，股、债、房市表现低迷。

我们以GDP与居民最终消费支出的差值/GDP计算国民储蓄率，20世纪70年代日本在经济高速增长、劳动人口占比较高时，收入增速高于消费增速，储蓄率保持在50%以上。随着20世纪90年代泡沫经济崩溃、老龄化加速，储蓄率显著下滑，由1989年的50.2%降至2022年的46.3%（见图9-5）。

储蓄率和投资率有明显正相关性，储蓄率持续下降导致投资率下滑。1973年日本经济高速增长期间投资率曾达到36.4%的高点，而1996—2020年固定资本形成总额从169.1万亿日元的峰值降至145.3万亿日元，投资率从31.6%降至26.0%。

日本股市随着高储蓄/低储蓄人口比上升而繁荣，高储蓄/低储蓄人口比于1986年达到峰值86.2%，日经225指数于1989年冲顶，2022年高储蓄/低储蓄人口比降至52.7%，日经225指数较1989年下滑33.0%。债市利率因老龄化下滑，1992年日本劳动年龄人口占比见顶，日本长期贷款利率从8.1%的高点跳水后长期处于低利率，

2022年为1.25%。房市住房开工量与主力置业人群规模正相关，均呈倒U形曲线，日本主力置业人群1972年增长放缓，住宅新开工套数于1972年达峰；1995年主力置业人群达峰后下滑，住宅新开工套数也出现下滑。

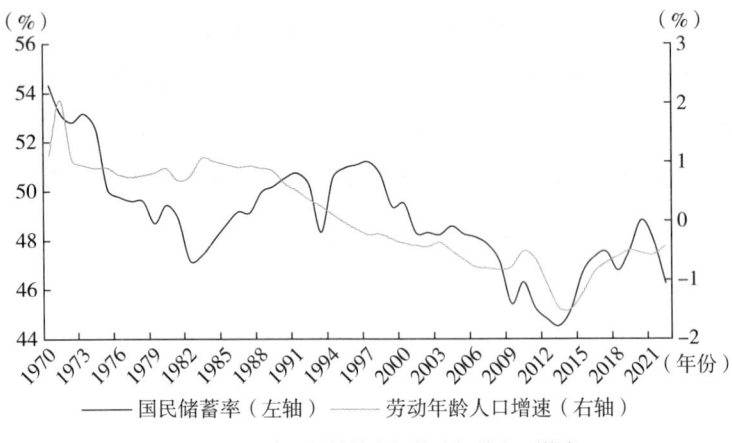

图9-5 日本国民储蓄率与劳动年龄人口增速

资料来源：日本总务省统计局，Wind，泽平宏观。

（二）孤独社会时代到来，社会创新力衰退，社会保障难以为继

资产负债表衰退、少子老龄化加剧使日本走向"孤独社会"，以低活力、低欲望、"躺平"为代名词。"孤独社会"是日本学者三浦展提出的概念，即以"孤独"作为消费动机的社会，可细分为"下流社会""单身社会""虚拟社会"。

"下流社会"指日本中产阶级消亡，向下流动的新阶级扩大。20世纪90年代经济泡沫破灭后，日本年轻人因预期收入下降，对生活、工作、学习、消费态度消极，不愿奋斗，追捧"做二休五"，社会活力急剧下降。

"单身社会"则指日本社会中单身家庭逐渐成为主流，催生外卖、单人公寓、老人介护等单身经济发展。根据日本内阁府的预测，2040年，日本男性和女性的终身未婚率将增至29.5%和18.7%。

"虚拟社会"即当代日本年轻人更容易从虚拟生活中得到精神满足的社会。平成时代成长起来的年轻人不愿意追求二战后昭和时代建立起的终身雇佣制、年功序列薪资制，更倾向于"躺平"，从事非正式雇佣、小时工，追求虚拟世界丰富的文化精神生活，被称为"平成废物"。根据2022年日本内阁府的调查数据，选择"家里蹲"的人数占15~39岁人口的2.05%，占40~64岁人口的2.02%。

日本老龄化挤出科研资源，叠加曾经长期实行终身雇佣制及年功序列制的限制，导致日本创新能力下降，错失第三次信息技术革命机会，独角兽企业数量大幅落后。一方面，日本老年人占比持续上升，政府、企业用于老龄化的支出增加，科研资源投入相对减少，从而不利于技术创新。另一方面，尽管终身雇佣制与论资排辈的年功序列制已逐渐崩溃，但两种制度的长期实行对日本科技创新产生了长久的消极影响，导致企业组织过于冗余，难以淘汰低素质劳动力；高素质劳动力由于晋升慢、薪资低，创新意愿受挫。另外，根据胡润研究院的数据，截至2022年末，日本独角兽企业数量仅7家，大幅落后于中国、美国、印度、英国、德国、韩国的316家、666家、68家、49家、36家、18家，数量排名继续下降至第14位。

日本人口抚养比在发达国家中最高，社保给付费占GDP的比重持续增长，但来自劳动人口的社保财源缩小，政府财政压力加剧。

从人口抚养比看，2022年日本人口抚养比（15岁以下和65岁及以上人口占劳动年龄人口的比重）从1960年的56.0%增至68.4%，在发达国家中居首位，其中老龄化带来的老年抚养比增速高于少子化带来的少儿抚养比降速，1960—2022年老年抚养比从8.8%增至

48.8%，而少儿抚养比从 47.2% 降至 19.5%。

从社保给付费看，抚养比的增长导致社保给付压力增大，根据日本厚生劳动省的数据，2021 年日本社会保障给付总额占 GDP 的 25.2%。然而，社保给付费的财源超过一半来自企业及劳动人口。随着劳动人口的减少，来自劳动人口的社保财源缩小，而老年人增长又使社保支出膨胀，政府财政压力加剧。

三、日本应对老龄化：完善社保、延迟退休、放宽移民

（一）建立养老、医疗、介护三层社会保障体系

日本建立以养老、医疗、介护保险为核心的社会保障体系，社会保障给付费占 GDP 的比重达 25.2%，由以医疗保险为主转向以养老保险为主。

社保对象：以全体国民为保障对象。1958 年和 1959 年分别制定《国民健康保险法》和《国民养老金法》，1961 年初步实现以养老、医疗保险为中心的社会保障体系；2000 年引入介护保险，形成养老、医疗、介护保险三层社会保险构成的保障体系。

社保给付：日本 1964—2023 年社保给付费从 13.5 万亿日元增至 134.3 万亿日元。给付主导险种由医疗保险转向养老保险，1980 年后养老保险给付费超过医疗保险，成为最大的给付险种。2021 年养老保险给付占给付费总额的 40.2%，医疗保险占 34.2%。

社保财源：日本社保财源主要来自保费收入和财政拨款，前者占比呈下降趋势，后者占比呈上升趋势。1991—2021 年，保费收入占社

保收入总额的比重由 60.9% 降至 46.2%，财政拨款占社保收入总额的比重由 24.4% 升至 40.4%。

1. 国民皆年金：第一支柱为主，第二、第三支柱为辅

日本形成以国民年金和厚生年金、企业年金计划、个人养老金构成的三支柱养老保障体系（见图9-6），第一支柱覆盖规模最大，达6 754万人。2021年，养老金给付费为55.8万亿日元，占社保总给付费用的40.2%。

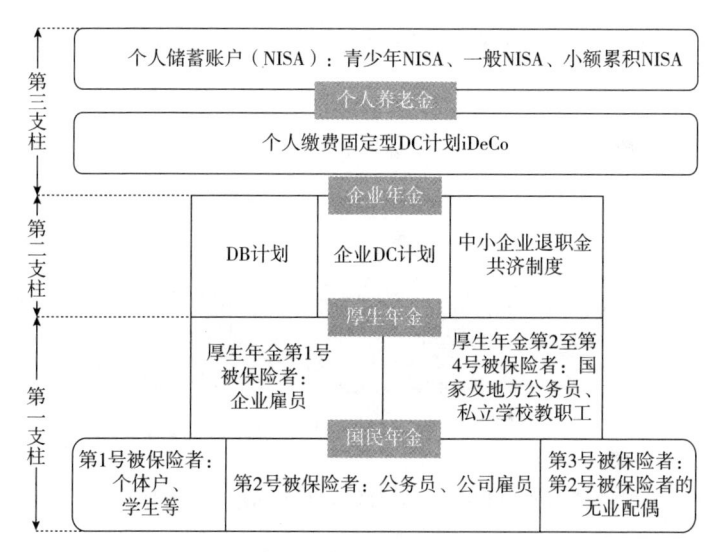

图9-6 日本覆盖全民的三支柱养老保障体系

注：DC计划指固定缴款养老金计划，iDeCo指覆盖范围更广的个人养老计划，DB计划指固定收益养老金计划。
资料来源：日本厚生劳动省，泽平宏观。

第一支柱：强制性的两层公共养老金，包括固定缴费的国民年金、收入关联型厚生年金。覆盖20~60岁全部人口，养老金基金规模在全球公共养老金基金中居首位。

第二支柱：自愿参与的企业年金计划，包括DB计划、DC计划、一次性给付退职金制度（LSSB）、中小企业退职金共济制度（SERAMA）。以DB计划为主，DC计划占比逐渐上升。

第三支柱：自愿参与的个人养老金计划，包括个人缴费固定型DC计划（iDeCo）、个人储蓄账户，二者均享受20.3%的资本利得税免除。

2. 国民皆保险：专设高龄老年人医疗制度，老年人自付比例为10%

以地域保险、职域保险、高龄老年人医疗保险构成医保体系（见图9-7），参保总人数占日本总人口的99.4%，75岁及以上老年人自付比例仅10%。2021年，医疗保险给付费为47.4万亿日元，占社保总给付费用的34.2%。

```
不满义务教育入学年龄，自付20%；超过义务教育入学年龄至70岁，自付30%；
70~74岁，自付20%（高收入者30%）；75岁及以上，自付10%（高收入者30%）
```

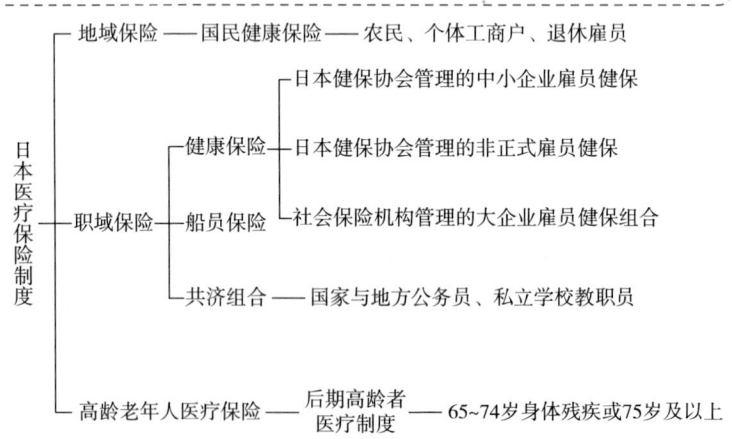

日本医疗保险制度
├─ 地域保险 ── 国民健康保险 ── 农民、个体工商户、退休雇员
├─ 职域保险
│   ├─ 健康保险
│   │   ├─ 日本健保协会管理的中小企业雇员健保
│   │   ├─ 日本健保协会管理的非正式雇员健保
│   │   └─ 社会保险机构管理的大企业雇员健保组合
│   ├─ 船员保险
│   └─ 共济组合 ── 国家与地方公务员、私立学校教职员
└─ 高龄老年人医疗保险 ── 后期高龄者医疗制度 ── 65~74岁身体残疾或75岁及以上

图9-7 日本医疗保险制度复杂多样，设计细致入微

资料来源：日本厚生劳动省，泽平宏观。

从保险种类看，日本医疗保险制度险种复杂多样，主要包括地域保险、职域保险、高龄老年人医疗保险，职域保险又包括健康保险、船员保险和共济组合。

从覆盖群体看，职域保险参保人员主要为雇员与公务员，地域保险参保人员为农民、个体工商户、退休雇员，高龄老年人医疗保险被保险人是75岁及以上群体和65岁及以上卧病在床的老年人。

从参保人数看，2020年日本医疗保险参保人数占日本总人口的98.9%，其中职域保险参保人数较多，占总参保人数的61.7%。

从自付比例看，儿童与老年人自付比例较低，但高收入老龄群体例外。70岁以下群体与70岁及以上高收入群体自费比例为30%，但70~74岁老人自付比例为20%，75岁及以上老年人自付比例仅为10%。

3. 国民皆介护：设置7级介护标准，高龄老人为主要受益群体

介护保险制度参保者自付比例仅10%~30%，65岁及以上老年人覆盖率达98.9%，被认定为需介护/支援人数占参保人数的8.8%。

从制度背景看，家庭规模小型化、免费医疗制度导致老年人长期住院，进而医疗费用大幅增长、医疗资源紧张、护理水平降低、财政压力巨大，由此日本于2000年开始实施《介护保险法》。

从被保险人看，"第1号被保险者"为65岁及以上老年人，"第2号被保险者"为40~64岁群体（见图9-8）。2021年6月，65岁及以上老年人参保人数较最初增长1.6倍，覆盖率达98.9%。

从受益对象看，受益人为65岁及以上老年人和40~64岁有特定疾病群体。参保人在申请给付后，由政府评估其介护资格和等级，介护等级分为7级：可能发生护理的"要支援"1~2级和处于护理状态的"要介护"1~5级。2021年6月，被认定为需介护/支援的人数较最初增长3.9倍，占参保人数的8.8%，75岁及以上老年人在每个介

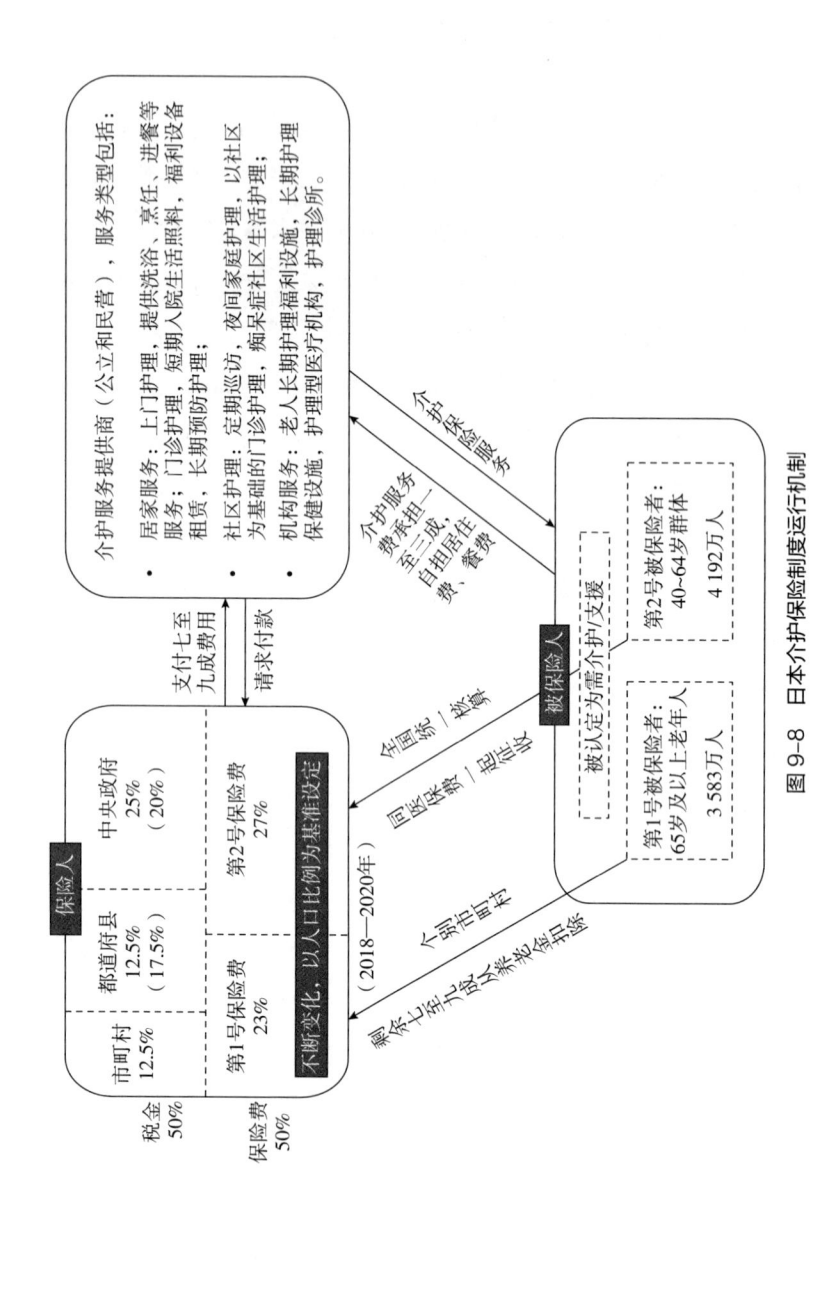

图9-8 日本介护保险制度运行机制

资料来源：日本厚生劳动省，泽平宏观。

护等级的占比均超过85%。

从服务内容看，介护保险提供居家服务、社区护理、机构服务，其中居家服务需求较高。

（二）提高退休年龄，放宽移民政策，增强人才红利，应对"用工荒"

《安定法》推动退休年龄延长至70岁，高龄老人就业率连续17年增加。一方面，日本通过鼓励延迟领取养老金间接促进老年人延迟退休，领取养老金越晚，每月可领取养老金金额越多。60~65岁每提前一个月领取，养老金在法定基础上减少0.5%；65岁以上每推迟一个月领取，则在法定基础上增加0.7%。另一方面，直接通过立法延迟退休年龄。1986年日本出台《老年人就业稳定法》，鼓励老年人60岁退休。2006年明确法定退休年龄为60岁，并鼓励老年人65岁退休。企业可废除退休年龄制度，或提高退休年龄至65岁，或对60~64岁员工引入继续雇佣制度。2013年出台《老年人就业稳定对策基本方针》，规定65岁退休。2021年《安定法》开始推动退休年龄延长至70岁。2022年，能保障老年人工作到65岁的企业占比从2006年的84.0%增至99.9%。

从政策方向看，为缓解劳动力供给不足问题，日本移民政策自1989年趋向宽松，但政策仍不如美国开放。1989年以前日本人口问题不突出，叠加日本是以血统为原则的出生公民权制度国家，其移民政策较保守。1989年起日本劳动力短缺问题日益严峻，移民政策开始放宽。1989年颁布的新移民法对允许移民的类型由最初的18类增至31类；2018年新设特定技能签证，放宽造船业等劳动力严重短缺行业外国劳动力限制。从政策效果看，移民数、外籍劳动人口数显著增加。1989年以前日本拥有居留资格人口增长缓慢，占比极少。1950—

1990 年拥有居留资格人口数仅增长 45.4 万人，占总人口比重仅提高 0.13%。新移民法推出后，1990—2021 年拥有居留资格人口增长 168.5 万人至 276.1 万人，占总人口的 2.2%，较 1990 年增长 1.3 个百分点。

日本提高劳动人口教育水平，增强人力资本红利。根据经济合作与发展组织的数据，1997—2019 年日本 25~34 岁完成高等教育人口比例从 45.7% 升至 61.5%，在经济合作与发展组织国家中排名第四。劳动年龄人口素质提升推动全要素生产率、劳动生产率提高，在一定程度上缓解了人口增长停滞带来的经济增长问题。基于内生增长理论，我们将日本实际 GDP 增长率分解为资本投入、劳动力投入、全要素生产率增长率，其中劳动力投入细分为工作时间和劳动力质量，全要素生产率增长率来源于技术进步、组织和生产创新等。根据日本工业生产力数据库，1996—2018 年日本年均复合 GDP 增速为 0.71%，其中资本投入和全要素生产率增长率均贡献 0.35% 的增长，劳动力质量贡献 0.27%。

四、日本应对少子化：措施及效果

（一）应对少子化：真金白银鼓励生育，保障女性工作与家庭平衡，扩大女性再就业

日本自 1972 年起为鼓励结婚生育推出多项福利政策，且政策力度不断加大，保障女性工作与家庭平衡。

一是鼓励结婚。2020 年日本推出"结婚新生活支援计划"升级版，给予 39 岁以下、家庭年收入 540 万日元以下新婚夫妻最高 60 万日元补贴。但实施该计划的市町村仅占市町村总数的 15%，以不发达地区

为主，年轻人比例低。

二是鼓励生育，推出不孕治疗补贴、一次性生育补贴、带薪产假。日本为不孕症患者治疗提供支持，2021年提供一次治疗补贴30万日元。为降低家庭产检及分娩成本，日本为怀孕女性提供一次性生育补贴42万日元。此外，女性享受14周产假，最高44周育儿假，其间可获得约为工资2/3的津贴；男性享受陪产假4周，但男性育儿休假率仅14.0%，远低于欧洲国家。

三是发放儿童补贴，发展托育服务。日本为不同年龄儿童提供差异化补贴：0~3岁儿童每人每月1.5万日元；3岁到小学毕业，一孩、二孩每月1万日元，三孩及以上每月1.5万日元。同时，日本以不断升级的"天使计划"为核心，增加保育所数量，延长保育所开放时间，增加保育服务人员待遇，2013—2023年保育所利用率增加17.4个百分点至52.4%（见图9-9）。2023年，日本政府探索充实托育机构人员，为育儿母亲提供心理支持。

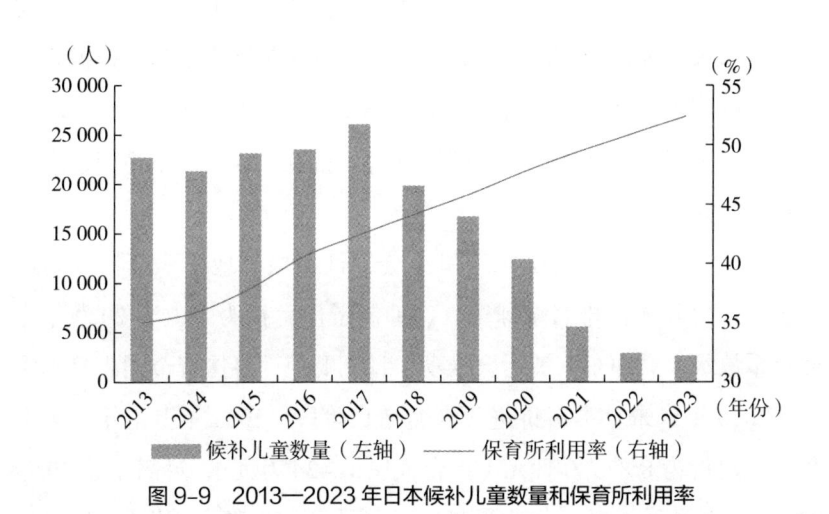

图9-9 2013—2023年日本候补儿童数量和保育所利用率

资料来源：日本厚生劳动省，泽平宏观。

（二）少子化应对效果不及预期的原因

尽管日本采取系列措施鼓励生育，但日本自 1992 年起总和生育率长期低于 1.5，陷入超少子化困境，原因在于以下几点。

第一，生育观念转变，功利性生育意愿消退，成本约束阶段到来，不婚不育成为更多日本年轻人的选择。根据驱动生育率下降主导因素的变化，可将人类历史划分为四个阶段。一是高死亡率驱动阶段，总和生育率多在 6 以上。二是死亡率下降驱动阶段，总和生育率从 6 以上降到 3 左右。三是功利性生育消退阶段，生育行为更接近情感需求，总和生育率从 3 降到 2 左右。四是成本约束的低生育率阶段，总和生育率降至更替水平 2 以下，低于意愿生育水平。1975 年，日本已发展至成本约束阶段，总和生育率不断下降是必然。

第二，经济长期通缩，日本适育人口低欲望、"躺平"，非正式就业扩大，收入不稳定导致"不敢生"。1990 年日本房地产泡沫破灭后，社会活力大幅降低。在经济低迷、阶级固化的背景下，企业为节约成本，逐渐采取弹性工作制，导致非正式雇员比例逐步增长。根据日本总务省的调查数据，2012 年，非正式雇员占所有员工的 35.2%。由于非正式雇员工资收入更低，适婚适育人口就业、收入均不稳定，影响生育意愿。

第三，货币放水叠加东京奥运会，日本核心地区房价持续高速增长，房价收入比排名全球第五，抑制了生育行为。由于 2020 年全球货币放水，叠加东京奥运会推动、日元贬值，各国资金涌入日本楼市，2020 年以来日本房价进入高速增长阶段。2023 年上半年，东京圈平均房价为 8 873 万日元（折合人民币 434 万元），远高于 2020 年的 6 671 万日元（折合人民币 326 万元），创历史新高。根据 Numbeo 的数据，2023 年中期，日本房价收入比在全球主要经济体中排名第六

（见图9-10）。与高房价形成对比的是，日本年轻人"躺平"，更愿意成为非正式雇员、临时工等，收入较低，抑制了生育行为。

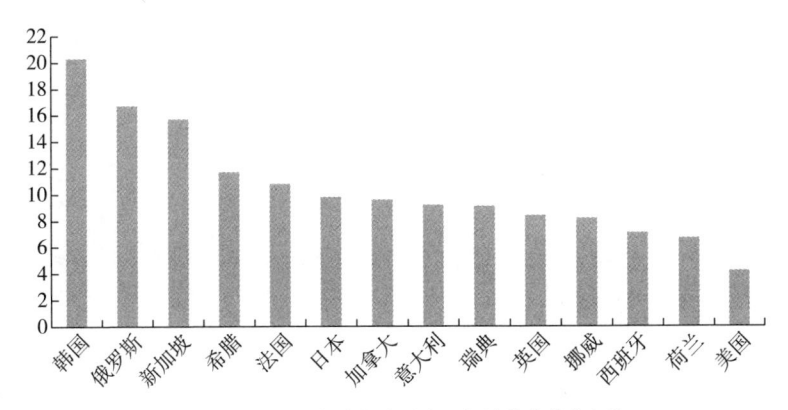

图9-10　2023年中期全球主要经济体房价收入比

资料来源：Numbeo，泽平宏观。

第四，"女性婚后及育后应成为专职主妇"的传统思想在日本根深蒂固，女性难以平衡工作与婚姻。尽管日本政府推出系列政策保障女性权利，但政策难以对根深蒂固的传统社会思想起效。根据相关数据，日本因为生育、养育辞职的女性比例仍高达60%，传统的社会文化环境对已婚已育的职场女性不友好，因此，越来越多的女性在"生育养育子女"和"追求职业发展"之间选择后者，少生甚至不生。

第十章

韩国人口：
超低生育率，汉江奇迹不再，
N 抛世代涌现

2022年，韩国总和生育率为0.78，创1970年以来最低，在全球主要经济体中排名倒数第一。除生育率低外，韩国人口还有什么特征？韩国超低生育率、老龄化加剧对其有什么影响？韩国政府采取了哪些措施应对人口困境？效果为什么不及预期？本章从人口总量、结构、迁移规律等角度切入，分析韩国近百年来人口变化特征，从经济、社会方面解读当前韩国人口特征带来的问题，通过对韩国应对措施的剖析，试图为中国应对人口问题寻找借鉴。[1]

---

[1] 本章执笔人：任泽平、白学松、张硕。

一、韩国人口特征：负增长、老龄化、向首都圈集聚

（一）人口数量：从高增长到低增长再到负增长

1925—1945 年：日本殖民统治期间，因卫生防疫、接种疫苗、引进西医等措施，朝鲜半岛的医疗水平提高，人口平稳增长。1945 年，日本在二战中投降，朝鲜半岛光复，1945 年 8 月 15 日半岛南部建立大韩民国。但由于政局动荡影响，人口不增反降，1945—1950 年减少 495.3 万人至 2 016.7 万人。1950—1955 年，朝鲜战争导致人口出生率下降、伤亡率增长，但总人口呈缓慢增长趋势，年均复合增速为 1.3%。

1955—1990 年：20 世纪 60 年代起韩国开始采取人口控制政策，人口增速波动下降，年均复合增速为 2.0%。1955 年起，随着朝鲜战争结束、政局趋稳、抗生素普及，韩国人口出现爆发性恢复性增长，1955—1965 年，韩国人口新增 765.7 万人至 2 916.0 万人，年均复合增速达 3.1%，这一时期出生的人口被称为"婴儿潮一代"。但人口高速增长和人口规模膨胀带来贫困、环境污染、就业压力、住房压力等问题，为避免阻碍经济发展，韩国自 1961 年开始实施计划生育政策，组建计划生育审查委员会，下辖于卫生和社会事务部，目标是在第一个 5 年计划期间将人口增长率降到 2.5% 以下。此后 10 年，人口政策不断收紧，人口增长率明显下滑。1965—1990 年，韩国人口由 2 916.0 万人增至 4 339.0 万人，年均复合增速为 1.6%。

1990年至今：受亚洲金融危机冲击，韩国经济承压，影响就业和收入，1990年起，韩国人口年均复合增速降至1%以下，2021年人口负增长。20世纪90年代中后期，受亚洲金融危机严重冲击，韩国经济增速放缓，就业压力、收入不确定性增大，导致韩国适婚适育人口不婚不育、晚婚晚育现象凸显，1990—2020年人口年均复合增速仅为0.6%。2021年韩国总人口为5 173.8万人（见图10-1），较2020年减少9.1万人，开启自1949年有统计以来的首次人口负增长。2022年韩国总和生育率为0.78，创下1970年起有相关统计以来的最低值，在全世界主要经济体中总和生育率最低（见图10-2）。人口增速由正转负加剧了韩国人口少子化、老龄化，导致韩国人口金字塔转向衰退型。

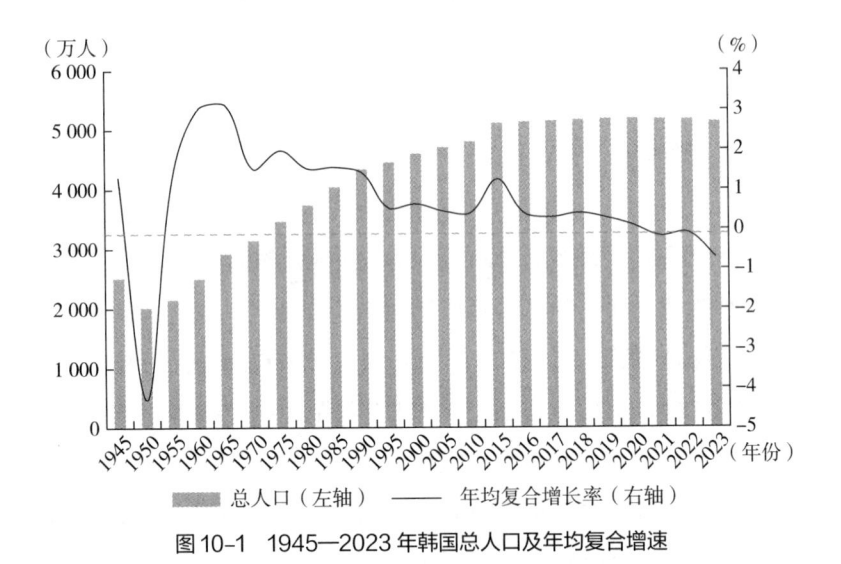

图10-1　1945—2023年韩国总人口及年均复合增速

资料来源：韩国统计局，泽平宏观。

（二）人口结构：出生人口创新低，老龄化速度快于其他国家

少子化：受生活成本高企、生育观念转变影响，不婚不育、晚婚

晚育现象加剧，2022年总和生育率跌至0.78，新生儿数量首次跌破25万人。

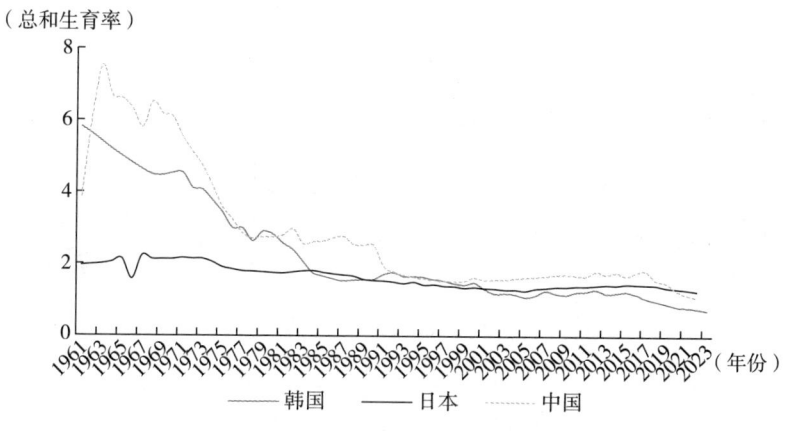

图 10-2　1961—2023 年韩国、日本、中国总和生育率比较

资料来源：韩国统计局，泽平宏观。

1960—1990年，韩国经济腾飞，随之而来的是房价、物价不断上涨，1997年亚洲金融危机后，韩国年轻人失业率、收入不确定性增加，不婚不育、晚婚晚育现象加剧。根据韩国统计局的数据，1980—2020年，韩国结婚率从10.6‰的峰值降至4.2‰（见图10-3），单人家庭占家庭总数的比重从4.8%增至31.2%。1990—2022年，韩国男性初婚年龄由27.8岁增至33.7岁，女性由24.8岁增至31.3岁。1993—2022年，女性平均生育年龄从27.6岁增至33.5岁，婚后生育首胎的平均时间从1.2年增加至1.5年。韩国总和生育率在1960年达到峰值5.95，此后不婚不育、晚婚晚育导致其总和生育率持续下降，1984年降至更替水平2.1以下，2018年跌破1至0.98，2022年跌至0.78，创历史新低；新生儿数量同比下降1.1万人至24.9万人，首次跌破25万人。

老龄化：1951—2023 年，韩国人口年龄中位数从 17.4 岁增至 44.5 岁，从老龄化到深度老龄化用时 18 年，老龄化速度超过日本。

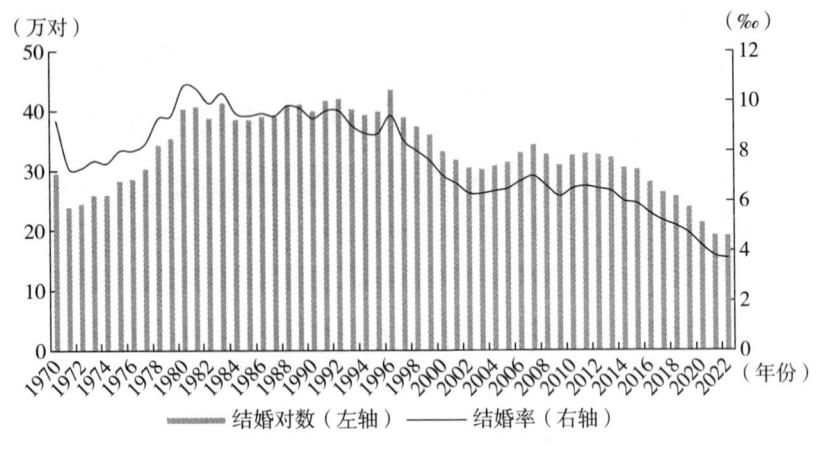

图 10-3　1970—2022 年韩国结婚登记数和结婚率

资料来源：韩国统计局，泽平宏观。

1925 年韩国人口年龄中位数为 20.5 岁，1966 年为 17.3 岁，主要原因为婴幼儿死亡率降低、1955—1965 年出现婴儿潮。2000 年，韩国 65 岁及以上人口占比为 7.2%，进入老龄化社会；2018 年老龄化程度达到 14.3%，进入深度老龄化社会。韩国统计局预测，2025 年韩国 65 岁及以上人口占比将突破 20%（见图 10-4），进入超级老龄化社会。从老龄化速度看，韩国老龄化时间晚于其他发达国家，但发展速度快于其他国家。从老龄化到深度老龄化，美国用了 65 年，法国用了 126 年，英国用了 46 年，德国用了 40 年，日本用了 24 年，韩国仅用了 18 年；从深度老龄化到超级老龄化，法国用了 28 年，德国用了 36 年，日本用了 11 年，韩国仅用了 7 年。

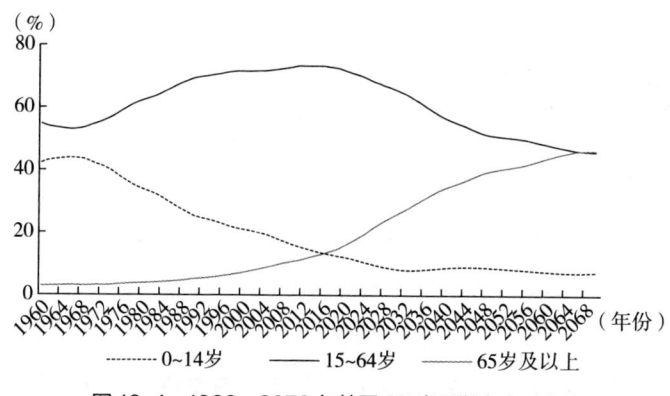

图 10-4　1960—2070 年韩国 65 岁及以上人口占比

资料来源：韩国统计局，泽平宏观。

（三）人口分布：城市化起步晚、速度快，人口向首都圈聚集

城市化阶段人口转移：韩国城市化晚于欧美发达国家，城市化速度快，城镇化率从 27.7% 到 70.4% 用时仅 28 年。

20 世纪 60 年代，韩国城市化萌芽起步，相较于美国、欧洲等主要发达地区起步较晚，人口随着工业化向大城市集中，这一阶段主要是以首尔为核心的大城市依托临近汉江的便利交通条件，经济高速发展，快速推动了韩国的城市化进程。第二阶段为 20 世纪七八十年代开始的高速增长期，1960—1988 年，韩国城镇化率从 27.7% 上升至 70.0% 以上。1988 年起韩国城镇化率速度放缓，1988—2002 年城镇化率由 70.4% 升至 80.3%，2002 年以后城镇化率基本在 80.0%~82.0%，2022 年韩国城镇化率为 81.4%。

都市圈城市群化阶段人口转移：韩国人口持续向都市圈、城市群及核心城市集聚，城市化空间结构极不均衡。

根据韩国行政区划，全国可划分为 17 个一级行政区，分别为 1 个特别市、1 个特别自治市、6 个广域市、7 个道、2 个特别自治道。

第十章　韩国人口：超低生育率，汉江奇迹不再，N 抛世代涌现一级行政区中，2022年人口前三的区域分别是京畿道、首尔、釜山，人口分别为1 371.8万人、941.7万人、329.6万人（见图10-5）。京畿道人口自1985年开始迅速增长，于2005年赶超首尔，2022年以10.2%的面积集聚了全国26.5%的人口。1990年以来，首尔人口有下降趋势，但仍以0.6%的面积集聚了全国18.2%的人口；釜山行政区面积占全国的0.8%，1970—2022年人口从187.6万人增至329.6万人，占比从6.0%增至6.4%。

首尔都市圈包括首尔、京畿道、仁川，首都圈人口集聚始于1960年，1960—1980年首都圈人口占比迅速增长，每10年增长8个百分点左右。1982年，韩国颁布《首都圈管理法》，确定了以首尔为中心的都市圈的边界，首都圈人口继续保持增长。首都圈面积仅占韩国国土面积的11.8%，却聚集了韩国50.5%的人口，约2 612.4万人（见图10-6），根据韩国国土开发研究院《第二次首都圈整备计划构想》，55%的制造业企业、70%的高新技术企业和82%的国家公共机构都集中在首都圈。

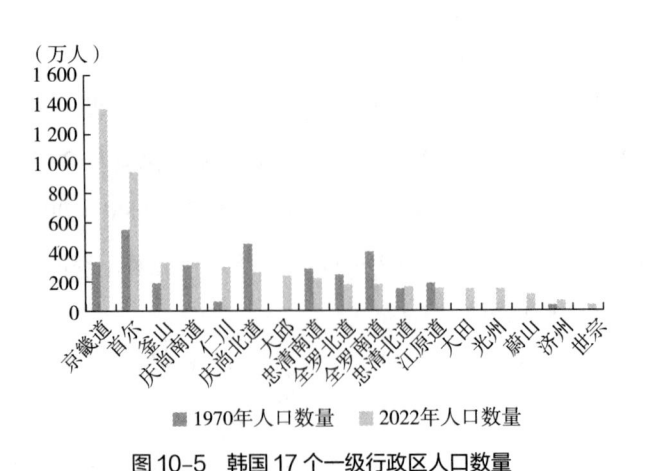

图10-5　韩国17个一级行政区人口数量

资料来源：韩国统计局，泽平宏观。

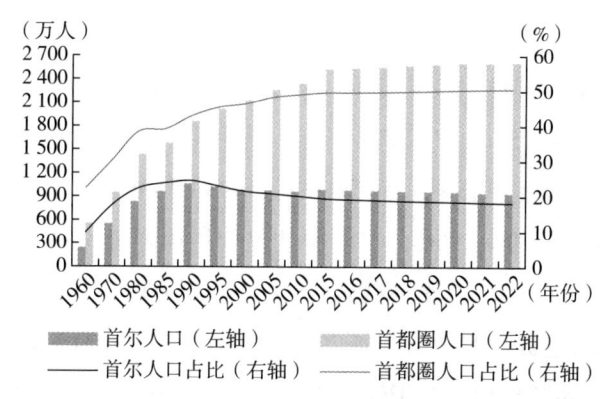

图10-6 1960—2021年韩国首尔及首都圈人口、人口占比变化

资料来源：韩国统计局，泽平宏观。

二、韩国人口变化带来的影响

人口作为生产者与消费者，既影响社会经济发展过程中的供给侧，也影响需求侧，供给端通过劳动力、技术进步影响经济，需求端通过消费、储蓄、投资影响经济。

人口红利期，劳动年龄人口比例上升，人口抚养比下降，社会生产能力增强，创造、储备大量社会财富，推动经济增长。人口红利消失后，劳动力供给下降，人口抚养比上升，老龄化加剧，养老负担加重，对社会经济发展形成阻碍。

（一）汉江奇迹不再，经济增长乏力，储蓄率、投资率下降

韩国人口高速增长期，劳动力供给充足，经济长期保持两位数以上增速，创造汉江奇迹；人口老龄化、少子化加剧导致劳动力供给不

足，拖累经济增速。1970—1978年，韩国15~64岁人口保持年均3.2%的高速增长，同期，韩国实际GDP年均复合增速达10.8%。1979—1989年，韩国15~64岁人口年均增长率回落至2.0%~3.0%，与之对应，GDP年均复合增速回落至8.6%。1990—1998年，韩国15~64岁人口增速降至1.0%~2.0%，GDP年均复合增速降至6.0%。1999年之后，韩国15~64岁人口增速跌至1.0%以下，2001—2022年韩国GDP年均复合增速进一步放缓至3.7%（见图10-7）。2021—2022年，韩国经济增长率连续两年低于经济合作与发展组织国家的平均水平。

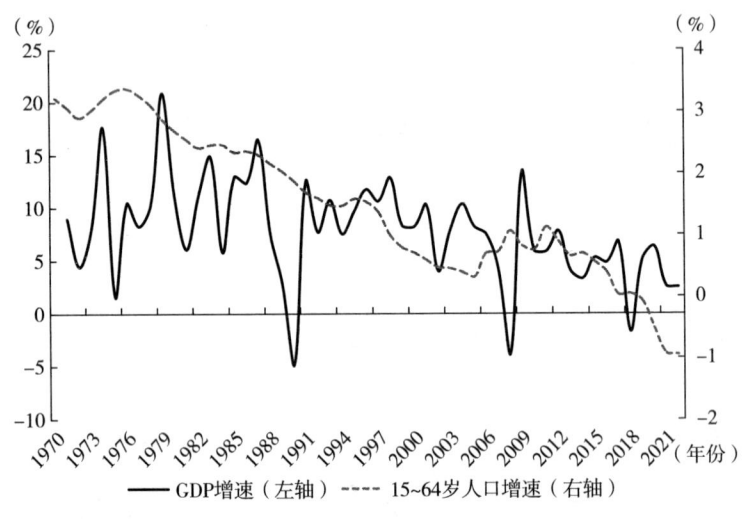

图10-7 韩国GDP增速与15~64岁人口增速

资料来源：世界银行，Wind，泽平宏观。

韩国少子老龄化导致消费增速下滑，市场需求疲软，但健康消费需求增长明显快于其他。1970—1980年，韩国消费规模和人均消费水平波动下降，1980—1990年有短暂的上升期，随后便一直呈现波动下降的趋势。2000年，韩国65岁及以上人口占比超7%，进入老龄化社会，此后65岁及以上人口占比持续增长，人口结构变化使健康消费增速快于其他消费支出。2000—2022年，健康消费支出年均增长8.7%，远高于消费支出总额增长的5.3%。相比之下，需求市场的疲软对于耐用品等需求弹性相对较大的商品产生的影响更大。2000—2022年，耐用品消费支出年均增长4.7%，其中2022年出现负增长，同比下降2.3%。

韩国少子老龄化导致储蓄率、投资率下降，1988—2022年国民储蓄率从41.4%降至34.9%，1996—2020年投资率从31.6%降至25.4%。人口结构与储蓄率密切相关，劳动年龄人口占比增长提高储蓄率。根据国际货币基金组织国民储蓄率预测值，1980—1997年韩国经济高速增长、劳动人口占比较高时，收入增速高于消费增速，国民总储蓄率保持在36.0%~42.0%的高水平。随着经济增速放缓、少子老龄化加速，劳动人口收入水平增速放缓，社保费用支出增加，储蓄率显著下滑至30.0%~35.0%。同时，储蓄率和投资率有明显正相关性，储蓄率持续下降导致投资率下滑。韩国经济高速增长期间，投资率曾达到39.0%的高点，而到2022年，韩国固定资本形成总额占GDP的比重已经降至32.0%。

（二）财阀经济笼罩，社会活力下降，N抛世代涌现

韩国社会保障成本不断提高，社会福利负担持续加重。韩国实行公共养老金制度，其中国民养老金在养老金体系中占主导，覆盖18岁以上的全体公民。韩国社会福利支出占GDP的比重从1990年的2.8%攀升至2020年的15.6%，30年间上升了4.6倍（见图10-8）。其中养老支出占GDP的比重从0.8%上升至4.3%，健康社会福利支出占GDP的比重从1.4%上升至5.2%，社会福利负担均有明显增加。伴随着社会福利负担的加重，韩国政府负债规模也在逐年增加。1997

年韩国国债规模为 60.3 万亿韩元，占 GDP 的比重为 11.1%，2022 年国债规模扩大至 1 067.4 万亿韩元，25 年间负债规模增长了 16.7 倍，占 GDP 的比重攀升至 49.4%。

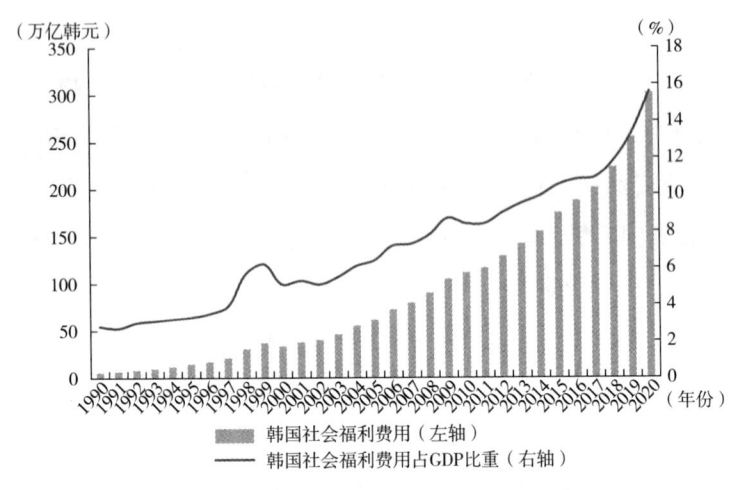

图 10-8　韩国社会福利费用及其占 GDP 的比重

资料来源：韩国统计局，泽平宏观。

韩国企业面临用工难、人力成本升高，市场需求下降、盈利能力下降的双重困境。韩国人口结构的变化导致老龄退休员工比重增加，就业者为保障未来退休生活，对薪酬与保障的要求提高，从而提升企业雇佣成本。根据韩国统计局的数据，2011 年韩国企业劳动力成本占总运营成本的 13.5%，2020 年占 18.6%。同时，市场需求的疲软导致韩国企业销售额增速下滑，以韩国制造业企业为例，1970—1980 年韩国制造业企业销售额年平均增速为 37.2%，1980—2000 年销售额增速放缓至 14.7%。2000 年之后，韩国步入老龄化社会，销售额增速进一步下滑至年均 5.9%。

财阀集团销售额占韩国 GDP 的比重超 80%，青年发展路径受限，社会活力下降，从抛弃爱情、婚姻、生育的三抛世代，到进一步抛弃人际关系和购房的五抛世代，再到一切皆可抛的N抛世代不断涌现。韩国财阀起源于李承晚政府时期，随着财阀规模的扩张，政府出台了一系列管制政策，然而财阀在韩国经济中依然举足轻重。根据韩联社的数据，2020年，资产达5万亿韩元以上的64家集团销售额为1 617万亿韩元，占韩国GDP的84.3%。规模巨大的财阀当道，导致韩国少数群体掌握大量优质资源，阶级固化持续加重。韩国年轻人口发展路径局限于：进入一流大学，进入财阀集团优质岗位，竞争不断加剧。激烈竞争叠加高房价，越来越多的韩国青年放弃努力、不再"内卷"，成为抛弃爱情、婚姻、生育等的N抛世代，社会活力持续下降。

三、韩国应对少子化、老龄化的措施

（一）应对少子化：设立人口政策机构，完善生育激励、养育支持机制，推动工作家庭平衡

加强生育政策顶层设计，设立直属总统的人口政策管理机构——低生育及老龄社会委员会，专门研究、制定、调整人口政策。

韩国通过一系列顶层设计保障人口政策、制度体系的顺利推行。20世纪90年代初，韩国开始调整此前严格控制人口规模的政策；1994年，韩国设立人口政策审议委员会，该委员会负责研究、制定人口政策；2001年，设立性别平等与家庭事务部，该部门的目标是促进性别平等、家庭福祉；2003年，成立老龄化与未来社会委员会，负责少子老龄化社会政策制定、制度体系构建等；2005年，成立直属总统

的低生育及老龄社会委员会，要求委员会向国会报告年度人口政策及相关成果等。

韩国实施鼓励生育三步走计划，2006—2020年推出三次"低生育率和高龄社会基本计划"（以下简称基本计划），构建较为全面的鼓励生育政策体系。2006年，韩国政府首次推出"低生育率和高龄社会基本计划"，政策目标是建立应对低生育率问题的基本制度框架，具体措施包括建立消除生育养育障碍的政策体系，扩充保育服务基础设施，为家庭提供育儿援助等。第一次基本计划于2010年实施完成，其间韩国生育率略有上升，但未恢复至原有水平。2011—2015年，韩国政府实施第二次基本计划，第二次基本计划除了强调育儿援助、新增工作家庭平衡援助，还包括加强对职场女性的支持、满足双职工家庭养育子女的需求。2016—2020年，第三次基本计划实施，覆盖面在第二次的基础上继续扩大，除家庭外，企业、社区也被纳入工作家庭平衡的政策范围。

韩国持续完善生育激励机制、养育支持机制，推动工作家庭平衡，保障职业女性生育养育期间的就业权利。

生育激励机制：韩国通过减免生育医疗费用、为夫妻双方提供产假等鼓励生育。为鼓励结婚，韩国向月收入低于一定水平的新婚夫妇每年提供5万套保障性住房。为鼓励生育，韩国免除女性从怀孕到分娩产生的医疗费用，同时，1岁以下婴幼儿产生的医疗费用全免。此外，生育一胎的女性，享受90天带薪产假；生育二胎及以上的女性，最高享受120天产假。2007年，韩国推出男性陪产假，进一步完善鼓励生育的休假制度。

养育支持机制：韩国推出"中长期保育基本计划"等为家庭提供多层次托育政策，降低家庭养育成本。2006—2010年，韩国推出并实施"中长期保育基本计划"，为公共保育和提高保育服务质量奠定基础；2008年推出"关爱儿童计划（2009—2012年）"；2013—2017年第二次实施"中长期保育基本计划"，详细规定了保育机构设置、保育费用承担，将家庭养育补贴范围扩大至所有年龄群体，强调国家在保育中的责任；2018—2022年"中长期保育基本计划"再次升级，扩大了保育的社会责任。除政策外，韩国通过现金补贴、降税等方式为育儿家庭提供援助，如2023年起，养育不满1岁儿童的家庭可享受每月70万韩元（折合人民币3 790元）的援助。

工作家庭平衡：韩国出台《男女雇佣平等与支持工作家庭平衡法》等政策，保障生育养育期间女性的就业权利。1988年，韩国推出了《男女雇佣平等法》；2007年，该法律升级为《男女雇佣平等与支持工作家庭平衡法》，鼓励男性参与育儿，鼓励企业支持女性工作家庭平衡；2018年，韩国修订《劳动基准法》，进一步保障了生育养育女性的就业权利，如明确女性带薪产假、要求企业实行弹性工作制等。

（二）应对老龄化：建立健全养老保障制度，促进高龄人口就业

建立健全养老保障制度体系，保障老龄人口、低收入群体生活。韩国实施"低生育及老龄社会基本计划"，并颁布《老龄亲和产业振兴法》等法律，先后建立健全生活保护制度、医疗保护制度、国民年金制度。

一是生活保护制度。其目标是保障低收入群体生活，最初只提供现金补助、救助，之后升级为提供就业培训与机会。经过不断完善，该制度于2000年完成立法，即《国民基础生活保障法》，低收入群体按法律规定享受最低生活保障，保障范围扩大至提供教育、生育、居住环境等各方面。

二是医疗保护制度。与其他国家的医疗保险制度不同，韩国医疗

保护制度受益对象局限于低收入群体。按法律规定，所有城市、道设立医疗保护基金，基金主要来源是国家专项资金、地方自治团体资金，基金承担低收入群体的全部或部分医疗费用。除医疗费用外，韩国通过医疗补助改善方案为低收入群体提供健康生活维持费。

三是国民年金制度。韩国国民年金制度覆盖全体国民，为老龄人口提供各种生活保障，使其维持退休前的生活水平。为保持国民年金制度的可持续性，韩国政府于2003年起实行5年财政计算制度，综合年金受惠人数、新加入人数、物价波动等因素，计算和预测年金现金流，据此调整年金制度方案。

促进老年人就业，依法保障老年人口平等就业权益，提供老年人口就业援助，构建终身培训体制，为老年人口就业提供更多机会。2012—2022年，韩国55岁以上员工占全职员工的比重从10.0%增至17.8%（见图10-9）。

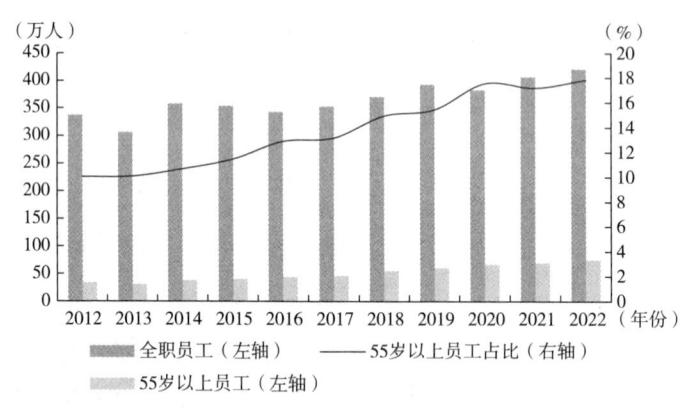

图10-9　2012—2022年韩国55岁以上员工占比持续增长

资料来源：韩国统计局，泽平宏观。

人口结构老龄化加重了韩国政府财政负担，降低了企业劳动力供给，改变了家庭养老模式，老年人口就业需求不断增长。同时，老年人口由于退休后养老金不高，生活稳定性和质量不高，自身再就业意愿提高。

韩国通过立法延长退休年龄至60岁，保障老年人平等就业权益。1991年，韩国制定《高龄者就业促进法》；2003年，韩国设立老龄化与未来社会委员会，解决老年人口就业问题；2008年，《高龄者就业促进法》升级为《禁止雇佣中的年龄歧视及高龄者就业促进法》，其中禁止对高龄人口的年龄歧视，对高龄人口遭遇年龄歧视的，采取一定救济措施。

韩国为高龄就业者提供多种就业援助金，如工资封顶制员工享有工资补贴援助，每人每年享受的最高援助金额不超过1 080万韩元。除高龄就业者外，韩国对雇用老年人的企业也提供援助，如雇用45岁以上员工的企业，员工实习期间，企业可享受每月60万韩元的援助，转正后，享受最高540万韩元的补贴。

韩国为老年人提供职业生涯规划服务，构建了终身培训体制。韩国职业规划制度发展初期，服务对象较少、范围较小、项目单一。随着制度的不断完善，服务对象由在职员工扩大至求职员工，服务范围从大型企业扩大至中小型企业，极大地促进了老龄人口再就业。同时，韩国鼓励企业按年龄分类培训员工，对初入职场员工、退出职场员工提供不同的培训课程，对员工终身培训，提高高龄人口再就业能力。

四、韩国应对少子化、老龄化效果不及预期

韩国应对措施不及预期的原因主要有：错过最佳时机、婚育观念转变、生育成本全球第一、性别不平等。

韩国自20世纪90年代起采取措施调整人口政策，尤其是2000年之后，人口政策积极鼓励生育。2023年，韩国保健福祉部预测，"父母津贴"预算规模约2.4万亿韩元，但韩国仍深陷超低生育率、老龄化持续加剧的人口困境中，2022年总人口增速为-0.1%，总和生育率为0.78，为全球主要经济体中最低，65岁及以上人口占比17.5%，处于深度老龄化社会。原因是什么？

第一，生育成本过高影响育龄家庭生育意愿，韩国是全球经济体中生育成本最高、生育率最低的国家。《中国生育成本报告》中通过对比不同国家抚养一个孩子至年满18岁所花费的成本相对于人均GDP的倍数，发现韩国抚养一个孩子到18岁所花费的成本相当于人均GDP的7.8倍。生育成本相当于人均GDP的倍数越高，意味着养育压力越大，韩国在全球主要经济体中倍数最高，严重抑制育龄家庭生育意愿。

第二，韩国房价自2000年以来持续高速增长，房价过高，收入就业不稳，抑制生育行为。韩国人口持续向首尔首都圈集聚，供求失衡，叠加全租房制度营造的全民炒房环境，导致房价持续高速增长。根据韩国国民银行2022年第三季度的数据，韩国首尔2022年第三季度房价约为8.2亿韩元，而同期首尔家庭平均收入仅5 701万韩元。根据Numbeo的数据，2021年，韩国房价收入比在全球主要发达经济体中以26.1排名第一。与高房价形成对比的是韩国经济增长放缓、就业机会减少、收入两极分化加剧，适龄人口竞争加剧，收入、就业不确定性增加，抑制生育行为。

第三，忽视人口客观发展规律，错过人口政策最佳调整时机。韩国总和生育率在1983年下降至更替水平2.1，这是调整人口政策的最佳时机。然而，韩国20世纪90年代起才采取措施调整人口政策，同时，受到前期限制人口规模政策惯性的影响，90年代人口政策调整风格偏保守，侧重提高生育质量，未强调刺激生育。直到2000年之后，人口政策才从保守政策转向积极鼓励生育政策，导致政策推出后未出现婴幼儿出生高峰，总和生育率自2000年起始终低于1.3。

第四，生育理论发展的必然结果，伴随功利性生育意愿消退，韩国婚育观念、文化习俗转变，成本约束阶段到来，不婚不育成为更多适龄人口的选择。根据驱动生育率下降主导因素的变化，可将人类历史划分为四个阶段。一是高死亡率驱动阶段，人们需要以高生育率抗衡高死亡率，总和生育率多在6以上，此阶段韩国"多子多福"观念深入人心。二是死亡率下降驱动阶段，人们认识到低生育率也能保证收益最大化，总和生育率从6以上降到3左右。三是功利性生育消退阶段，人们的生育行为更接近情感需求，并重视子女质量提升，总和生育率从3降到2左右。四是成本约束的低生育率阶段，总和生育率降至更替水平2以下，低于意愿生育水平。1983年，韩国已发展至成本约束阶段，总和生育率不断下降是必然的。

第五，男权主义思想、传统家庭分工积重难返，政策未营造性别平等的社会环境，女性需求未真正得到满足，难以实现工作家庭平衡。尽管韩国政府推出一系列政策保障女性权利，但政策仅局限于对家庭的支援，援助对象主要是已婚已育的职场女性，未立足于社会整体环境改变，导致政策难以对根深蒂固的传统社会思想起效。根据相关数据，韩国在产假后重新上班的女性有近50%在1年内离职，传统的社会文化环境对已婚已育的职场女性不友好，因此，越来越多的女性在"生养育子女"和"追求职业发展"之间选择后者，少生甚至不生。

第六，韩国工作时间过长，2022年，韩国劳动者年平均工作时间为1 901小时，在全球主要经济体中最长，这抑制了生育行为，减少了育儿时间。生养育子女需要劳动者在工作时间外付出大量额外时间，工作时间过长限制了居民社交和恋爱，导致年轻人结婚时间推迟；同时，工作时间增加激化了家庭与工作之间的矛盾，降低员工幸福感，进而降低生育意愿；此外，过长的工作时间导致育儿时间缩短，使中低收入家庭延缓生育时间。根据经济合作与发展组织的数据，2022年韩国是全球主要经济体中工作时间最长的国家（见图10-10），这是韩国生育率倒数第一的重要原因。

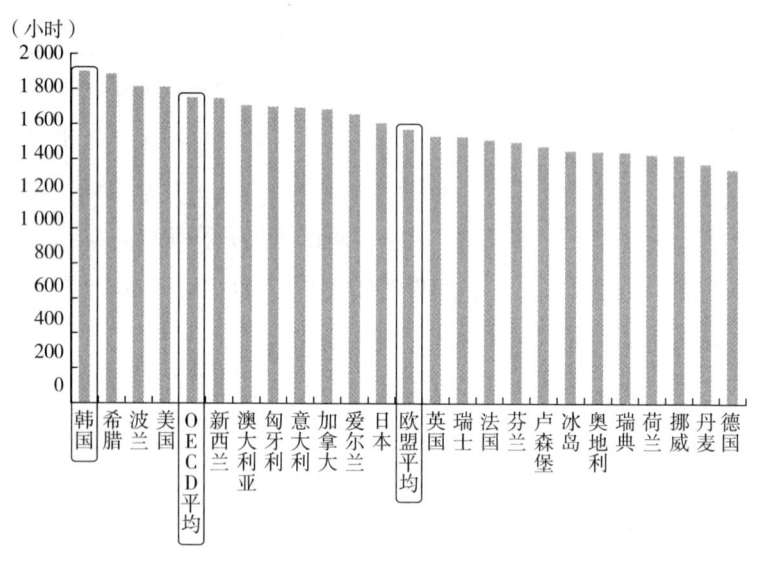

图 10-10 2022年全球主要经济体员工年均工作时长

资料来源：经济合作与发展组织，泽平宏观。

第十一章

德国人口：
高福利国家如何应对人口困境

德国在1950年已经进入老龄化社会，1972年进入深度老龄化社会，2007年进入超级老龄化社会，德国是全球最早步入人口老龄化的国家之一，也是目前欧洲人口老龄化程度最高的国家。德国的人口少子化始于20世纪六七十年代，经历了二战后的短暂婴儿潮后，德国忽视了随后的人口零增长问题，至2002年后德国社会才意识到人口结构变化并采取措施。超级老龄化社会给德国带来了一系列挑战，为解决人口困境，德国实施了社保体系构建、高福利家庭津贴、育儿支持政策等措施。具体政策效果如何？是否减缓了少子化、老龄化的脚步？高福利的人口政策又带来了哪些"副作用"？本章聚焦德国人口形势与应对政策，探讨人口少子化、老龄化的影响、应对、经验与教训。[①]

---

① 本章执笔人：任泽平、白学松、周里鹏。

一、德国人口转型：婴儿潮后忽视人口问题，增长模式转为"三低"

第一（962—1700 年），高出生、高死亡、低增长阶段。庄园式农业、工厂手工业蓬勃发展与战争、疾病并存，人口增长缓慢，人口由 470 万人增至 1 600 万人。公元 10 世纪起，德意志领土成为神圣罗马帝国的核心部分，农业科技改进带来贸易繁荣，中世纪温暖期带来增产使出生率维持高位。但中世纪后期的饥荒、战争使死亡率居高不下，德国人口以高出生、高死亡、低增长为特征。根据历史学家乌尔里希·普菲斯特的估计，中世纪德国出生率、死亡率均高于 45‰。962—1618 年，神圣罗马帝国的人口由 470 万人增至 2 500 万人。随后的三十年战争（1618—1648 年）和鼠疫（1634—1639 年）导致人口骤减，《德意志与神圣罗马帝国》一书测算，1618—1648 年神圣罗马帝国人口由 2 500 万人降至 1 600 万人。

第二（1700—1871 年），高出生、中死亡、高增长阶段。普鲁士王国崛起，扩张领土、土地改革和解放农奴使人口基数不断扩大，1700—1871 年人口增长 2.7 倍，增至 4 100 万人。1701 年由勃兰登堡选侯国发展而来的普鲁士王国在柏林成立。1740—1871 年，普鲁士不断扩张，兼并了西里西亚、西普鲁士等土地肥沃、制造业繁荣地区，完成了德意志统一。劳动力方面，普鲁士于 19 世纪初颁布的《十月敕令》等，解除了土地买卖限制，废除了农奴制，解放了大量的农民生产力。人口素质方面，1717 年普鲁士实施国民义务教育，并于 1810 年建立了柏林大学。普鲁士迅速强盛，人口进入高出生、中死亡、高增长阶段。此阶段德国农业生产力的提高促使平均出生率提升至38.5‰，死亡率则约为24.5‰。根据乌尔里希·普菲斯特的统计，至1871年德意志统一，德国人口已经增至4 100万人。

第三（1871—1945年），高出生、低死亡、高增长阶段。第二次工业革命带来的资本主义繁荣、卫生条件改善使德国人口快速增长，1871—1945年人口由4 100万人增至6 600万人。1914年一战爆发之前，第二次工业革命带来了40余年的资本主义发展、工业水平提高、卫生与医疗条件改善和城市化的加速，德国人口进入高出生、低死亡、高增长阶段。1871—1914年德国人口年均增长率为11.8‰，总人口增至6 698万人。另一增长来源是移民，根据德国联邦统计局的数据，1871—1910年德国外来人口由20.7万人增至126万人，其中奥属、俄属波兰地区的波兰移民就超过80万人。一战期间，战争夺去了280万人的生命，德国人口降至6 289万人。至20世纪30年代，纳粹政府推行了"保种保族并且使之增加"的人口发展政策，德国在此阶段呈现出"婚姻繁荣"和人口的重新上升。根据1939年人口普查的数据，德国人口高达6 862万人，较1933年普查增加5.2%。但二战的伤亡给德国人口带来了较大波动，1945年德国人口降至约6 600万人（见图11-1）。

第四（1945—2022年），低出生、低死亡、低增长阶段。二战后德国经历了短暂婴儿潮，但忽视了人口零增长问题，1945—2022年人口出生率由15.6‰降至8.8‰，人口由6 600万人增至8 436万人。1959—1965年在经济繁荣和战争结束的作用下，联邦德国和民主德国迎来了婴儿潮，其间德国每年约有130万新生儿，而20世纪50年代每年只有约100万人。20世纪70年代后期，德国的人口问题已经出现。1972年起，联邦德国和民主德国人口自然增长率由正转负，开始了人口零增长时期，出生率降至10‰及以下，人口转向低出生、低死亡、低增长阶段。但由于历史上纳粹施行人口干预措施，人口政策在二战后的德国成为禁忌。

直至 2002 年德国联邦议会《人口变迁调查报告》公布，德国社会才认识到人口问题。叠加社会繁荣程度上升、女性受教育水平提高等因素降低了生育的渴望，1970—2020 年出生率由 15‰降至 9.3‰，近 50 年德国人口仍能够保持缓慢上升，人口总量由 7 780 万人增至近 8 436 万人，主要是外籍劳工及 21 世纪难民潮填补了自然出生人口的空缺。

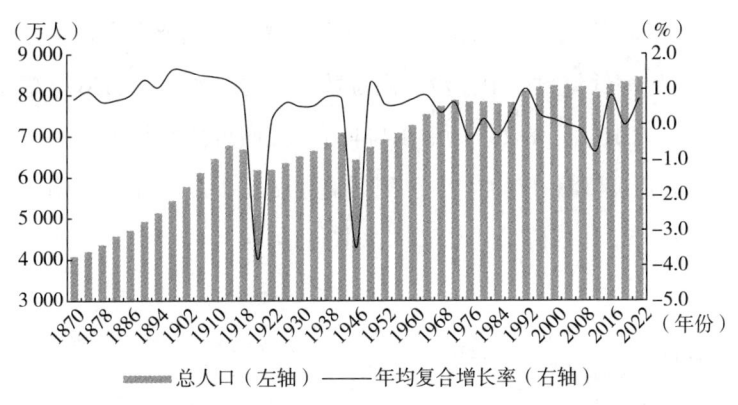

图 11-1　1870—2022 年德国总人口和年均复合增长率

资料来源：德国联邦统计局，泽平宏观。

二、德国人口特征：少子化得到控制，老龄化难以逆转，总量增长主要靠移民

（一）总量：移民是德国人口增长的主要动力，人口自然增长连续 51 年为负

从总量看，德国人口连续 51 年自然增长率为负，但人口总量自

2011年以来在移民、二代移民的补充下有所增长。此前，受少子化影响，2003—2011年德国总人口持续减少，由8 253万降至8 033万。随后，2012—2022年，德国总人口在叙利亚、阿富汗等地的移民迁入以及生育友好政策发力的作用下，总人口由8 052万增长至约8 436万。按双中位数水平，德国联邦统计局预计德国人口将持续增长至2031年的8 517万人，即使在超级老龄化社会下，人口总量仍然缓慢增加。根据联邦统计局的预测，从总人口看，假设死亡率在中位数水平，按出生率低位数、中位数、高位数三种情况预测，2070年德国人口分别为7 016万、8 260万、9 444万。按照可能性最大的双中位数情况，德国人口将在2031年达到最高点8 517万后开始下降，2070年人口较2023年仅降低约2.0%（见图11-2）。

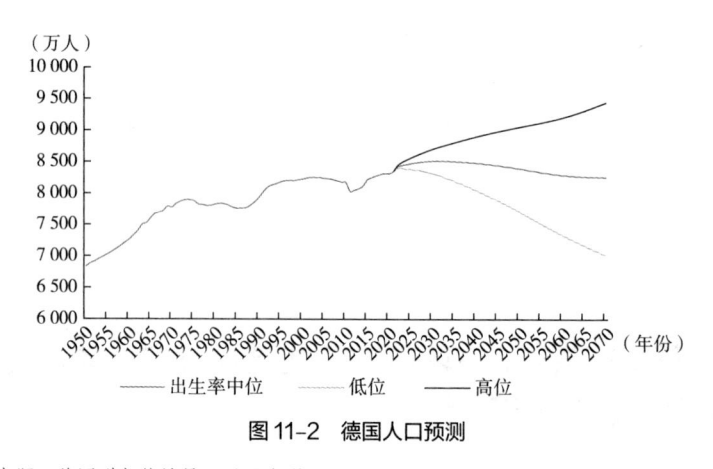

图11-2 德国人口预测

资料来源：德国联邦统计局，泽平宏观。

刨除移民因素，自1972年起，德国人口自然增长率由正转负进入人口理论上的"零增长"时代，但2011年以来出生率逐渐回升。从出生率看，在德国社会生育友好政策的推动下，2011—2021年德国出生率由历史低点的8.2‰升至9.6‰，回到近25年来的出生率峰值，虽然2022年出生率回落至8.8‰，但根据德国联邦统计局的数据，主要原因是德国东部的非城市州在20世纪80年代中期至90年代中期出生的女性人数非常少，导致二三十岁（即大多数女性生孩子的年龄范围）的女性人数减少。从死亡率看，2011年后，德国不可避免地迎接老龄化带来的死亡率提升，叠加2020年开始的新冠肺炎疫情影响，2011—2022年死亡率由10.5‰增至12.6‰。

移民、二代移民是德国人口的重要组成，成为带动人口增长的主要力量。德国联邦统计局认为，如果净移民保持在过去10年的水平，到2070年德国将有大约9 000万人居住。从移民数量看，2022年有2 020万有移民历史的人居住在德国。有移民历史的人是指自1950年以来移民到德国的人（第一代）或直系后裔（第二代）。根据德国联邦统计局的数据，2022年有移民历史的人口同比增加了120万人，占总人口的比例增至24.3%。而早在2009年德国具有移民背景的人数为800万人，仅占当时总人口的9.7%。德国人口的移民占比在欧盟同样名列前茅，刨除移民的直系后裔，2022年德国一代移民占总人口的约18.1%，远高于欧盟27个成员国约10.6%的平均水平。

（二）结构：德国少子化得到控制，老龄化逆转较难

德国在2007年进入超级老龄化社会，战后婴儿潮一代步入退休年龄，预期寿命延长，年轻人口后继不足促使德国老龄化程度加深。1950—2022年，德国人口金字塔形状由扩张型转为稳定型，并将在21世纪60年代转为衰退型。从老龄化程度看，德国老龄化程度不断加深。根据世界银行的数据，1953—2022年德国65岁及以上人口占比由9.7%增至22.4%（见图11-3），高于美国、中国、英国、法国的17.1%、13.7%、19.2%、21.7%，老龄化水平位居世界第

八，预计到 2060 年该比例将达到 28.5%。从年龄中位数看，根据 CIA World Factbook（美国中央情报局编撰的世界各国概况年鉴）的数据，1970—2023 年德国年龄中位数由 34.2 岁增至 46.7 岁，在全球排名第八，稍低于日本的 49.5 岁，远高于意大利、法国、英国、美国、中国。从老龄化速度看，德国老龄化速度仅次于日本，居西方国家榜首。从 65 岁及以上老年人口占比超过 7% 的老龄化过渡到超过 14% 的深度老龄化，德国用了 40 年，美国、法国、英国、日本分别用了 65 年、126 年、46 年、24 年。

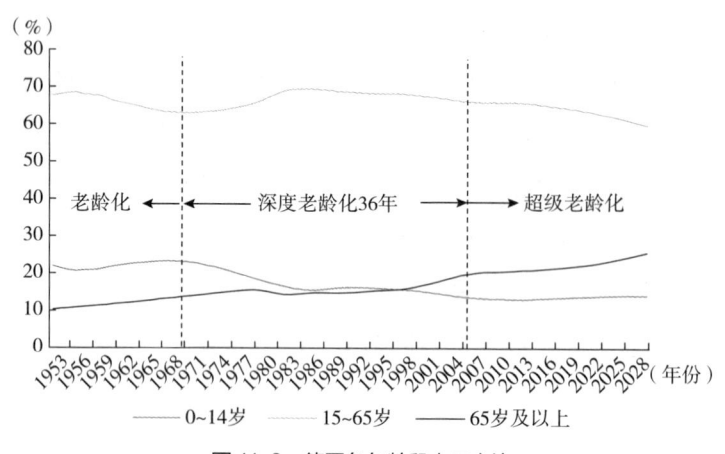

图 11-3　德国各年龄段人口占比

资料来源：德国联邦统计局，泽平宏观。

德国人口老龄化是人口变化中最长期且难以逆转的问题。人口老龄化本质上是由于平均预期寿命和未来预期寿命持续增长，同时出生率停滞或下降。从外国移民方面获得有活力、生育率高的人口群体，仅仅能做到减慢老龄化的增长速度。德国联邦统计局认为，老年人数量增加、老年人占总人口的比例增加是长期趋势，至少会持续到 2050 年以后。

德国的少子化现象始于20世纪60年代到70年代，家庭观念从以子女为核心转为以夫妻为核心，叠加女性受教育程度改善、社会经济地位提高，促使生育意愿的转变和下降，导致德国出生率降低。

2016—2022年德国的少子化现象得到有效控制。德国新生儿数量自1964年135.7万的峰值降至2022年的73.8万，年均下降1%。近年来，在儿童福利金、父母津贴等生育政策的激励下，德国2016年迎来79.2万新生儿的生育小高峰，至2022年有微幅下滑的趋势，但基本维持平盘。从总和生育率看，2022年德国15~50岁年龄组妇女的总和生育率为1.50，略低于经济合作与发展组织国家的1.59人。但2010年以来，德国总和生育率在政策刺激、有活力的外来移民增长等的作用下持续上升，由2010年的1.36持续增至2021年的1.58。同期经济合作与发展组织国家的总和生育率则持续下行。从少子化更源头的结婚率指标看，近20年德国结婚率止住了下滑趋势，维持在4.5‰的水平。

三、超级老龄化社会下德国面临的挑战

（一）老年女性群体比例长期较高，老年贫困问题不容忽视

德国人口老龄化过程中的退休期收入减少、老年女性比重较高，使高龄老年人群体更容易陷入贫困。2005—2022年德国65岁及以上老年人贫困率由8.4%上升至11.0%（见表11-1）。从老年人收入看，退休期收入减少使高龄老年人更容易陷入贫困。2021年，德国65岁及以上人口的年退休总收入为21 610欧元，低于德国税后平均年薪的28 680欧元。由于受教育水平差异、就业不平等以及女性因为生

儿育女和照顾家庭中断工作等，老年女性比老年男性更容易陷入贫困。2021年有490万名养老金领取者的个人月净收入低于1 000欧元，相当于所有养老金领取者的27.8%。其中，高达38.2%的女性养老金领取者的净收入低于1 000欧元，但男性养老金领取者中只有14.7%。老年女性占总人口的比重同样较高，2022年德国65岁及以上女性约占总人口的12.4%，远高于男性9.8%的占比。

表11-1 德国老年人口贫困率超过11%，且单身家庭、女性群体贫困更严重

单位：%

年份	65岁及以上老年人的贫困率	年龄分布		性别分布		家庭分布		全部人口
		66~75岁群体贫困率	75岁及以上群体贫困率	男性贫困率	女性贫困率	单身家庭贫困率	夫妇家庭贫困率	
2005	8.4	6.5	11.1	5.1	10.8	15	4.7	11
2007	10.1	8.1	13	5.3	11.2	15.7	4.9	8.5
2010	10.5	8.5	13.3	5.7	11.5	16.1	5.2	8.8
2015	9.4	8.1	10.8	6.3	12.3	—	—	8.4
2019	9.6	8.9	9.4	7.4	10.6	—	—	10.4
2022	11.0	12.1	9.8	8.6	12.7	—	—	10.9

注：贫困率指收入低于家庭可支配收入中位数50%的人数占总人数的百分比。
资料来源：经济合作与发展组织，泽平宏观。

人口老龄化特别是高龄化女性比重较高，不仅需要德国政府未来考虑养老金给付时间延长的问题，还需要考虑该群体的基本生活保障等问题，从制度层面解决他们退休期的收入保障，确保他们的生活水准并有效避免老年贫困。

（二）老龄化对护理人员数量、社区护理网络提出更高要求

随着老龄化程度的加深，德国依赖护理的老年人群，尤其是婴儿

潮一代需要护理的比例将显著增加，这对德国政府和私人护理机构来说是巨大的挑战。根据德国联邦统计局的数据，2021年12月，德国有500万人需要《长期护理保险法》所定义的长期护理，与2019年12月需要长期护理的413万人相比，显著增加了87万人。随着老龄化程度的加深，需要护理的人数会逐年增加。从护理工作人员数量看，2019年德国有95.4万名护理人员在疗养院、家庭护理服务机构工作，且其中近2/3是兼职，远低于当年需要护理服务的413万人。从护理设施的选择看，2019年德国仍有约48.8%需要护理的人选择居家护理，仅37.6%的人拥有永久全面的住院护理服务。根据柏林人口与发展研究所的统计，三成以上的老人认为，在短距离出行范围内，有完善的家庭医生配套和医疗用品商店很重要。尤其是在德国东部及农村地区，医疗分支机构、保健中心的密度不足发达区域的60%，专业护理人员短缺的现象也会随着老龄化的加剧而越发严重。

四、德国如何应对人口问题

（一）建立养老、医疗、护理等五支柱社会保障体系，制度注重对家庭的友好性

德国是世界上最早建立社会保障制度的国家，建立了法定养老保险、医疗保险、失业保险、工伤保险、长期护理保险的五支柱社保体系。19世纪80年代俾斯麦政府通过了《疾病保险法》《工伤事故保险法》《老年和残障社会保险法》，1911年这三项法律合并为《帝国保险法》，标志着德国社会保障制度的初步建立。1975年联邦德国将各类

社会法规汇总颁布了《社会保障法典》，为当今德国社保打下了法律基础。1995年德国设立了长期护理保险，形成种类丰富、体系完备的五支柱社保体系。

德国社会保障基金支出占GDP的比例高达21.1%，其中医疗保险占据主要给付地位。从社保支出总量看，根据联邦统计局的数据，1980—2022年德国社会保障基金支出由1 718亿欧元增至8 177亿欧元，2022年社会保障基金支出占德国国民可支配收入的25.7%，占GDP的21.1%。德国社保福利体系中占据着主导给付地位的是医疗保险，2022年法定医疗保险占社会福利支出总额的53%（见图11-4），其比例自1961年起呈上升趋势。1960—2022年医疗保险占社保基金支出的比重从14.5%增至31.2%，是社保体系的第二支柱。从覆盖人群看，德国社保体制的覆盖面广，具有浓厚的强制性色彩。法定养老保险、医疗保险均涵盖了从业及总人口的90%；而护理保险则强制所有参加医疗保险的人都要投保；另外，几乎全体雇员都参加了失业保险和事故保险。

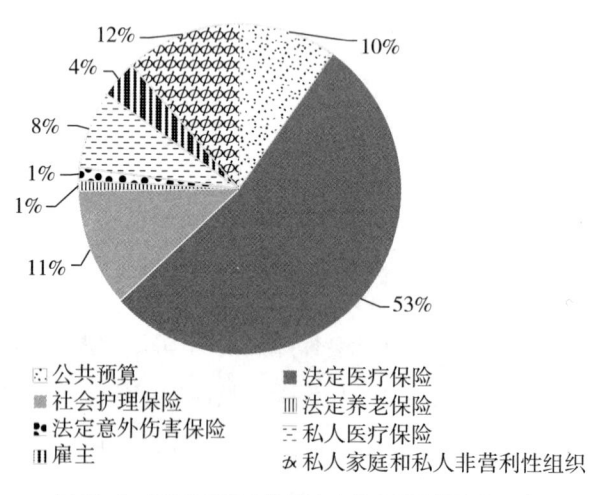

图11-4　2022年社会福利支出养老医疗保险占重头

资料来源：德国联邦劳动局，泽平宏观。

1. 法定养老保险三层次全覆盖，缴费者和退休者"六四开"共同分担养老金调整成本

2004 年德国养老金制度改革后形成由基础养老金、与资本市场结合的保障、其他补充性养老保障构成的"三层次模式"，覆盖超 89% 的从业人员。面对少子老龄化带来的养老金压力，德国政府通过缴费者和退休者共同分担成本的方式，调整养老金支出规模。2004 年后的德国养老体系可以概括为三层次保障模式：第一层次为法定养老保险等强制的基本保险；第二层次为与资本市场结合的补充保障，包含企业养老金、里斯特养老保险；第三层次为其他补充性个人自愿养老保险，由传统私人寿险构成。从覆盖率看，1889 年德国建立养老保险制度的时候其对象仅为受雇用的工人，1921 年扩大到所有职员，目前养老保险制度覆盖了超 89% 的从业人员。

在养老金缺口的压力下，德国依靠缴费者和退休者"六四开"共同分担养老金调整成本。德国从 1992 年开始对养老金的待遇确定机制进行改革，不断修改养老金积分价值的调整公式来降低养老金增速，实现保险基金的收支平衡。为维持代际平衡，当人口老龄化水平提高而导致缺口增加时，收支缺口在退休者和缴费者之间分担。缴费者承担了化解养老金收支缺口的主要责任。德国养老金负担比每提高 1%，其中约 60% 通过提高劳动者的缴费率上升来分担，约 40% 通过降低退休者的养老金替代率来化解。1960—2022 年标准退休者的养老金替代率从 53.0% 下降到 43.9%，养老金的替代率水平下降了 9.1 个百分点（见图 11-5）。1957—2020 年养老金缴费率从 11.0% 增至 18.6%，缴费水平上升了 7.6 个百分点。

2. 法定养老保险补偿女性因育儿造成的养老金缺失

德国有相当多的女性居家做全职主妇，且女性从事非全职的低

收入工作的比例更高。2022年德国女性（15~64岁）的劳动参与率为56%，低于男性的67%；2020年兼职工作的女性占总就业女性的65.5%，高于男性的7.1%。男女就业模式的差别使女性在养老保险缴费年限、工资水平上处于劣势。

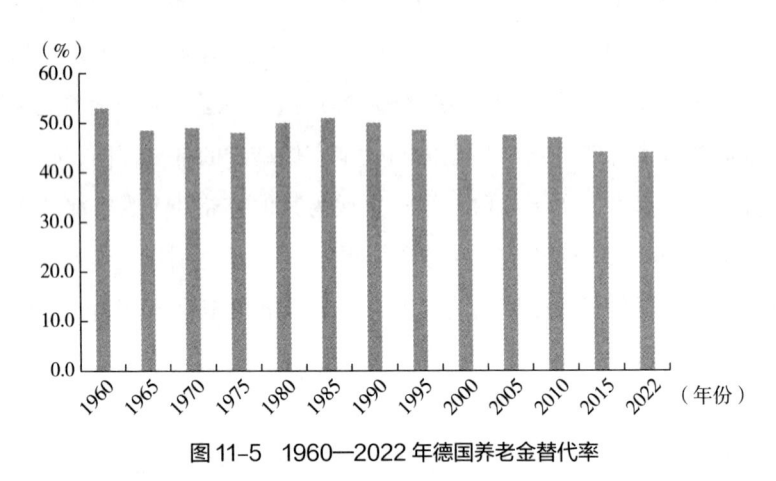

图11-5 1960—2022年德国养老金替代率

资料来源：经济合作与发展组织，泽平宏观。

德国在计算养老金待遇时考虑养育子女的时间，并提供"母亲养老金"，以提高母亲的养老收益。为减轻性别收入差异，平衡在养育子女方面承担更多的女性的权益，2014年德国联邦议院通过了《法定养老保险改进方案》，对父母（主要是母亲）因养育子女而造成的养老金缺失进行补偿，主要包括以下几点。第一，计算养老金待遇时考虑养育子女的时间。1992年后出生的孩子，其父母享受育儿时间的期限为3年。育儿时间里父母一方获得的养老金权益，缴费由联邦政府支付。对同时养育两个以上孩子的父母，每生养一个孩子，月养老金约增加91.35欧元。第二，"母亲养老金"提高一代母亲的养老金收益。对于孩子在1992年以前出生的人群，该群体获得的公共补偿较少，因此2014年养老金改革将其养老金计算由1分增至2分。每生育一个孩子，每月养老金增加28.61欧元。这就是德国的"母亲养老金"，因主要是母亲承担养育孩子的工作，进而享受这份福利而得名，惠及约950万人。由此产生的养老金支出每年约为67亿欧元。

3. 强制性法定医疗保险与长期护理保险，覆盖99%以上人口

德国通过医疗健康保险和长期护理保险两个系统提供全民医疗保障。从功能上看，法定医疗保险提供的医疗福利包括作为病房病人的住院（医院）护理，由注册医生提供的门诊护理和基本牙科护理，还可以在其成员因病无法工作期间支付病假津贴；长期护理保险则主要满足个人护理需求的部分费用，例如严重残疾者的喂养和洗澡等。

德国医保覆盖了超99%的人口。德国的法定健康保险对个人是强制性的，长期护理保险则对已参加医保的人群自动覆盖。早在1995年长期护理保险的参保率就达到了88.03%。法定健康保险强制个人参保，除非个人年收入超过60 750欧元，这允许他们选择私人健康保险。大约88%的人口通过疾病基金获得初级保险，11%通过私人健康保险获得。长期护理保险对已参加医保的人群自动覆盖，参保者的配偶和孩子也自动覆盖；私人健康保险的参保人也必须购买或自愿注册，参加私人长期护理保险。1995年制度建立开始，长期护理保险的参保率就达到了88.03%，其中29.19%的人以家庭联保的方式进入长期护理保险制度，此后的参保率均在85%上下浮动（见图11-6）。从财源看，法定医疗保险的资金来自雇员和雇主平均分配的14.6%的工资缴款，法定长期护理保险由雇员和雇主平均分摊的3.4%~4.0%的工资供款提供资金。由于人口结构变化、医疗成本膨胀等，德国2023年公共卫生系统预计损失将超过170亿欧元，该缺口预计通过德国公共卫生计划成员及其雇主支付的费用和更高的税收补贴来弥补。

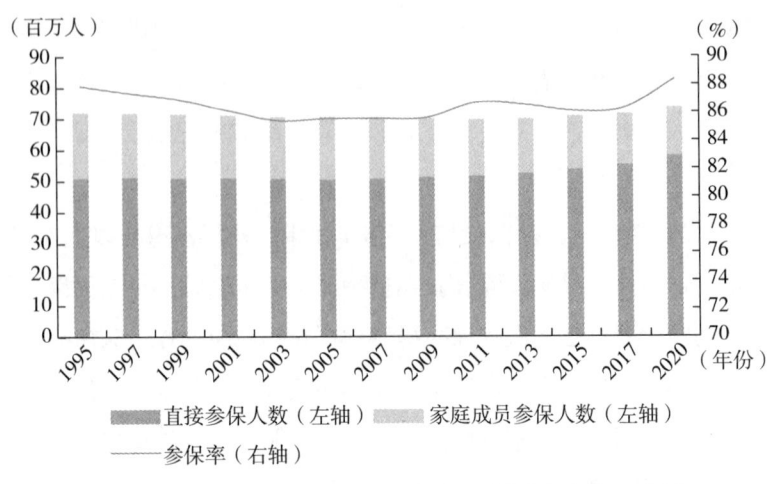

图11-6 1995—2020年德国长期护理保险的参保人数和参保率

资料来源：德国联邦劳动和社会事务部，泽平宏观。

（二）德国社会的育儿友好政策，保障育儿家庭的工作与家庭平衡

1. 对拥有未成年孩子家庭的现金补助和税收优惠，用真金白银提高生育率

德国通过联邦政府直接发放津贴来改善家庭的收入状况，认为养育子女是一种工作，是对有偿就业的替代。目的是希望年轻的父母免受经济压力，安心在家抚养小孩，同时鼓励本国夫妇多生育。2003年，德国成立了"家庭政策联盟"，德国政府和经济界齐心合力实施一系列促进家庭人口增长的刺激计划，共同创造有利于家庭的工作环境。

在父母津贴方面，1986年，联邦议会通过了进步派提出的《联邦养育津贴法》，规定照顾子女者可以在子女出生后领取最长10个月的养育津贴，由州政府或其委托的机构负责实施，联邦政府承担津贴费用。2007年起，德国的父母津贴（家长金）大幅上调，以鼓励双职工夫妇多生育。停职在家照顾孩子的父母每月可得到税后月收入

65%~67%的补贴，每月最高1 800欧元。如果父母双方都休假，则总计可以领取最多14个月的补贴。

在儿童津贴方面，凡德国籍、持德国永居及工作签证者的子女均可享受儿童福利金，儿童福利金由德国联邦劳动局执行，联邦政府提供资金。2023年德国《杜塞尔多夫表》（计算子女抚养费的基准和指南）再次调高了按月发放的儿童福利金，自2023年1月1日起，每个孩子的福利金额统一为250欧元，即一孩和二孩每月增加31欧元，第三个孩子每月增加25欧元，每个孩子至少可以领到18周岁（见图11-7）。德国还为低收入家庭、单亲家庭提供儿童福利金以外的儿童福利补充金，在该家庭收入足以养活自己，但又需要经济支持以确保整个家庭生计的情况下可以申请。根据德国联邦家庭、老人、妇女和青年事务部的数据，德国联邦政府承担各类家庭社会补助的财政支出，每年在约150种婚姻、家庭津贴上支出超过2 000亿欧元，包括儿童福利金、家长津贴、儿童福利补充金、税收津贴、单亲父母税收减免等。

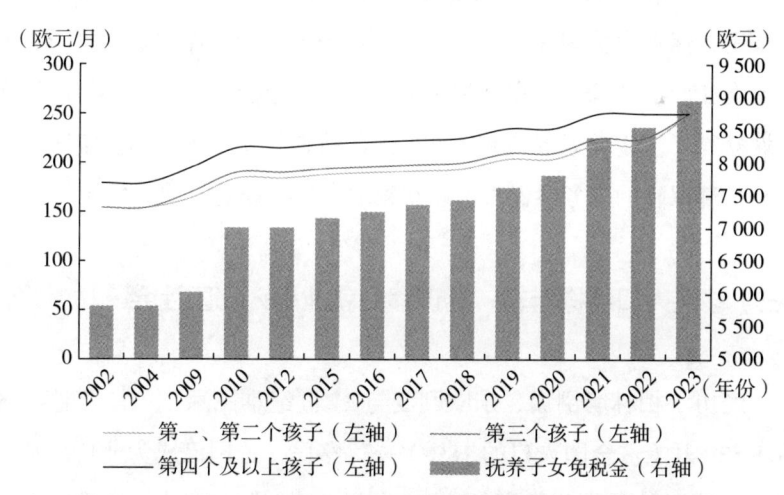

图11-7　2002—2023年德国家庭抚养子女免税金、儿童福利金金额

资料来源：德国联邦劳动和社会事务部，泽平宏观。

2. 法定医疗保险与长期护理保险专设人性化的家庭政策

德国的法定医疗保险为其参保人群制定了丰富的家庭友好措施，如连带参保、儿童病假津贴、育儿期间的费用减免等。法定医疗保险的参保人可领取医疗保险发放的生育津贴，领取期限通常从分娩前6周到分娩后8周，每日最高可领取13欧元；法定医疗保险参保人未满12岁的子女生病，且按医嘱需要父母暂停工作在家照看，那么父母有权向公保机构申领儿童病假津贴。2024年起，德国家长每年都有权为每个孩子享受最多15天的病假津贴。单亲父母每个孩子最多可以申请30天的休假儿童病假津贴，补偿金额为其税后工资的90%。儿童病假津贴的发放使父母一方可以安心照看生病的儿童，且不会遭受很大的经济损失，而且父母的陪伴有利于生病儿童的康复。

长期护理保险为其参保人群制定了丰富的家庭友好措施，如护理的实物优惠、家庭护理津贴、育儿期间的费用减免等。从特殊群体福利看，德国护理保险将全额支付家庭护理人的法定养老保险、工伤保险费用。将每周护理家人超过14个小时的家庭护理人纳入义务参保范围，保费由护理保险支付。由于护理家人的工作主要由妻子、母亲、女儿等女性承担，家庭护理人福利主要惠及女性群体，因此许多女性获得了法定养老保险和工伤保险的待遇。从减免看，法定医疗保险和护理保险的义务参保人可以在领取家长金期间自动免缴保费。

（三）移民人口结构年轻，培训移民就业融入德国社会

经历了柏林墙倒塌、东欧剧变与21世纪难民潮，2022年德国约有1 529万（占全国人口的18%）一代移民，德国已成为非传统移民国家。德国的外来移民潮始于20世纪50年代，21世纪的难民潮为德国带来大量潜在劳动人口，同时难民人口结构年轻，老龄人口比重

低。德国主要通过职业培训、灵活调整就业政策提高难民劳动力转化率。出于人道主义关切和缓解国内劳动力短缺的考量，德国联盟党在难民危机伊始采取"欢迎文化"指导接纳政策。2022年德国居民数量较2014年增加了288万人，这一增长主要是由于叙利亚、阿富汗和伊拉克的战争和暴力以及俄乌冲突造成的强迫移民。2022年俄乌冲突爆发以来，德国联邦统计局估计2022年和2023年上半年来自乌克兰的净移民人数约96万人，高于2014—2016年来自叙利亚、阿富汗和伊拉克净移民人数总和的83.4万人（见图11-8）。

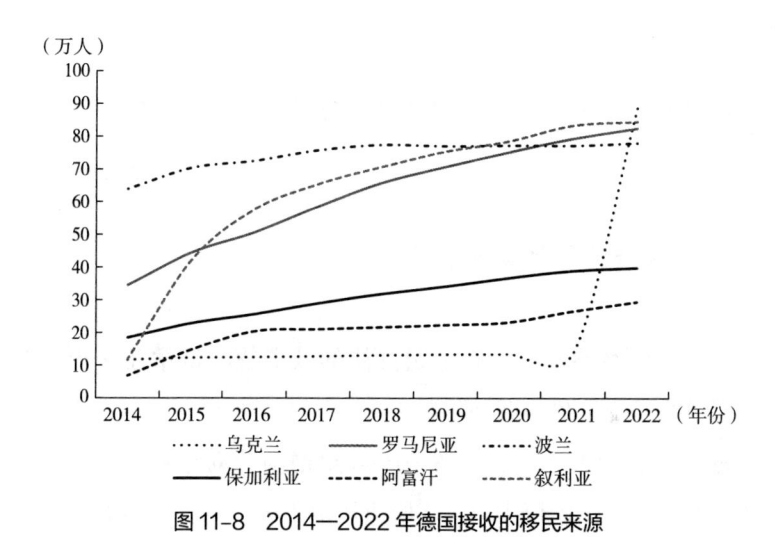

图11-8 2014—2022年德国接收的移民来源

资料来源：德国联邦统计局，泽平宏观。

在德国的难民群体中，青中年比重极大，老龄人口比重非常低。年轻的难民人口如果综合素质达标，可以直接成为弥补德国劳动力短缺的"援兵"或后备人才。2016—2018年进入德国的难民65岁及以上的老龄人口仅占0.6%，18~65岁的劳动适龄人口占比超过50%，与老龄化日趋严重的德国本土国民形成了鲜明的对比。因此，从劳动力供给看，难民危机为德国提供了缓解劳动力短缺的机遇，但适龄人口能否转化为有效劳动人口，还取决于难民的素质和工作技能。在改善难民的就业率方面，德国联邦劳动局、移民与难民局于2001—2016年开展了"融入与多样性""每个人都有潜能""年轻难民在手工业中的前景"等项目，用于发掘难民专业工作的潜能，并于2016年7月颁布《融入法》，规定难民递交避难申请满三个月获居留资格后，就可以享有获得求职期培训的权利，在递交避难申请满15个月后，可以获得职业培训津贴。

五、德国少子化、老龄化应对措施的"副作用"

（一）高福利支出导致财政负担加剧

劳动力供给不足、年轻消费群体的减少使经济增速呈现放缓趋势。德国的经济走势与劳动年龄人口占比走势趋同，伴随着婴儿潮时期人口进入劳动力市场，1988—1990年德国劳动年龄人口占总人口69.71%的高位，德国实际GDP增速也由1982年的-0.39%持续增至1990年的5.56%的峰值。1990年后，德国劳动年龄人口占比持续下降到2022年的63.8%，实际GDP增速波动减少至2022年的1.8%。

少子化、老龄化等人口结构变化对财政收支中的医疗保障支出、退休福利支出、税收收入等项目存在较大影响，进而影响德国的当前和未来财政安排。从政府支出看，德国的公共服务、医疗卫生支出等开销随老龄化的加重而上升。根据经济合作与发展组织的数据，1980—2022年德国公共社会支出占GDP的比重由22.0%增至

26.7%（见图 11-9）。世卫组织则统计了德国 1999—2021 年的卫生支出占 GDP 的比重，同样由 9.9% 增至 13.2%，与 1984 年开始德国 65 岁及以上老年人口占比持续增加呈现相同趋势。从财政收入看，少子化、老龄化导致的劳动人口比例改变直接影响了个人所得税的税收收入。根据联邦统计局的数据，德国针对工资收入等个人所得的税收征收总额呈上升趋势，但增速方面个人所得税的年均增幅由 1992 年的 25.0% 降至 2022 年的 4.6%，劳动人口减少造成的税基短缺是根本原因。

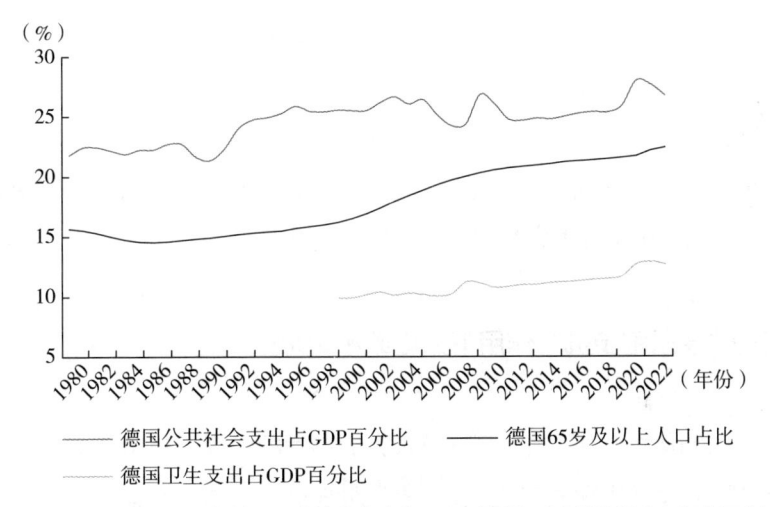

图 11-9　1980—2022 年德国公共社会支出占 GDP 比例、65 岁及以上老年人口占比

资料来源：经济合作与发展组织，泽平宏观。

（二）养老金是必要保障，也是老龄化社会的代际负担

少子化、老龄化使老年支助比不断下降，加重代际供养负担并引起养老金供求比例失调，影响养老金长期收支平衡及财务可持续性。德国财政部认为，如果保持预期的老年人口抚养比变动趋势，德国现

收现付养老保险制度将难以为继甚至崩溃。欧盟委员会发布的《2021年老龄化报告》显示，2019年，德国公共养老金计划缴款约占该国GDP的10.1%，但在现行制度下，预计到2070年这一比例将增至12.2%，这2.1个百分点的增幅在整个欧洲区域位列前三。

从养老基金收支看，2022年德国的养老保险计划收集了3 629亿欧元，向养老金领取者支付了3 595亿欧元，盈余34亿欧元。根据德国养老保险协会的预测，到2026年，德国养老金支出将增至4 167亿欧元。从老年支助比（劳动力人口/退休老年人口）看，在正常情况下，老年支助比约为4，即平均4个劳动力缴费供养1个退休的老年人。根据经济合作与发展组织的数据，1990年德国老年支助比约为4.2，2010年已降至2.9，预计2050年将下降为1.6。横向看，经济合作与发展组织国家平均老年支助比在1980—2012年从5.1下降为3.9。但在1950—2050年，与经济合作与发展组织主要国家相比，德国老年支助比仅次于日本，呈现快速下降的变动趋势。

（三）"享乐跑步机"作用下家庭政策边际效用递减

北欧国家作为德国在家庭政策方面参考的先例，2010年后政策进步空间不大且边际效用递减，"享乐跑步机"现象是高福利国家必须面对的难题。

2007年以来，德国的家庭政策发生了巨大变化，引入了瑞典式的育儿假，并大幅增加了儿童保育费用，德国的家庭政策范式开始向北欧模式学习。而北欧国家如瑞典、挪威，其家庭政策的发展兴起于20世纪70年代。在育儿假、父母津贴和儿童津贴等政策逐渐完善的背景下，20世纪70年代后期，瑞典、挪威的生育率出现回升，1978—2010年，瑞典总和生育率由1.6回升至2.0，挪威则由1.7升至2.0。

然而，2010年以来，尽管家庭政策几乎没有变化，北欧国家的生育率却有所下降，2021年瑞典、挪威总和生育率分别降回1.7、1.6的水平（见图11-10）。家庭政策的边际收益减少源于"享乐跑步机"效应。"享乐跑步机"效应的本质是民众已经习惯了"高福利式"的家庭育儿政策，认为家庭津贴与公共托儿服务是理所应当的，因此边际效用减弱。2007年以来，随着德国的家庭政策向北欧模式发展，德国迎来了生育率的显著提高，2007—2021年总和生育率由1.4升至1.6。但与北欧国家类似，德国未来可能同样面临着"享乐跑步机"效应，随着民众的习以为常，家庭、育儿友好政策的边际效用降低，生育率出现回落。

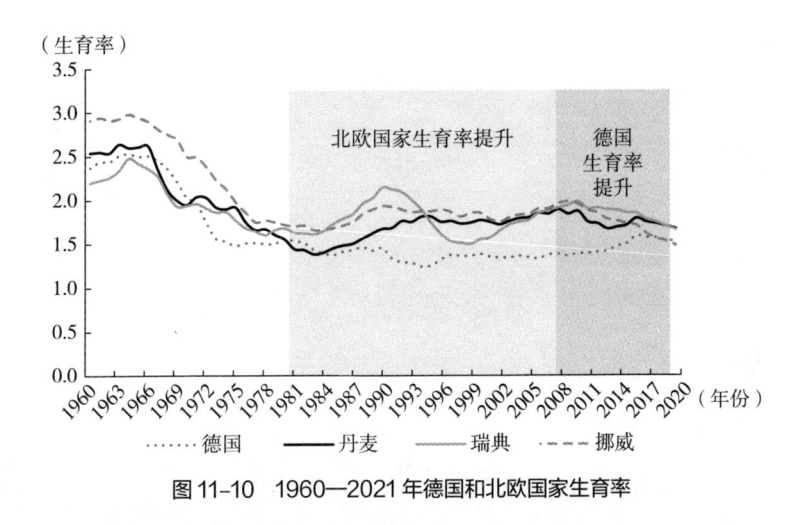

图11-10 1960—2021年德国和北欧国家生育率

资料来源：经济合作与发展组织，泽平宏观。

第十二章

印度人口：
能否复制中国人口红利

人口是经济社会活力的源泉，当前印度人口结构类似于中国的"昨天"，人口总量大、年龄年轻等，本章聚焦印度人口形势，探讨其人口变化。当下印度正处于人口红利初期，随着中国进入老龄化社会，印度是否将成为我国未来发展的重要竞争对手？

注：国外官方数据统计存在偏差，印度统计人口数据包含领土争议区域，印度统计城市人口口径为居住在城市的人口。[①]

---

① 本章执笔人：任泽平、白学松、刘煜鑫。

一、印度人口转型：自古人口众多，1990 年开始人口步入中增长阶段

公元 1600 年前，高出生、高死亡、低增长阶段。历经政权更迭和战争频繁，人口增长缓慢，其中公元前 400—公元 1600 年，人口年均增速仅 0.07%。公元前 2500 年，达罗毗荼人建立最初的古印度文明。公元前 2000 年，雅利安人通过古印度西北部的山口进入印度地区。在雅利安人的侵略下，部分达罗毗荼人被迫向南印度转移，而大部分则留在北部成为雅利安人的奴隶。为了区分人种和维护雅利安人的统治，雅利安人建立起种姓制度和以吠陀文化为基础的宗教体系。直到 16 世纪后期开始被欧美殖民者侵略，印度长期未形成一个完整稳定的政权。此阶段人口以高出生、高死亡、低增长为特征。根据权威史料，古印度（包含现巴基斯坦和孟加拉国等）人口自公元前 400 年的 2 700 万增至 16 世纪的 1 亿左右，年均增速 0.07%。

1600—1950 年，高出生、高死亡、中增长阶段。西方列强入侵印度，最终英国将分裂的印度整合，在一定程度上促进了人口增长，但由于医疗水平有限，饥荒和流行病肆虐造成人口大规模死亡。17 世纪，葡萄牙、荷兰、英国、法国等西方殖民者开始入侵印度。1600 年，英国建立了不列颠东印度公司，并在 1849 年击败其他列强，建立了英属印度，将四分五裂的印度整合在一起。这一过程在一定程度上促进了印度的人口增长。此阶段的人口特征为高出生、高死亡和中增长。1600—1900 年，印度人口由 1.3 亿增至 2.8

亿，年均增速0.26%。然而，在1899年，印度中部季风气候失效，导致长时间干旱和粮食减产，引发大规模饥荒和疟疾肆虐，大量人口死亡。1901—1921年，印度人口仅增加了约1600万，这20年增长率降低到了0.2%。其中，1918—1919年，因流感而死亡的人数达2000万。

1950—1990年，高出生、低死亡、高增长阶段。印度建国后为应对人口问题推行计划生育，但宗教和社会抵制情绪强烈，政策效果欠佳。1950年印度共和国成立后，印度政府注意到人口增长压力，在第一个5年（1951—1956年）计划中提出计划生育问题刻不容缓，并拨款650万卢比支持该项政策实施。但早期计划生育政策较温和，以劝导为主，未强制。1975年英迪拉·甘地推行强制计划生育措施，实施了大规模绝育手术，主要是男性输精管切除术。但因受宗教等因素的影响，抵抗计划生育政策声音强烈，大规模的强制计划生育政策也成为1977年英迪拉·甘地政府选举失利的重要诱因。至此，后续印度领导人再未推行强硬计划生育政策，人口增速出现反弹。根据世界银行的数据，1951—1991年，印度人口净增长约4.85亿，其中1960—1990年人口净增长93.83%，年均增速为2.3%（见图12-1），平均粗出生率为37.43‰。由于医疗水平提升，流行病得到有效控制，印度粗死亡率也由1960年的22.18‰降至1990年的10.86‰。

1990年至今，中出生、低死亡、中增长阶段。较富裕的邦逐渐接受了计划生育政策，出生率得到有效控制，叠加避孕用具的普及，1990—2021年粗出生率以及人口增速均有所下降。印度各邦之间贫富差距和教育程度差距较大，部分邦对计划生育政策接受度较低，而较为富裕的南方邦则逐渐接受了计划生育政策。根据印度健康和家庭调查（NFHS-5）数据，印度除米佐拉姆邦，使用计划生育措施（避孕用具、绝育等措施）的人口比例都呈现增长趋势，其中超过 55% 的夫妇使用现代避孕方法，女性绝育占所有避孕措施的 2/3。此阶段大力推行计划生育措施是人口增速下滑的主要原因，根据世界银行的数据，1990—2021 年，印度粗出生率从 31.5‰ 降至 16.4‰，粗死亡率进一步降至 7.27‰，人口增速降至 0.68%。

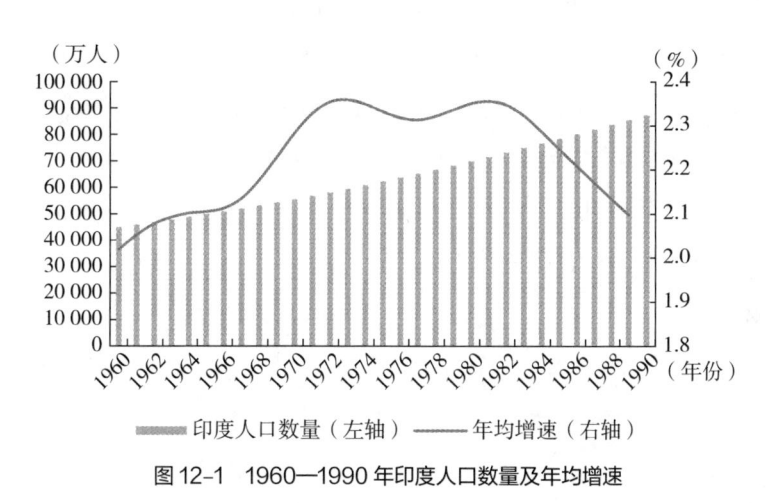

图 12-1　1960—1990 年印度人口数量及年均增速

资料来源：世界银行，泽平宏观。

二、印度人口特征：总量持续上升，人口结构均衡，人口金字塔呈扩张型

1947 年印度独立后，于 1948 年颁布《印度人口普查法》，并于 1951 年起每 10 年一次开展人口普查，由印度政府民政事务部下属的注册总署和人口普查专员负责。截至 2011 年，已进行了 15 次。原定于 2021 年开展的第 16 次人口普查由于新冠肺炎疫情推迟。

（一）总量：2023年达14.2亿人，成为世界第一人口大国

2023年印度人口达14.2亿人（见图12-2），粗出生率降至16.4‰（2021年），已超越中国成为世界第一人口大国，预计2060年达16亿人口峰值。从人口总量看，根据世界银行的数据，印度总人口从1960年的4.5亿上升至2023年的14.2亿，已超越中国（14.1亿人），位居全球第一。从增长率看，印度人口增长率自20世纪80年代开始下降（见图12-3），2022年人口增长率降至0.68%，高于巴西（0.45%）、中国（-0.01%）。从出生率和死亡率看，1960—2021年印度粗出生率从42.0‰降至16.4‰，粗死亡率降至9.5‰，由于新冠肺炎疫情的发生等，2021年粗死亡率同比小幅上升。

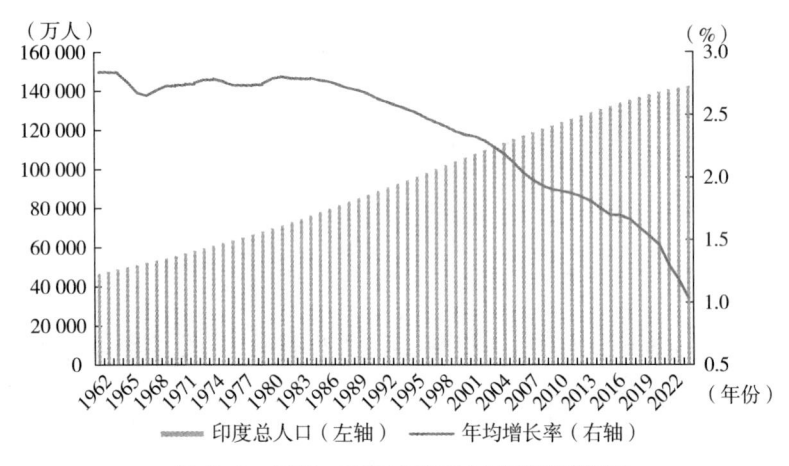

图12-2 1962—2023年印度人口及年均增长率

资料来源：世界银行，泽平宏观。

（二）结构：人口年轻，男女比例失衡，其他落后阶层占比超40%

印度年龄结构较均衡，2022年65岁及以上人口占比仅6.9%，人口

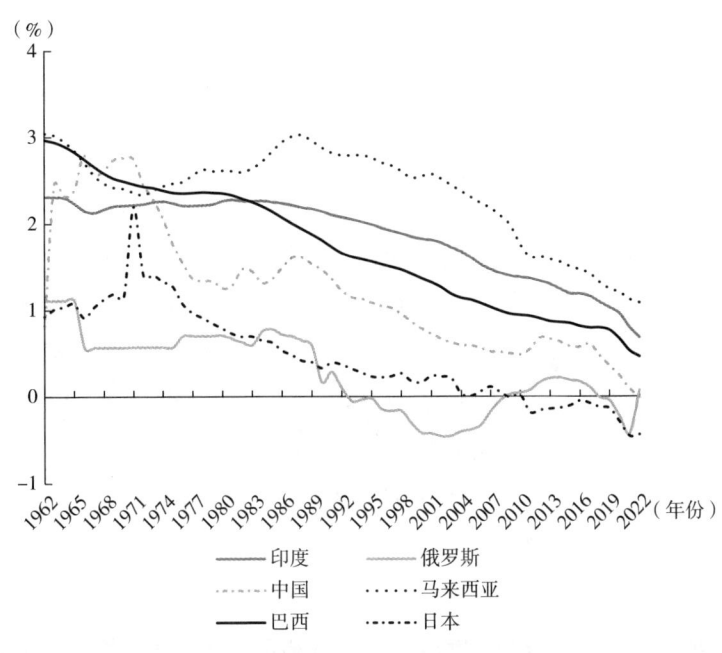

图 12-3　1962—2022 年印度和部分国家人口增长率对比

资料来源：世界银行，泽平宏观。

金字塔呈扩张型，且整体人口较年轻，年龄中位数仅 27.9 岁，总和生育率为 2.0（2021 年）。从人口年龄结构看，1960 年以来，印度人口结构较为稳定，0~14 岁人口占比从 1960 年的 40.5% 下降至 2022 年的 25.3%，65 岁及以上人口占比从 1960 年的 3.1% 上升至 2022 年的 6.9%，2022 年 15~64 岁劳动年龄段人口占比为 67.8%，与中国（69.0%）较为接近，人口金字塔呈现扩张型。从年龄中位数看，印度人口整体较为年轻，2022 年印度人口年龄中位数为 27.9 岁，低于俄罗斯、中国、美国、巴西的 39.0 岁、38.5 岁、37.9 岁、33.2 岁（见图 12-4）。从总和生育率看，由于避孕药具的普及等，2021 年印度总和生育率已下降至 2.0，低于世代更替水平（2.1），但仍高于美国、巴西、俄罗斯、日本、中国的 1.7、1.6、1.5、1.3、1.2。

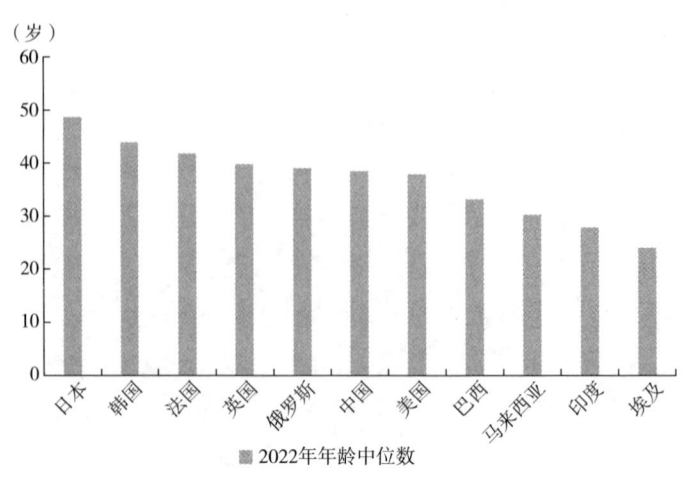

图 12-4　2022 年部分国家年龄中位数对比

资料来源：世界银行，泽平宏观。

近八成印度人信仰印度教，受宗教和重男轻女思想影响，男女比例失衡，2021 年出生人口男女性别比达 1.077∶1。从宗教看，80.5% 的印度人信仰印度教，13.4% 的印度人信仰伊斯兰教，信仰基督教、锡克教的人口占比分别为 2.3%、1.9%，信仰佛教、耆那教、祆教、其他宗教或无宗教的人口占比均小于 1%（不含曼尼普尔邦塞纳帕蒂地区的部落族群），作为本土主要宗教的印度教和外来宗教伊斯兰教在印度的影响力较大。从民族构成看，印度有 100 多个民族，其中印度斯坦族约占总人口的 46.3%，其他较大的民族包括马拉提族、孟加拉族、比哈尔族、泰卢固族、泰米尔族等。从性别比例看，受宗教和重男轻女思想的影响，印度农村地区经常出现扼杀女婴的现象，导致印度长期男女比例失衡，2021 年印度出生人口男女性别比为 1.077，高于俄罗斯、日本、美国、巴西的 1.057、1.051、1.048、1.045。

从种姓看，印度种姓制度将人分为婆罗门、刹帝利、吠舍、首陀罗四大种姓和贱民，2021 年其他落后阶层（Other Backward Class，简称 OBC）人口占比超过 40%。婆罗门即僧侣，为第一种姓，地位最高，从事文化教育和祭祀；刹帝利即武士、王公、贵族等，为第二种姓，从事行政管理和打仗；吠舍即商人，为第三种姓，从事商业贸易；首陀罗即农民，为第四种姓，地位最低，从事农业和各种体力及手工业劳动等。后来随着生产的发展，各种姓又派生出许多等级。除了四大种姓，还有一种被排除在种姓外的人，即"不可接触者"或"贱民"，他们的社会地位最低，最受歧视，绝大部分为农村贫雇农和城市清洁工、苦力等。目前种姓制度在法律上被废除，但受传统观念的影响，现实生活中的影响仍然存在。根据 Statista（研究型数据统计公司）的抽样调查数据，2021 年印度其他落后阶层人口占比最大，达 42%；表列种姓（Scheduled Castes，简称 SC）人口占比为 22%；一般等级（General Class，又称 Forward Class）人口占比为 22%；表列部落（Scheduled Tribes，简称 ST）人口占比为 10%；无种姓占比仅 5%。（印度政府已取消对各种姓人口数量的统计，改为通过表列种姓、表列部落、其他落后阶层、一般等级进行统计，一般等级不属于 SC、ST 和 OBC 的阶级，表示其成员在经济和社会上平均领先于其他印度种姓。）

（三）分布和迁移：东北和南部人口两极聚集，人口主要流向德里等工业化和城市化程度较高区域

印度现形成东北和南部人口两极聚集态势，2022 年农村人口占比超 64%，相当于中国 2000 年的水平，仅 10 个地区城市人口占比超 50%。北部的印度河-恒河平原是印度人口密度最高的两个地区。从行政区看，印度有邦、属地、国家首都辖区，印度人口委员会发布的《人口预测报告 2021—2036》显示，北方邦、马哈拉施特拉邦和比哈

尔邦是人口最多的三个邦，2021年人口数量均超过1亿，3个邦的人口之和占全国的比重高达35.5%。从城乡结构看，根据世界银行的数据，2022年印度城市人口占比为35.9%，相当于中国2000年的水平。在印度的邦、属地、国家首都辖区中，仅有10个地区的城市人口占比超过50%，且有11个邦和属地的城市人口占比低于30%。其中德里是城市人口占比最高的邦，其城市人口占比为99.4%。从城市人口看，2022年印度城镇化率为36.4%，城镇化率逐年保持上升。但超过100万城市人口占比仅为16.3%，显著低于中国、马来西亚、埃及、俄罗斯的30.5%、24.8%、24.5%、23.7%，其农村人口占比高。

印度人口主要流向德里等工业化和城市化程度较高的区域。受宗教及种姓制度的影响，流动以邦内的短途人口流动为主，农村到农村流动是最普遍的方式，占比超过60%。整体看，根据印度2017年发布的《经济调查》，2001—2011年，每年有500万~600万的人口流动，其中邦之间的流动约6 000万人，区域之间的流动高达8 000万人，主要是由东北部落后地区向西南部工业化、城市化水平较高的地区流动，即人口流出为人口稠密和城市化程度较低的北方邦、比哈尔邦等，主要流入地是工业化和城市化程度较高的马哈拉施特拉邦、德里邦、旁遮普邦等。因受宗教及种姓制度的影响，印度远距离人口迁徙比例远低于巴西、中国等发展中国家，印度城乡间人口流动相对较少，多为邦内的短途人口流动。从邦内流动来看，根据2011年的人口普查数据，从出生地向邦内另一个地方流动的人口为2.6亿人，其中70%仅在出生地所在县内小范围迁移，只有30%的人口跨县迁移。值得注意的是，最普遍的人口流动是农村到农村，占比62%；其次是农村到城市，占比20%；城市到城市的流动仅占比13%。

虽然印度社会早在1947年便颁布废除种姓制度的法律，并先后推出一系列法律来减轻种姓制度的负面作用，但种姓制度的世袭、分化阶级等内容以宗教的形式保留了下来，尤其在印度农村地区，种姓制度十分顽固，印度农民对传统生活方式进行传承，认为特定种姓只能从事与其社会地位相匹配的工作，因此为找工作而来到城市的农村居民比例并不高。

三、印度当前人口问题：抚养负担重，基础教育质量低，贫富差距大，女性劳动参与度低

（一）少儿抚养负担重，社会资本积累慢，影响经济发展

少儿抚养比较大，劳动力负担重，导致产出转换为储蓄较少，2022年总储蓄率仅30%，低于中国的46%（2021年），在一定程度上阻碍了社会资本积累。印度人口基数大、增长快，新生人口多，抚养比较高，根据世界银行的数据，2022年印度少儿抚养比为37.3%，高于巴西、美国、俄罗斯、中国、德国的29.0%、27.7%、26.6%、25.0%、21.9%，相当于中国1999年的水平（37.0%），印度家庭支出中下一代教育、成长支出多，抚养新生人口负担重。抚养比高，意味着社会抚养负担重，消费支出高，导致产出转化为储蓄较少，使家庭储蓄率低，家庭财富积累慢。根据CEIC（香港环亚经济数据有限公司）公布的数据，2010—2022年，印度的总储蓄率从36.0%下降至30.2%，低于2021年中国45.9%的总储蓄率，较低的储蓄率意味着资本积累能力低，缺乏投资条件，无法为经济发展提供必要的资金和先进技术，导致高生产率工业部门发展较差，经济难以实现高质量发展，加重失业困难，进而陷入低生产率、低收入和低资本积累的恶性循环，影响经济发展。

（二）受教育水平分化，高等教育入学率低，阻碍人口红利释放

印度教育水平区域分化严重，高等教育入学率低，合格劳动力数量偏低，阻碍人口红利释放。由于性别偏见和童婚等，女孩继续接受教育的阻碍较大。根据《教育状况年度报告2022》，2022年全印度11~14岁女童未入学的比例为2%，15~16岁女童未入学的比例达到7.9%，其中有3个邦该年龄段女童辍学率超过10%，即中央邦（17%）、北方邦（15%）和切蒂斯格尔邦（11.2%）。从高等教育入学看，人口增长过快和高等院校数量不足等因素导致印度高等教育入学率偏低。根据世界银行的数据，2022年，印度高等教育入学率仅为31.6%（见图12-5），大幅低于中国、巴西、美国的72.0%、56.8%（2021年）、84.9%（2021年）。从地区分布看，根据人口普查数据，喀拉拉邦、拉克沙群岛的识字率超过90%，而识字率较低的比哈尔邦、拉贾斯坦邦仅有65%左右。合格劳动力数量较少，阻碍人口红利的释放。

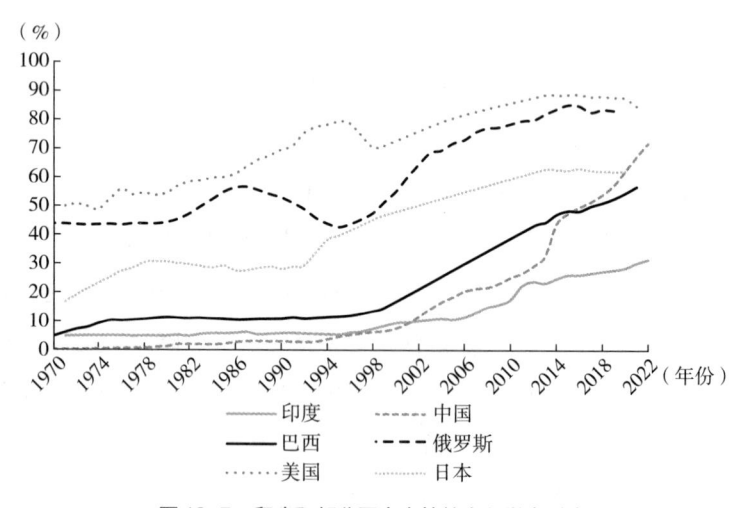

图12-5 印度和部分国家高等教育入学率对比

资料来源：世界银行，泽平宏观。

（三）种姓制度根深蒂固，贫富分化严重

根深蒂固的种姓制度导致了印度社会的贫富差距扩大和社会不平等加剧，高种姓阶级占据了绝大多数财富。由于种姓制度的连续性，高种姓阶级能够从代际财富和社会资源的传递与积累中受益，从而拥有更多的财富和机会，享受更优质的教育资源，这使他们更容易创造财富。相比之下，低种姓和落后阶级往往缺乏财富积累和受教育机会，难以获得稳定、可观的收入来源。从种姓制度内容看，印度社会中"某一种姓只能从事特定工作"的观念根深蒂固。与高种姓相比，低种姓和落后阶级在就业市场上受到歧视，导致他们只能从事低收入、保障差的工作，缺乏进入高收入行业的机会。根据《2022年世界不平等报告》，印度收入前10%的人口拥有57%的国民总收入，而收入后50%的人口仅拥有13%的国民总收入。这表明印度社会的贫富差距较大，其中以种姓制度为特点的社会结构加剧了印度社会的贫富分化。

（四）就业机会有限，失业率高，受重男轻女等社会因素影响，女性劳动参与度低

印度劳动法严苛，就业机会有限，失业率较高。2022年印度失业率达7.3%，高于中国、美国、日本的4.9%、3.6%、2.6%。受重男轻女等社会因素的影响，女性劳动参与率低，居全球末位，2022年仅24%，大幅低于中国、美国、俄罗斯的61%、56%、55%。印度劳动法非常严苛，根据《1947年工业纠纷法案》《1948年工厂法案》《1970年合同工法案》等的要求，公司雇用和解雇员工需经过政府同意，并鼓励公司小型化；成为"正式部门"（Formal Sector）主体的手续烦琐、成本颇高，因此大

部分企业主选择留在"非正式部门"(Informal Sector)。人口增长快，大量劳动力涌入就业市场，但就业机会有限，造成就业困难。根据世界银行的数据，2022年印度失业率达7.3%（见图12-6），高于中国、俄罗斯、美国、日本的4.9%、4.7%（2021年）、3.6%、2.6%，其中15~24岁青年群体失业率已经达到23%。此外，受重男轻女等社会因素的影响，印度女性劳动参与率居全球末位，2022年仅24%，大幅低于中国、美国、俄罗斯、巴西、全球的61%、56%、55%、54%、47%。

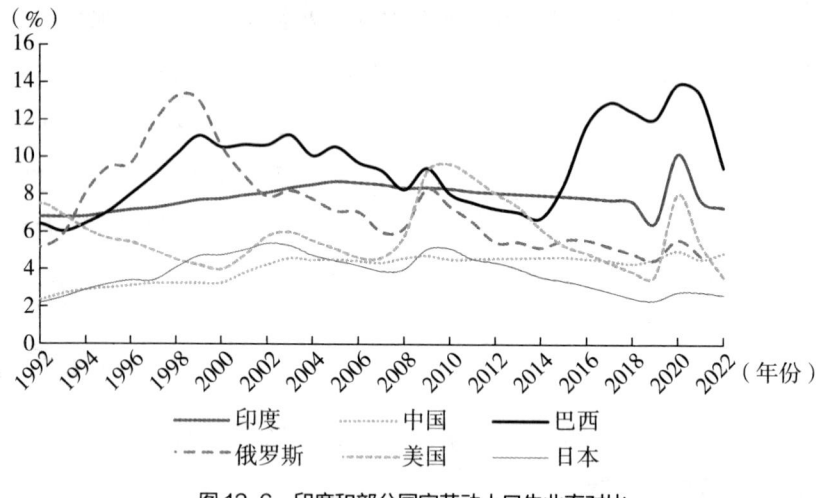

图12-6 印度和部分国家劳动人口失业率对比

资料来源：世界银行，泽平宏观。

印度"非正式部门"是一国经济中未进行正式登记、逃避监管或税收的部分，包括自雇工和临时工，具体指未经政府许可的小规模企业、商店、流动商贩和服务业临时工等。非正式部门的劳动者通常收入低且不稳定，缺乏最低工资保障、劳动保险、失业伤残补贴等社会保障，被剥夺了工人应得的福利。与非正式部门相比，所有提供稳定工资和规范工时、附带就业权利并缴纳所得税的就业部门称为"正式部门"，具体为各类合法登记的企业和组织等，保障劳动者平等就业、取得合理的劳动报酬、休假和社会保险缴纳等劳动福利和劳动权益。

（五）人口众多、粮食供给有限，成"重度饥饿"国家，儿童消瘦、发育迟缓率位居全球前列

印度农业生产水平落后，大量粮食出口，人口数量多，粮食供给有限，因此成为"重度饥饿"国家，2023年饥饿指数处于"严重"区间。同时，5岁以下儿童发育迟缓率达35.5%，大幅高于俄罗斯、巴西、中国的10.9%、7.2%、4.8%。由于农业生产方面缺乏现代化的技术和设备，生产效率低下，叠加大量粮食出口等，印度本土粮食供应不足，饥饿人口数量较多。根据中国国际贸易促进委员会驻印度代表处的数据，印度拥有全球约27%的极度饥饿人口，超过半数的印度育龄妇女贫血，营养不良的印度人口将近2亿。根据国际食物政策研究所发布的2023年全球饥饿指数（GHI）排名，印度在125个国家中排名第111位，属于"重度饥饿"国家，营养不良率达16.6%。2023年，印度的饥饿指数为28.7（见图12-7），处于"严重"区间，远高于同为发展中国家和人口大国的中国（小于5）和巴西（6.7）。同时，粮食供给不足导致儿童消瘦、发育迟缓甚至死亡。2023年印度5岁以下消瘦儿童比例达18.7%，高于马来西亚、俄罗斯、巴西、中国的9.7%、4.4%、3.1%、1.7%；5岁以下儿童发育迟缓率达35.5%，大幅高于俄罗斯、巴西、中国的10.9%、7.2%、4.8%；5岁以下儿童死亡率达3.1%，高于马来西亚、俄罗斯、中国的0.8%、0.5%、0.7%。

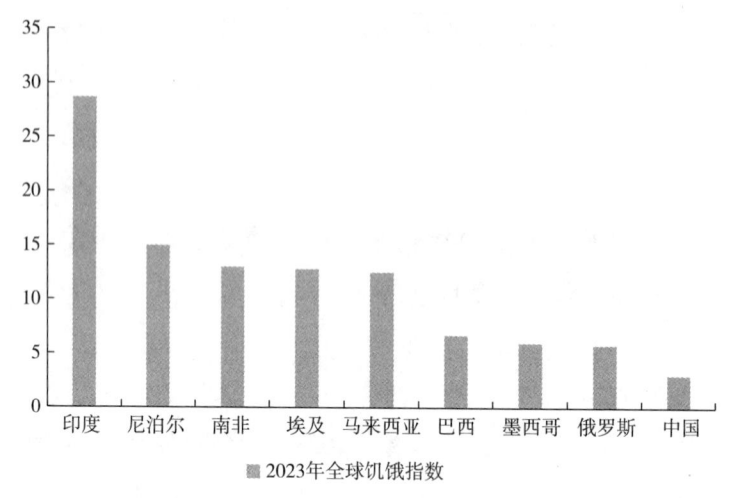

图 12-7　2023 年印度和部分国家饥饿指数对比

资料来源：世界银行，泽平宏观。

四、印度未来能否复制中国人口红利之路

当前印度在人口总量、结构上具备一定潜力。其中，人口总量已超过中国，成为世界第一人口大国，劳动人口数量与中国相近，人口金字塔呈扩张型，且人口比中国年轻。人口结构上，2022 年 65 岁及以上人口占总人口的 6.9%，大幅低于中国的 14.9%；15~64 岁劳动年龄段人口占比为 67.8%，与中国（69.0%）较为接近，人口金字塔呈现扩张型。同时，整体人口较年轻，2022 年印度年龄中位数仅 27.9 岁，低于中国的 38.5 岁，2021 年印度总和生育率虽然降至 2.0，低于世代更替水平（2.1），但仍高于中国的 1.2。

然而，印度还存在劳动力抚养负担重、教育水平区域分化严重、高等教育入学率低、种姓制度导致社会贫富差距扩大、就业机会有限、失业率较高、女性劳动参与率低、饥饿人口数量大、儿童消瘦、发育迟缓率较高等一系列问题。

第一，人口基数大、增长快，新生人口多，抚养比较高，2022年印度少儿抚养比为37.3%，高于中国的25.0%，相当于中国1999年（37.0%）的水平，劳动力负担重，导致产出转换为储蓄较少，2022年总储蓄率仅30%，低于中国的46%（2021年），一定程度上阻碍了社会资本积累。

第二，教育水平区域分化严重，高等教育入学率低，2022年高等教育入学率仅为32%，大幅低于中国的72.0%，合格劳动力数量偏低，阻碍人口红利释放。

第三，根深蒂固的种姓制度导致印度社会的贫富差距扩大和社会不平等加剧，高种姓阶级占据了绝大多数财富。印度收入前10%的人口拥有57%的国民总收入，而收入后50%的人口仅拥有13%的国民总收入。

第四，随着人口增长，大量劳动力涌入就业市场，但就业机会有限，造成就业困难，2022年印度失业率达7.3%，高于中国的4.9%。受重男轻女等社会因素的影响，印度女性劳动参与率居全球末位，2022年仅24%，大幅低于中国的61%。

第五，农业生产缺乏现代化的技术和设备，导致生产效率低下，叠加大量粮食出口等，本土粮食供应不足，饥饿人口数量较多。2023年，印度的饥饿指数为28.7，处于"严重"区间。同时，粮食供给不足导致儿童消瘦、发育迟缓甚至死亡。2023年印度5岁以下消瘦儿童比例达18.7%，高于中国的1.7%；5岁以下儿童发育迟缓率达35.5%，大幅高于中国的4.8%。

综上所述，当前印度在人口总量和结构上具有一定潜力，但也面临诸多问题和挑战，且种姓制度、宗教体系短期难以改变，因此复制中国人口红利之路较难。如果当前印度未能进行大刀阔斧的改革，则有可能错过人口红利最佳窗口期，演变成"空有众多人口，难有红利发展"。但是近年印度改革开放的力度较大，利用外资、经济增长、股市等均取得长足进展，也有可能逐步释放人口红利。

第三篇

人口制度

第十三章

生育支持政策:
是否真管用

目前，构建生育支持体系已经成为共识，全国层面和地方层面都积极落地相关政策，减轻家庭生育养育负担。西方国家的少子老龄化更早到来，家庭政策逐渐从福利性支持向鼓励生育转变，通过家庭补助、税收优惠、产假、托幼服务、母亲工作帮助等方面的政策来减轻家庭生育养育教育成本，促进家庭和谐，提振生育意愿。这些家庭支持政策工具是否真管用？具体效果如何？本章将对这些问题进行重点探讨。[①]

---

① 本章执笔人：任泽平、白学松、柴柯青。

一、鼓励生育哪招最有效："生育补贴＋性别平等"

（一）家庭政策发展历程：从福利性支持向鼓励生育转变

西方发达国家较早进入少子化社会，为鼓励生育、保持人口正常更替水平，大部分国家的通用做法是将生育支持政策纳入家庭政策。

第一，早期家庭福利政策主要涉及养老、医疗、失业等方面，通常带有救助和福利色彩，主要是通过使用福利性的政策手段减轻社会贫困、提高公民福利水平和生活质量，生育支持并非主要内容。

第二，20世纪六七十年代，由于人口转变、家庭模式发生变化，家庭政策在保障家庭福利的同时更加关注人口发展，注重鼓励生育，通过家庭补助、税收优惠、产假、托幼服务、母亲工作帮助等方面的政策来减轻家庭生育养育教育成本，促进家庭和谐，提振生育意愿。大多数西方国家基本完成人口转变，表现为低出生率、低增长率、低生育率，同时受社会思潮变化等因素的影响，家庭功能弱化，婚外生育增加、离婚率上升，女性社会地位提升。此后"空巢家庭""单亲家庭""未婚母亲"等大量出现，家庭和工作的矛盾日益凸显，"男主外、女主内"的传统家庭模式弱化。

第三，近年来，为了应对低生育率，高收入发达国家开始实行鼓励生育的家庭政策。根据联合国世界人口政策数据库，1976年有9%的国家实施提升生育率的政策，到1996年这个数据变成了14%，2019年有约28%的国家试图提高生育率，且主要集中在高收入的发达国家（见图

13-1)。鼓励生育政策主要是通过降低家庭生育养育的直接和间接成本来实现的，包括提供生育补贴、育儿津贴、税收减免、育儿假等。

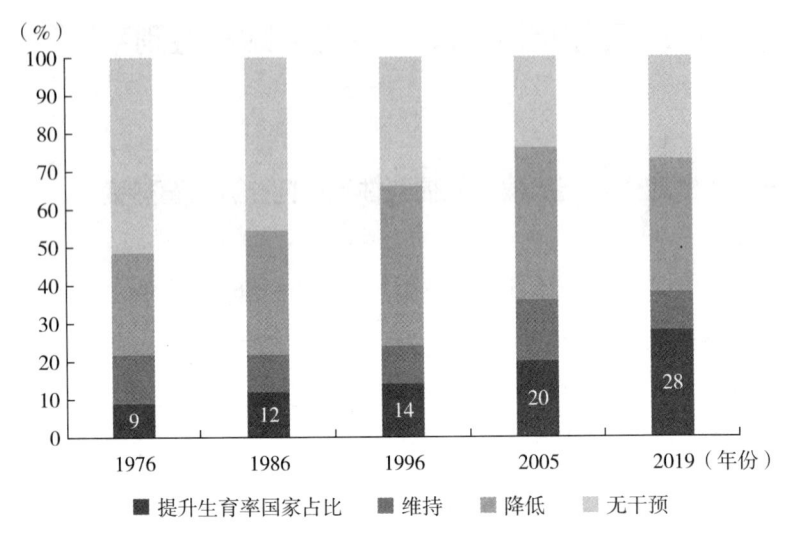

图13-1 实施不同类型生育政策的国家数量占比

资料来源：联合国，泽平宏观。

（二）鼓励生育的有效措施

随着人口转变、家庭模式变化，西方国家的家庭福利政策目标逐渐向注重生育支持转变。1919年国际劳工组织发出的"12周休假、工作保护、收入补偿"三大倡议，奠定了经济合作与发展组织国家的生育政策基本准则。经济合作与发展组织国家的生育支持政策框架大体相近，但措施侧重点不同、支持力度不同等导致效果出现分化，按生育支持政策和生育率走势可大致分为三类（见图13-2）。

一是以法国、瑞典为代表，生育支持政策实施较早，支持体系完善，支持力度较高，近年总和生育率回升且一直维持在1.6以上的国家。

二是以德国为代表，20世纪90年代开始发展家庭政策，促进夫妇平等，保障女性就业，总和生育率从1.3以下回升至1.6左右的国家。

三是以日本、韩国为代表，生育支持力度不足，传统家庭模式固化，总和生育率降至1.3以下的国家。

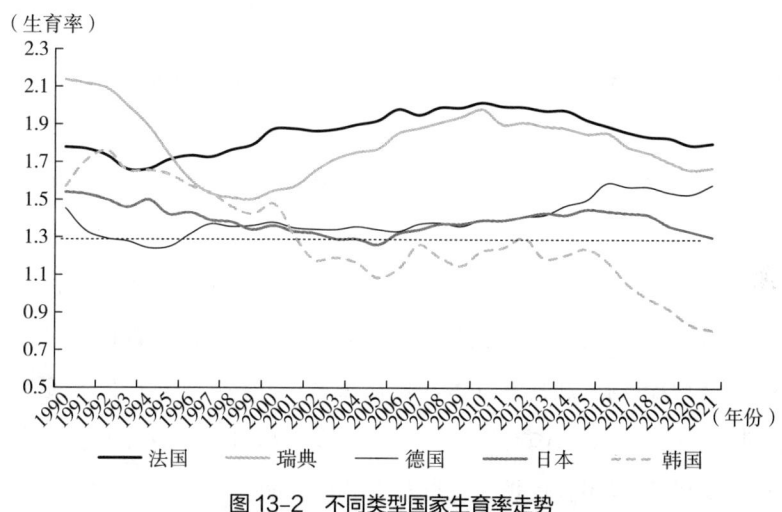

图13-2　不同类型国家生育率走势

资料来源：经济合作与发展组织，泽平宏观。

经济合作与发展组织国家鼓励生育的政策体系往往以设立专门的机构为基础，政策主要包括提供男女平等育产假、提高经济补贴（现金、税收减免）、提供托幼服务、促进就业性别平等四个方面。不少国家已设立专门的家庭事务部门，如德国1995年设立德国联邦家庭、老人、妇女和青年事务部，英国于1997年在内政部中设立专门的家庭政策单位等。中国1981年设立控制人口的国家计划生育委员会，2013年改为国家卫生和计划生育委员会，2018年改为国家卫生健康委员会。

生育支持的主要政策如下。

第一，完善休假制度。2022年经济合作与发展组织国家女性平均产假18.5周、育儿假32.3周，男性平均陪产假2.3周、育儿假8.1周（见表13-1）。育儿假一般在产假之后使用，时间更长。各国在休假期间提供的薪资水平存在差异，统一调整为平时薪资的100%以进行横向对比，经济合作与发展组织国家女性总假期平均为30.3周，男性为6.3周，其中，爱沙尼亚、匈牙利总假期长度达85周、68周，排名靠前，爱尔兰、澳大利亚分别为8.0周、7.7周，排名倒数。

完善男女共担育儿假能够鼓励夫妻共同承担家庭事务和育婴责任，有助于缩小男性和女性在生育问题上的差距。女性休假长度和生育率高低相关性很弱，原因在于延长女性休假时间与保障其就业权益存在一定矛盾。产假过长可能会让女性在职场中面临更大的歧视和排斥，提高就业门槛，降低职业升迁机会。因此，保障女性休假必须与规范劳动力市场、加强女性劳动权益保障、完善父亲陪产假制度的举措同步推进。比如法国有5周男性陪产假、26周男性育儿假，北欧的丹麦、瑞典等国还有较长的父母双方共享假期。

表13-1　经济合作与发展组织部分国家男女产育假情况

	产假（周）	陪产假（周）	女性育儿假（周）	男性育儿假（周）	产假补偿率（%）	育儿假补偿率（%）	男性产育假补偿率（%）	换算后女性假期时长（周）	换算后男性假期时长（周）
法国	16.0	5.0	26.0	26.0	91.4	13.5	26.1	18.1	8.1
瑞典	12.9	1.4	42.9	12.9	77.6	57.2	75.7	34.5	10.8
德国	14.0	—	44.0	8.7	100.0	65.0	66.3	42.6	5.7
英国	39.0	2.0	—	—	29.5	—	18.5	11.5	0.4
意大利	21.7	2.0	26.0	—	80.0	30.0	100.0	25.2	2.0
西班牙	16.0	16.0	—	—	100.0	—	100.0	16.0	16.0

续表

	产假（周）	陪产假（周）	女性育儿假（周）	男性育儿假（周）	产假补偿率（%）	育儿假补偿率（%）	男性产育假补偿率（%）	换算后女性假期时长（周）	换算后男性假期时长（周）
日本	14.0	—	44.0	52.0	67.0	59.9	61.3	35.8	31.9
韩国	12.9	2.0	52.0	52.0	83.7	44.6	46.7	34.0	25.2
澳大利亚	12.0	2.0	6.0	—	43.1	43.1	43.1	7.7	0.9
新西兰	26.0	—	—	—	48.9	—	—	12.7	—
美国	—	—	—	—	—	—	—	—	—
OECD平均	18.5	2.3	32.3	8.1	—	—	—	—	—

资料来源：经济合作与发展组织，泽平宏观。

第二，提供经济补贴，2019年经济合作与发展组织国家家庭福利开支占GDP的比重约为2.3%，家庭福利开支比例与生育水平存在一定正相关性（见图13-3）。家庭福利补贴包括现金补贴、税收减免等。2019年除土耳其、墨西哥，其他经济合作与发展组织国家的家庭福利开支占GDP的比例为1%~4%，平均为2.3%，法国为3.4%，比重最高，土耳其为0.5%，比重最低。家庭福利开支占比越高的国家，生育水平越高。例如，法国2019年家庭现金福利开支占比为3.4%，总和生育率为1.83；而韩国家庭福利开支占比为1.6%，2021年总和生育率为0.92。

第三，大量兴建托幼机构，2020年经济合作与发展组织国家0~2岁入托率为10%~70%，平均为36%，入托率越高，生育率越高。大部分经济合作与发展组织国家通过政府新建托幼机构和鼓励私营托幼机构发展来支持生育。此外，新加坡、澳大利亚等国还出台政策鼓励（外）祖父母隔代照料孩子，以减轻父母的压力。日本、韩国近年大力扶持托育，提供几乎免费的托育政策，入托率分别从2010年的 25.3%、38.2% 提升至 2019 年的 41.3%、65.2%，但仍未扭转低生育情况。

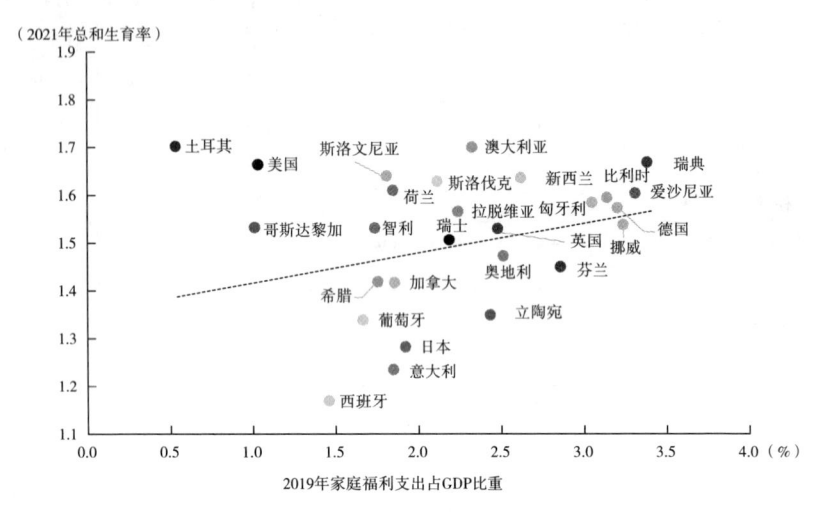

图 13-3　家庭福利开支与生育水平的相关性

资料来源：经济合作与发展组织，泽平宏观。

第四，加强女性就业权利保护，缩小职场性别歧视。男女就业差距越小，生育率越高。经济合作与发展组织国家重视女性就业权利保护，如瑞典政府主导的公共服务事业为女性提供了大量的就业岗位，德国、韩国、日本、新加坡都为产后女性的再就业提供培训等。2002—2021 年经济合作与发展组织国家的男女劳动参与率差距从 17.0% 降至 10.5%，男女收入差距从 17.7% 降至 12.0%。一般而言，男女就业差距越小、工资差距越小，意味着女性的就业权利能得到更好的保障，生育率更高（见图 13-4）。例如 2021 年瑞典男女劳动参与率差距为 4.1%，工资差距为 7.4%，总和生育率为 1.7；而韩国男女劳动参与率差距为 17.5%，工资差距为 31.1%，总和生育率不足 1.0；日本男女劳动参与率差距为 12.6%，工资差距为 22.1%，总和生育率为 1.3。

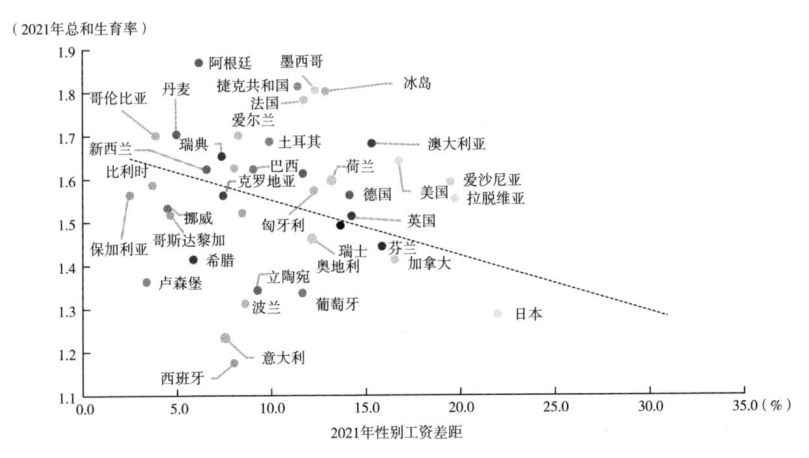

图13-4 性别工资差距与生育水平的相关性

资料来源：经济合作与发展组织，泽平宏观。

二、国际经验探究：生育支持政策与效果

（一）法国：积极推进家庭和工作的平衡，总和生育率1.8，位居发达国家前列

法国早在二战前就开始鼓励生育，通过完善细致的津贴体系、多样化的托幼服务和打造家庭友好型企业氛围等来实现工作和家庭的平衡，2021年总和生育率达1.8。18世纪初，法国是欧洲人口规模最大的国家，但随着出生率持续下降，1901—1911年法国人口规模从3848万微增至3923万，降至欧洲第五。早在1920年法国就出台了《反堕胎法》以抑制人口出生率下降。1939年法国颁布《家庭法典》，是法国家庭政策的源头。之后，法国不断出台和完善鼓励生育政策且取得了成效。根据世界银行的数据，1960年法国的总和生育率为2.74，

1975年下降到1.93，低于更替水平，1993年又进一步下降至1.66，创历史最低，2010年增至2.0，但由于近年面临高通胀、全球地缘动荡等不确定性因素以及育龄妇女减少等因素，法国生育率回调至1.8左右，在发达国家中仍居前列（见图13-5）。

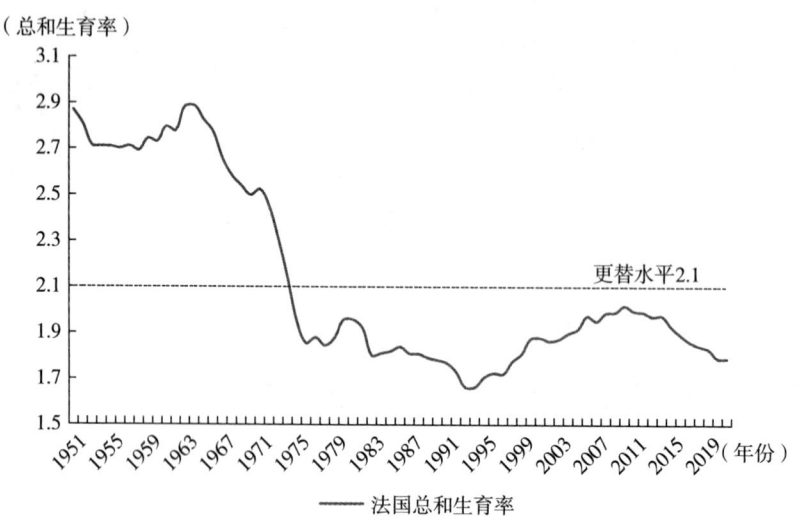

图13-5　1951年以来法国总和生育率

资料来源：法国统计局，泽平宏观。

法国的生育支持政策如下。第一，保障假期，设置16周产假、25天陪产假和1年的夫妻共享育儿假。法国从1910年开始设立产假。根据法国政府官网，目前法国设置了16周产假，包括产前假6周和产后假10周。如果子女数量多或生育多胎，产假最高可至46周。产假期间雇主没有提供工资的义务，由法国社会保障局支付所有款项。具体金额取决于休假者的工资，休假津贴的计算方法为雇员产假前最后三个月的工资总额除以91.5，日工资不能超过89.03欧元或低于9.66欧元。产假结束后，员工工资不能有变动，如果产假期间有加薪安排，那么母亲返岗后也应有加薪。关于陪产假，法国政府于2020年9月将陪产假期限延长至25天，包括分娩后4天的强制休假以及分娩后6个月的21天休假，如果是多胞胎，陪产假延长至28天，其间可获得和产假一样的每日津贴。此外，法国父母还可以享受一年的额外育儿假，最多可申请延长两次。在此期间，父母每月可获得约400欧元的基本补贴。

第二，发放经济补贴，涵盖出生、养育、托幼、父母收入损失等多方面。目前法国已建立比较完善、多样化的津贴制度，涵盖幼儿出生、养育、托幼、对父母收入损失的补贴等多个环节，且补贴金额依据家庭收入和孩子数量等存在明显差异。根据经济合作与发展组织的数据，2019年法国家庭福利开支占GDP的比重为3.4%，在经济合作与发展组织国家中排名第一，高于经济合作与发展组织国家平均水平的2.3%。从资金来源看，法国的家庭福利被纳入社会保障体系，资金来源以社保缴费为主，国家财政、社会捐赠等为补充。根据法国家庭补助局的数据，2018年家庭福利的资金来源分别为社会分摊金、国家及各部门报销、税收，比例分别为34%、43%、23%。

第三，完善的儿童托幼服务体系。法国的儿童托幼服务体系齐全，包括集体托儿所等集体接待机构、幼儿园助理等家庭接待机构、保姆等家庭看护、娱乐接待员等。无论采取哪种方式，法国家庭津贴基金都会提供资助，如果请保姆到家中照顾孩子，则雇主最少仅需出15%的费用。根据经济合作与发展组织的数据，2020年法国0~2岁儿童入托率为58.1%，在所有经济合作与发展组织国家中排名第六，高于经济合作与发展组织国家36%的平均水平。

第四，大企业携手打造家庭友好型企业氛围。2012年，法国约400家大企业签署了《公司父母雇员章程》，覆盖约300万名员工，占劳动力比例约10%，为雇员制定灵活的工作时间和最低工作时间；反对工作狂性质的企业文化,拒绝超长时间的工作和加班;推动女性雇员的升迁;推动父亲使用全薪的陪产假等。根据经济合作与发展组织的数据,2021年法国劳动参与率差距仅5.5%,小于经济合作与发展组织国家10.5%的平均水平,性别工资差距为11.8%,小于经济合作与发展组织国家12.0%的平均水平。

第五,移民占比约10%,其中41%来自非洲,对法国生育率提升也起到一定作用。根据法国统计局的数据,2022年法国约有700万移民,占总人口的比重从1946年、1975年的5.0%、7.4%上升至2022年的10.3%(见图13-6)。其中居住在法国的移民中有48.2%来自非洲,32.2%来自欧洲,来自阿尔及利亚、摩洛哥、突尼斯的移民占比为12.5%、11.9%、4.7%,北非移民生育率较高,为法国生育率回升起到积极作用。此外,法国的移民从以男性为主发展到以女性为主,1968—2022年女性移民占比从44%上升至52%。

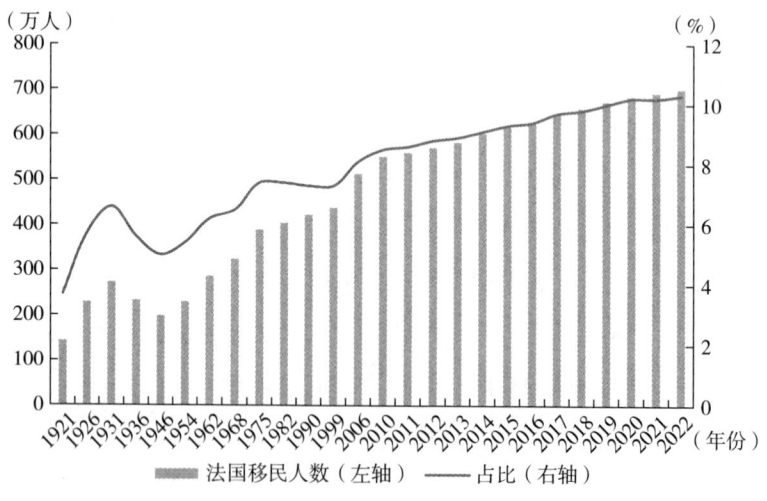

图13-6 1921—2022年法国移民人数和占比

资料来源:法国统计局,泽平宏观。

（二）德国：鼓励男女共担育儿责任，提高生育支持力度，近年生育率明显提升，达到1.5以上

德国从21世纪初开始重视人口问题，学习北欧国家，进一步加大生育支持力度，总和生育率提升至1.5以上。一战后由于纳粹政府实施积极的人口政策，德国人口总量增加，1929—1933年增加5.2%。二战期间人口面临负增长，随着战后婴儿潮来临，1959—1965年，总和生育率从2.1增至2.5，其间出生人口约130万。此后伴随经济增长、女性受教育水平提升、家庭观念转变，女性生育意愿快速下降，1970—1993年总和生育率从2.1降至1.29，人口迎来负增长。2002年，德国联邦议会《人口变迁调查报告》提交后，德国社会才认识到人口问题。2003年，德国成立了"家庭政策联盟"，明确将人口结构目标和劳动力市场目标纳入家庭政策议程，政府实施一系列促进家庭人口增长的刺激计划。2007年，德国开始向北欧国家学习，提升夫妻领取生育津贴的灵活性。2006—2016年，德国总和生育率从1.3增至1.6，此后小幅降至2021年的1.53，仍高于1.5。

德国提供的生育支持措施如下。

第一，提供14周产假和男女平等的父母育产假。德国政府官网显示，目前德国设置14周产假，包括产前6周、产后8周，如果是多胞胎，则产后产假期限延长4周。产假期间，雇员不工作，由法定健康保险支付生育津贴，最多13欧元/天，如果此前净工资高于13欧元/天，则差额部分由雇主支付。此外，父母在孩子3周岁前有最长3年的育儿假，放假时劳动义务暂停，公司为休假父母保留职位。并且，父母可将最多24个月的假期推迟到孩子在3~8周岁的时段休，休假灵活性高。在育儿假期间，有两个收入来源，一个是领取父母津贴，另一个是从事每周不超过32小时的兼职工作。父母津贴领取比

例为出生前净收入的65%，比例根据工资进行调整。为了鼓励夫妻双方共同照看小孩，如果双方均在孩子出生后照顾孩子并从事兼职工作，则还可以多领取2~4个月的伴侣合作奖金。

第二，子女津贴或税收减免，目前所有孩子（0~18岁）均可领取250欧元/月的补贴，大约可覆盖0~18岁孩子抚养成本的37%。从补贴额度看，2023年之前，根据德国《联邦子女津贴法》的规定，一孩、二孩的津贴均为219欧元/月，三孩为225欧元/月，从第四个孩子开始为每孩250欧元/月。2023年新的补贴规定为，所有孩子均为250欧元/月。从领取期限看，子女津贴的发放期限是0~18岁，如果孩子失业则领到21岁，如果孩子正在接受教育则领到25岁。税收减免包括基本扣除（根据工资决定）、托儿费扣除（每个孩子4 000欧元/年）、学费扣除（每个孩子5 000欧元/年）、雇用保姆扣除等。根据德国联邦统计局2019年的数据，抚养一个孩子至18岁需要花费近15万欧元，其中6岁以下、6~12岁、12~18岁分别花费587欧元/月、686欧元/月、784欧元/月，目前德国儿童福利金为250欧元/月，大约可以覆盖0~18岁孩子抚养成本的36.5%。

第三，完善托幼服务，2020年0~2岁孩子的入托率达近40%。德国一直完善托幼建设，从2013年8月起，满一岁的孩子可获得托幼资助。此外，政府还引入"托儿所+"计划，支持托儿所灵活开放时间，满足家庭托幼需求。德国各级政府也在通过各类资助项目加大对孩子照管机构专业人员的招聘和培训力度。2010—2020年德国0~2岁孩子的入托率从26.8%提升至39.2%。

第四，构建生育友好型社会，完善生育支持，从住房、教育、社保等领域给有孩家庭支持。在住房领域，德国引入"子女建房津贴"，每个家庭可获得12 000欧元/孩的建房或购房补贴。在教育领域，德国在所有联邦州都废除大学学费。在社保领域，有孩家庭领取失业金额度高于无孩家庭；中低收入家庭可享有家庭联保，无须缴纳保险费；23岁无孩投保人在护理保险中需要支付0.25%的无子女附加保险费。

（三）日本：传统性别分工激化工作与家庭矛盾，总和生育率跌破1.3，陷入"低生育率陷阱"

日本从20世纪90年代开始鼓励生育，但2022年总和生育率跌至1.26，低生育率导致日本人口于2008年见顶，2100年将比峰值减少53%，并且老龄化高龄化程度为全球之最。1950年日本总和生育率为3左右，1974年持续下降至2.05，2005年为1.26，为历史最低，此后小幅回升至1.4，2022年又快速降到1.26。在长期的低生育率背景下，2008年日本人口见顶，为1.28亿人。日本统计年鉴预测，到2050年日本人口将降至1.02亿，比峰值减少约20%，到2100年日本人口将降至不到6 000万，比峰值减少53%。并且，日本是全球老龄化高龄化程度最严重的国家，少子化会加速老龄化进程，1950—2022年65岁及以上人口占比从4.9%快速增至29.1%；预计2050年、2100年日本65岁及以上人口占比分别达37.7%、38.3%（见图13-7）。

二战后日本的家庭政策经历了三个阶段的变化。

一是1948—1970年，控制人口增长阶段。1947—1949年，日本经历了第一次婴儿潮，3年共出生802万人，出生率由1945年的26.4‰急速上升到1949年的32.9‰。由于粮食紧张、人口压力大，日本开始研究如何抑制人口增长，1948年日本政府出台《优生保护法》，实行少生优育，放宽人工流产限制；到1948年底，日本政府认可了约80种避孕药，此后人工流产变为合法。1949年日本众议院通过"关于人口问题的决定"，决定健全和普及"家庭计划"，免费派发避孕工具以及各种避孕药品推广节育，特别是给低收入家庭。需要注意的是，日本避孕工具是当时流行的杀精药剂。1949年4月，日本成立家庭计划普及会，主要负责派发避孕套。1953年，日本设立厚生省人口问题审议会，主要负责在全国普及和推广节制生育。

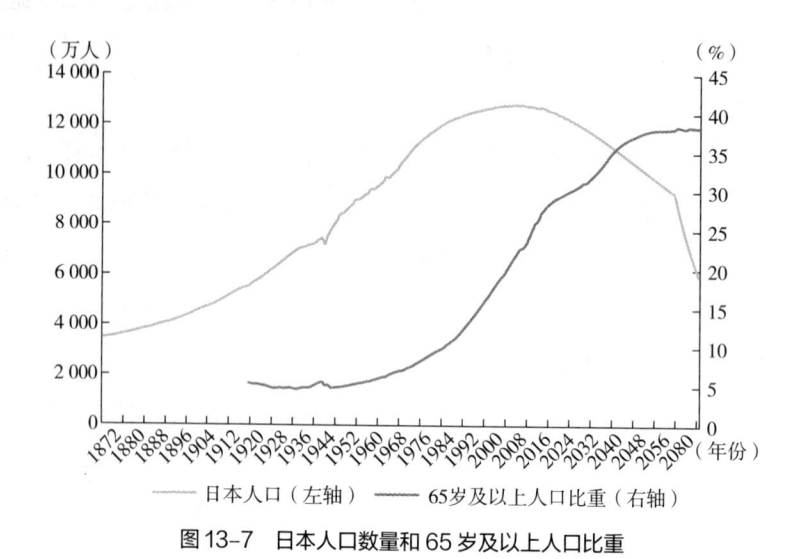

图13-7 日本人口数量和65岁及以上人口比重

资料来源：日本总务省统计局，泽平宏观。

二是1971—1989年，稳定人口规模阶段。1971—1973年，日本第二次婴儿潮出现。1974年日本总和生育率首次降至更替水平以下，出生率从1973年的19.3%大幅下滑至1989年的10.3%，自然增长率从1972年的14.1%下滑至1989年的3.7%。日本逐渐从控制人口转向稳定人口规模，1974年日本厚生劳动省发布《日本人口动向——静止人口》，把静止人口作为人口发展的新战略目标。

三是1990年以来，鼓励生育阶段。1990年日本总和生育率降至1.57，引发社会广泛关注。生育率为1.57的冲击使日本社会认识到低生育率问题，开始鼓励生育，涵盖休假、经济补贴、入托等方面，具体如下。

第一，设立14周产假、44周育儿假，以及1年男性育儿假。根据日本厚生劳动省的数据，日本女性可以享受产前6周、产后8周的产假。产假期间可获得等同于休假前的生产津贴。产假后到孩子1岁前，日本女性可休10个月育儿假，育儿假期间实际到手的津贴最多能达到休假前工资的80%。另外，日本男性有1年育儿假。男性在女性产假期间可休育儿假，如果保育园无空位，则可再多半年。育儿假期间补助金是月工资的67%，开始育儿假后6个月变成50%，直至育儿假结束，补助金不仅不需要缴纳所得税，还可以免缴社保。

第二，对有子女家庭提供一次性生育补贴、育儿补贴等，包括50万日元的一次性生育补贴和每月1万~1.5万日元的育儿补贴（15岁以下）等，大约可覆盖抚养0~18岁孩子成本的10%。2009—2011年，日本政府实施了应对生育率下降的紧急措施，将一次性生育补贴从38万日元提升至42万日元，可将补贴直接给医院来支付相关费用。2022年底至2023年初，日本首相岸田文雄宣布在2023年将一次性生育补贴提升至50万日元（折合人民币约2.5万元）。育儿补贴的范围逐渐扩大，金额不断提升，目前符合条件的家庭每月每孩（15岁以下）可领1万~1.5万日元的补贴。此外，日本于2004年引入辅助生殖治疗补贴，补贴金额从2004年的10万日元增至2022年的35万~75万日元，并于2022年4月将辅助生殖纳入国民健康计划，实现不孕治疗的保险适用。根据公开资料，日本抚养一个孩子至18岁大约需要花费2 000万日元，按照日本现有的育儿补贴标准，育儿补贴仅可以覆盖10%左右的育儿成本。

第三，日本通过三次"天使计划"扩大托幼服务，并且制订了"待机儿童零作战"计划。日本1994年实施"天使计划"，1999年实行"新天使计划"，2004年实行"天使计划"第三期，着力扩大托幼服务。2001年日本政府制订"待机儿童零作战"计划，2008年制订"新待机儿童零作战"计划，意图将需要进入保育所，但由于设施和人手不足等只能在家排队等待的"待机儿童"降为零。

第四，日本为育儿家庭营造较好的企业环境。1999年日本制定了《少子化对策基本方针》，2003年制定了《少子化社会对策基本法》，2004年制定了《少子化社会对策大纲》，改善雇佣环境和社会医疗保健、教育环境、生活环境来促进生育。如果员工有3岁以下的孩子，则可以向公司申请缩短每天工作的时间至6小时；如果员工子女有学前儿童，则一个月不能加班超过24小时；有3岁以内子女的员工以在线方式居家办公等。

但是，日本鼓励生育的政策并没有取得较好的效果，主要是由于生育政策调整缓慢且补贴力度仍不如北欧国家，"男主外、女主内"传统分工固化、男性育儿假有名无实、职场存在性别歧视等。

一是日本错过了调整生育政策的最佳时期。日本总和生育率在1974年跌至更替水平以下，但直到1990年后才开始鼓励生育，且鼓励生育力度相对较弱。而法国总和生育率于1975年跌至更替水平以下，但早在1939年就开始鼓励生育。

二是补贴力度弱，在经济合作与发展组织国家中倒数。根据公开资料，日本抚养一个孩子至18岁大约需要花费2 000万日元，按照日本现有的育儿补贴标准，育儿补贴仅可以覆盖10%左右的育儿成本。根据经济合作与发展组织的数据，2019年日本家庭福利支出占GDP比重为1.95%，远低于经济合作与发展组织国家2.29%的平均值。

三是日本家庭模式仍以"男主外、女主内"为主，男性育儿假有名无实。日本设立产假和育儿假，产假期间可获得休假前工资50%~67%的补贴，虽然男性也有育儿假，但是根据日本厚生劳动省的数据，2021年男性育儿假休假率仅14%，且大部分男性休假时间不足2周，男性育儿假有名无实。

四是职场性别歧视严重，越来越多的日本女性放弃结婚生育，女性终身未婚率攀升。与芬兰、瑞典等国将部分育儿养老工作社会化并由国家承担不同，日本的育儿养老责任多由家庭女性承担，将女性的角色定位为全职家庭主妇的思想仍然存在，"男主外、女主内"思想较为普遍。根据经济合作与发展组织的数据，日本男女劳动参与率差距为12.6%，工资差距为22.1%，均高于经济合作与发展组织平均水平。越来越多的日本女性选择（暂时）放弃家庭，已经形成了一种不愿结婚和生育的观念，积重难返。2021年日本人口和社会安全调查结果显示，在18~34岁的年轻人中，17.3%的男性和14.6%的女性有终身不婚的意愿。

三、启示：全面放开并鼓励生育刻不容缓，加快构建生育支持体系，切实减轻生育养育孩子负担

人口既是经济社会发展的根本目的，也是经济社会发展的基础要素。生育政策调整是最根本、最重要的供给侧结构性改革，放开并鼓励生育是大势所趋。全社会已经基本达成共识，开始关注生育问题，积极出台完善生育支持体系的政策。

第一，尽快全面放开生育，让生育权重新回归家庭。全面放开生育，将是否生育、生育几个孩子、什么时候生育的权利还给家庭，由每个家庭自主决定生育孩子的数量。全面放开生育是把生育权从国家计划回归家庭自主，是把生育数量多少的选择权交回给家庭，充分尊重每个人的生育意愿。全面放开生育，原本不想生的人还是不会生，但一些想多生的人就会生，不用担心部分人群、部分地区会大幅多生

导致出生人口激增。

第二，加快构建生育支持体系，大力鼓励生育。一是实行差异化的个税抵扣及现金补贴、购房补贴等政策，覆盖从怀孕保健到孩子18岁或学历教育结束。二是加大托育服务供给，大力提升0~3岁儿童入托率，从目前的4%提升至40%，并对隔代照料发放补贴。三是进一步完善女性就业权益保障，并对企业实行生育税收优惠，加快构建生育成本在国家、企业、家庭之间合理有效的分担机制。四是加大教育医疗投入，给予有孩家庭购房补贴，降低抚养直接成本。五是加强保障非婚生育的平等权利。六是建立男女平等、生育友好的社会支持系统，比如男女平等的育产假等。七是完善辅助生殖顶层设计，给有需求的家庭定向发放辅助生殖补贴券，促进合理需求充分释放。

相信经过一系列长短结合的措施，中国生育率一定能触底回升，人口结构有望逐步改善，从而实现人口长期健康均衡发展。

第十四章

生育补贴：
方式有哪些，效果如何，钱从哪里来

近年来，完善生育支持体系逐渐成为社会共识，其中生育补贴能够直接降低家庭的生育、养育、教育成本，是生育支持政策的重要部分。

2022年10月，党的二十大报告提出，"优化人口发展战略，建立生育支持政策体系，降低生育、养育、教育成本"。

自放开三孩政策实施以来，越来越多的地方拿出真金白银鼓励生育，但目前看补贴力度仍不足，低于大部分欧洲国家，不足以扭转生育率不断下降的趋势。

根据国际经验，西方发达国家较早进入少子化社会，为鼓励生育、保持人口正常更替水平，大部分国家的通用做法是将生育支持政策纳入家庭政策。其中，生育补贴是发达国家普遍使用的家庭政策工具，能够降低家庭的生育、养育、教育成本，提振生育意愿，那么生育补贴具体效果如何？国际有哪些经验？本章将重点进行分析。[1]

---

[1] 本章执笔人：任泽平、白学松、柴柯青。

一、生育补贴：减轻生育成本的家庭政策工具

（一）作用原理：补偿家庭生育成本，缩小"生育赤字"

生育补贴是西方国家普遍使用的一个家庭福利政策工具。狭义的生育补贴是指，在职业妇女因生育而离开工作岗位期间给予的生活费用。广义的生育补贴是指对女性进行生育和育儿的补贴，主要包括生育津贴、育儿津贴、产假育儿假津贴等。本书所指的生育补贴是广义概念。

根据家庭经济学的相关理论，生育成本直接影响家庭生育子女的数量，政府和社会提供生育补贴可以补偿家庭生育成本，减轻家庭育儿负担，提高家庭实际生育水平，缩小社会"生育赤字"。

根据生育理论，生育进程可以分为四个阶段，分别是高死亡率驱动阶段、死亡率下降驱动阶段、功利性生育消退阶段和成本约束的低生育率阶段。随着经济社会的发展，功利性生育意愿逐渐消退，生育率会进一步下降。主要原因是生育成本的提高使实际生育意愿不能完全兑现，实际生育水平低于意愿生育水平，这被称为"生育赤字"。

经济合作与发展组织的数据显示，2011年经济合作与发展组织国家23~39岁女性的平均理想子女数是2.1，而实际生育率仅为1.3。根据中国人口与发展研究中心的调查，我国育龄人群生育意愿是1.6，实际生育水平不到1.1，"生育赤字"明显存在。

从经济学的角度看，家庭生育水平低于社会所需要的生育水平（一般来说，更替水平的生育率是2.1）的主要原因是生育的家庭边际

效益小于社会边际效益。由于生育存在外部性，如果生育的成本收益分配不清晰，就会导致个人生育意愿明显低于社会整体需要的生育意愿。如果生育的社会边际成本大于家庭边际成本，那么社会生育意愿就会小于家庭生育意愿；如果生育的社会边际成本小于家庭边际成本，那么社会生育意愿会大于家庭生育意愿。

对于家庭来说，育儿成本包括家庭成员投入的时间、资金、资源等生产生活要素，还要承担养育过程中的机会成本。育儿收益包括情感寄托和心理满足、养老保障以及一部分经济收益。诺贝尔经济学奖得主贝克尔对生育进行了成本和收益分析，认为人口增长受到养育成本的约束，养育成本不仅包括在养育过程中所花费的资金，还包括在养育过程中所放弃的机会成本。

对于社会来说，生育成本包括儿童期国家支付的儿童税收抵免、补贴、医疗和教育费用以及老年期国家支付的养老保障费用等。生育收益包括就业期个人通过直接或间接形式缴纳的税收等。

生育补贴能够提升生育水平的原因是，其对家庭生育成本的补偿和替代。具体看，生育补贴对家庭生育行为的影响分为收入效应和替代效应，其中收入效应是指生育补贴能够提升家庭整体可支配收入，从而提升生育意愿（在一定收入水平下）；替代效应是指由于生育补贴能够覆盖生孩子放弃的机会成本，所以部分女性愿意承担机会成本、选择生育。

（二）影响因素：生育补贴效果与家庭收入成反比，与补贴力度成正比

研究表明，家庭收入、受教育水平、出生次序、生育年龄以及补贴力度等因素对生育补贴的政策实施效果有影响。其中，生育补贴效

果与家庭收入、受教育水平成反比，与补贴力度成正比。

第一，家庭收入。生育补贴效果随着家庭收入的减少而增加，随着家庭收入的增加而减少。家庭收入越低，一方面生育补贴对生育成本的覆盖比例相对更大，生育补贴的收入效应更高；另一方面生育补贴相对于生育所放弃的部分工资更高，替代效应也更高。

第二，受教育水平。与家庭收入水平类似，受教育水平低的家庭补贴政策效果更好。假定家庭受教育水平越高、收入水平越高，生育补贴的政策效果越不明显。一般来说，中低教育水平的生育意愿更高，补贴政策作用空间更大。

第三，出生次序。生育补贴政策对二孩及以上家庭效果更好。目前，大部分家庭仍有生育意愿，因此生育一孩可以视为大部分家庭的刚需。根据经济合作与发展组织的数据，大部分经济合作与发展组织国家无孩家庭占比不到20%，在完整的生命周期内，生1个及以上孩子是大部分家庭的选择。因此，生育补贴对生育一孩的家庭的效果更多体现在让生育提前。相对来说，生育多孩的家庭对政策的敏感性更高。

第四，生育年龄。现金补贴对年龄较大（在生育年龄内）的女性或家庭相对更具有吸引力。一方面，年龄较大的女性工作更加稳定，升职晋升需求较小，生育活动对政策敏感性更高；另一方面，年龄较大的女性更加成熟，对未来的生育计划和安排更加明确，容易受到政策补贴利好的影响。

第五，补贴力度。一般来说，在政府财力允许的情况下，补贴力度越大，对生育的激励效果越好。根据生育补贴的原理，更高的补贴意味着其对生育成本覆盖更多。现实中，考虑财政收入有限，按收入水平分类补贴是更普遍的做法，根据经济合作与发展组织的数据，2014年经济合作与发展组织国家有两个孩子且最小的孩子刚出生的双职工家庭可领取的家庭福利占个人平均收入的比重为1%~20%，法国较高，为16.1%。

二、国际经验：生育补贴方式与效果

（一）效果：补贴和生育率正相关，其中法国、瑞典等福利支出占比高，生育率维持高位，日本等补贴力度不足，陷入"低生育率陷阱"

家庭福利开支比例与生育水平成正比，家庭福利开支占比越高的国家，生育水平越高（见图14-1）。2019年大部分经济合作与发展组织国家家庭福利开支占GDP的比例为1%~4%，平均为2.3%；其中法国为3.4%，比重最高；土耳其为0.5%，比重最低。整体看，北欧国家家庭福利支出占比普遍高于南欧和亚洲其他发达国家，生育率也相对较高，2021年北欧、南欧、东亚总和生育率分别为1.58、1.33、1.17。

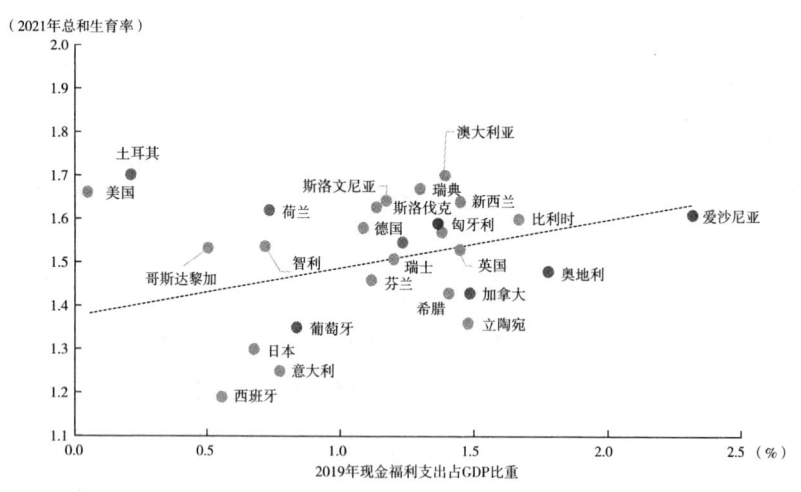

图14-1 经济合作与发展组织国家家庭福利支出占比与总和生育率成正比

资料来源：经济合作与发展组织，泽平宏观。

由于二战后补偿性生育的影响，多国迎来婴儿潮，20世纪30—50年代世界总和生育率短暂上升，此后进入快速下降的30年，21世纪后世界总和生育率降幅放缓，各地区生育率变动情况出现分化。主要由于各国家庭福利政策不同，其中法国、瑞典等国家的家庭福利支出占比高，生育率维持高位，而日本、韩国等近年不断提高补贴水平，但福利支出占比仍低于经济合作与发展组织平均值，陷入"低生育率陷阱"，德国等国家近年开始学习北欧国家的福利政策，成功跨过"低生育率陷阱"。

一是法国、丹麦、瑞典等国家，2021年总和生育率在1.6以上，这些国家鼓励生育政策实施较早，比如法国在1918年就开始实施生育家庭津贴政策，在生育率降至1.86时推出五大生育津贴，政策支持较为及时，并且国家生育支持体系完善，家庭福利支出占比高，2000年以来，现金福利支出占比一直在1.2%以上，近年生育率一直维持在1.6以上。

二是美国、巴西等国家，2021年总和生育率在1.6以上，但生育支持力度较弱，家庭生育、养育、教育支出基本由个人负担，2019年美国现金补贴占GDP的比重几乎为0，为经济合作与发展组织国家中最低，近年生育率呈下降趋势，2000—2021年下降20个百分点左右。

三是德国等国家，2021年总和生育率在1.5左右，近年开始借鉴北欧国家家庭福利政策，德国在2006年底创设鼓励父母双方共同领取的"父母津贴"，2015年继续推出"父母津贴+"计划，增加领取时间的灵活性。2000—2021年生育率有小幅提升，且跨过了"低生育率陷阱"。

四是西班牙、意大利等南欧国家，2021年总和生育率小于1.3，生育支持力度较弱，近年开始学习借鉴北欧的家庭政策，家庭现金福利支出不断增加，但是仍不足1%，生育补贴效果不佳，2000年以来生育率仍在低位徘徊。

五是日本、韩国等国家，2021年总和生育率小于1.3，这些地区生育支持政策推出较晚，家庭分工仍较传统，生育支持力度小，2000年开始日本和韩国生育支持力度不断增加，家庭现金福利支出分别从0.14%和0增至0.6%和0.3%，但是补贴力度仍不足，总和生育率降至极低水平。

（二）法国：较早开始鼓励生育，家庭补贴政策不断完善，总和生育率位居发达国家前列

法国早在生育率低于更替水平之前就开始鼓励生育，目前是经济合作与发展组织国家中家庭福利支出占比最高的，2021年总和生育率达1.8，位于经济合作与发展组织国家前列。

第一，法国的家庭补贴制度在西方国家中属于领先，19世纪初为了应对出生率下降带来的国民利益受损，私营企业率先行动为多孩家庭提供生育补助，政府在1917年开始酝酿家庭现金补贴政策，此后不断完善，至1951年法国家庭福利支出占GDP的比重约为16.8%，政策效果显著，战后至20世纪50年代末，出生率和自然增长率分别增长了5个千分点、10个千分点。

18世纪初，法国是欧洲人口规模最大的国家，但随着出生率持续下降，1901—1911年法国人口规模从3 848万微增至3 923万，降至欧洲第五位。由于担忧人口下降影响国力，私人部门率先推出生育补贴，1916年私营企业家米什兰为三孩家庭提供540法郎/年的补贴，1918年伊泽尔雇主协会创建社会救济局，为工人提供生育补贴。1917年开始，政府酝酿出台家庭生育补贴政策，当时的总和生育率约为2.75。1939年，法国颁布《家庭法典》，建立家庭补贴制度，将补贴对象扩大到所有法国个体户和农业工人。1941年，《家庭法典》增设

家庭附加工资，对鼓励生育有积极意义。1944—1946 年，法国临时政府通过制定有利于群众的社会政策，包括家庭津贴、社会保险、奖励生育等，促进了生育率的提高。1946 年，法国建立家庭补贴制度，为生育二孩以上的家庭提供补贴，资金由雇主提供。

由于生育支持政策出台较早，政策效果较好，战后至 20 世纪 50 年代末，法国年均出生率达近 20‰、自然增长率为 7‰，分别增长了 5 个千分点、10 个千分点。

第二，20 世纪 60 年代后，一方面，随着经济发展、妇女独立意识增强，生育意愿逐渐下降；另一方面，法国的社会政策从提供家庭津贴到关注老年人保险等方面，家庭津贴占 GDP 的比重下降，社会生育意愿有所下降，但由于法国家庭支持政策不断完善，家庭福利支出占比在经济合作与发展组织国家中居首位，生育率仍维持在 1.8 左右，在经济合作与发展组织国家中处于领先地位（见图 14-2）。

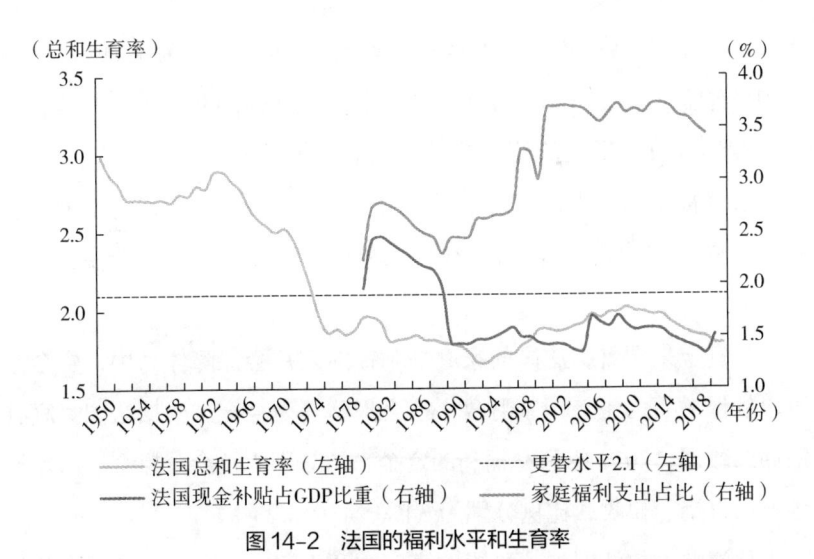

图 14-2 法国的福利水平和生育率

注：部分年份家庭福利支出占比数据缺失，通过前后年份平均值进行估算。
资料来源：经济合作与发展组织，泽平宏观。

生育补贴方面，20世纪70年代，法国开始注重低收入群体的家庭补贴，1951—1970年，法国家庭福利支出占社会预算的比重从16.8%降至10.5%。其中，家庭现金福利占GDP的比重从有数据以来的最高2.5%降至2020年的1.5%（经济合作与发展组织国家平均值约为1.12%），该比例在经济合作与发展组织国家中处于中上水平。

生育率方面，根据世界银行的数据，1960年法国的总和生育率为2.73，1975年下降到1.95，低于更替水平，1993年进一步下降至1.66，创历史最低，后续随着鼓励生育力度的加大，生育支持政策体系不断完善，到2010年，法国的总和生育率升至2.0，几乎达到更替水平，近年法国生育率有所下降，但仍处于经济合作与发展组织国家前列，2021年法国总和生育率为1.79。

法国属于保守主义福利类型国家，主张家庭为福利的主要提供者，政府在家庭需求中发挥辅助功能，补贴会根据家庭收入、孩子数量有所区分。根据经济合作与发展组织的数据，2019年法国的家庭福利支出占GDP的比重为3.44%，现金福利支出占比为1.34%。目前法国已建立比较完善、多样化的津贴制度，涵盖幼儿出生、养育、托幼、对父母收入损失的补贴等多个环节，包括出生奖金、基本津贴、共享教育福利和自由选择儿童保育的补助（教育福利和保育补助不能同时领取），补贴金额依据家庭收入和孩子数量等存在明显差异（见表14-1）。

从资金来源看，法国的家庭福利被纳入社会保障体系中，资金来源以社保缴费为主，国家财政、社会捐赠等为补充。根据法国家庭补助局的数据，2018年家庭福利的资金来源分别为社会分摊金、国家及各部门报销、税收，比例分别为34%、43%、23%。

从津贴发放情况看，法国的家庭福利由家庭津贴基金负责发放给儿童监护人，截至2020年，法国家庭津贴已经惠及1 360万个家庭，

表 14-1　法国主要生育补贴类别

类别	津贴名称	解释	条件	对应津贴额度	领取方式
从一孩起的津贴	出生补助	用于支付生孩子有关的费用	收入限制内	1 019 欧元	一次性
	出生后基本津贴	为 3 岁以下孩子准备的抚养和教育费用	极低收入	185 欧元/月	按月领取至孩子满 3 岁
			中低收入	92 欧元/月	
	二孩及以上的家庭津贴	给有 2 个 20 岁以下孩子的家庭	低收入	142 欧元/月	按月领取至孩子满 20 岁,当孩子满 14 岁时,低、中、高收入家庭分别多领 71 欧/月、35.5 欧/月、17.8 欧/月
			中收入	71 欧元/月	
			高收入	356 欧元/月	
		给有 3 个 20 岁以下孩子的家庭	低收入	324 欧元/月	
			中收入	162 欧元/月	
			高收入	81 欧元/月	
		给有 4 个 20 岁以下孩子的家庭	低收入	506 欧元/月	
			中收入	256 欧元/月	
			高收入	127 欧元/月	
从二孩起的津贴	三孩及以上的家庭补助	给至少有 3 名 3 岁以下孩子的家庭	极低收入	277 欧元/月	按月领取,从孩子 3 岁至 21 岁
			中低收入	185 欧元/月	
		给至少有 4 名 3 岁以下孩子的家庭	极低收入	277 欧元/月	
			中低收入	185 欧元/月	

续表

类别	津贴名称	解释	条件	对应津贴额度	领取方式
抚养孩子的父母补贴	儿童教育津贴	给因抚养3岁以下孩子导致夫妇双方或一方收入减少的家庭	完全中断工作	429欧元/月	1个孩子最多领6个月，2个孩子最多领24个月，3个孩子以上最多领48个月
			50%工资	277欧元/月	
			50%~80%工资	160欧元/月	
	返校津贴	给有6~18岁孩子在专门机构上学、学习或照顾的家庭发放的	6~10岁	399欧元	开学前8月底一次性支付
			11~14岁	4201欧元	
			15~18岁	435欧元	
家庭支持津贴	单亲家庭补贴	因分居、丧偶而独自抚养子女，以及独自抚养未获承认子女的单亲家庭		每个孩子187欧元/月	按月支付至孩子20岁或者至抚养义务终止
	受委托照顾儿童	给收养子女的家庭		每个孩子250欧元/月	

资料来源：法国卫生部，泽平宏观。

覆盖约 3 200 万人，在家庭福利住房支持等方面共支出 370 亿欧元，约占 2020 年法国 GDP 的 1.6%。分类型看，2020 年，家庭津贴占各类家庭福利支出总和的 62%，为最高。分家庭看，有 0 个、1 个、2 个、3 个、4 个孩子以上的家庭领取福利的占比分别为 1%、26%、50%、17%、6%，二孩家庭领取最多。

（三）日本：近年生育补贴金额不断增加，但力度仍不如北欧国家，总和生育率降至 1.3 以下

二战至今，日本经历了从控制生育到稳定人口再到鼓励生育的转变，但是由于错过了鼓励生育的最佳时期，人口问题严峻。

虽然日本不断提升家庭福利支出，但是支出水平远低于经济合作与发展组织国家平均值。根据经济合作与发展组织的数据，2019 年日本家庭福利支出占 GDP 的比重为 1.95%，现金支出占比为 0.66%，均低于经济合作与发展组织国家平均值的 2.29%、1.12%。

日本家庭福利支出占比仍然较低，难以扭转生育率下降趋势，2022 年总和生育率跌破 1.3，低生育率使日本人口于 2008 年见顶，2100 年将比峰值减少 53%，并且老龄化高龄化程度为全球之最（见图 14-3）。

家庭福利津贴方面，日本对有子女家庭提供一次性生育补贴、育儿补贴等，包括 50 万日元的一次性生育补贴和每月 1 万~1.5 万日元的育儿补贴（15 岁以下）等。根据估算，日本生育补贴仅可覆盖抚养 0~18 岁孩子成本的约 10%。公开资料显示，日本抚养一个孩子至 18 岁大约需要花费 2 000 万日元，按照日本现有的育儿补贴标准，育儿补贴仅可以覆盖 10% 左右的育儿成本。

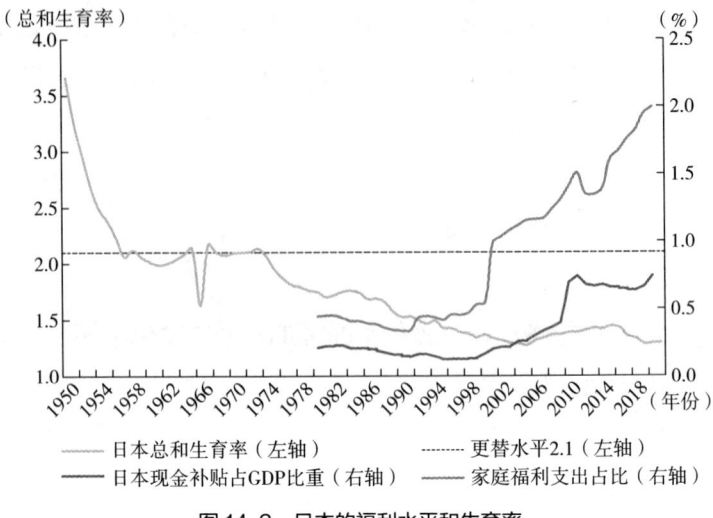

图 14-3 日本的福利水平和生育率

注：部分年份家庭福利支出占比数据缺失，通过前后年份平均值进行估算。
资料来源：经济合作与发展组织，泽平宏观。

第一，近年日本生育补贴金额逐渐增加，2023 年一次性生育补贴或将增至 50 万日元。生育津贴是为了减轻分娩所需的直接费用或产检等支出提供的补贴，2009—2011 年，日本政府实施了应对生育率下降的紧急措施，将一次性生育补贴从 38 万日元提升至 42 万日元，可将补贴直接给医院来支付相关费用。2022 年底至 2023 年初，日本首相岸田文雄宣布将在 2023 年将一次性生育补贴提升至 50 万日元（折合人民币约 2.5 万元）。

第二，育儿补贴的范围逐渐扩大，金额不断提升。为了控制财政支出，补贴中引入家庭收入限制，目前符合条件的家庭每月每孩（15 岁以下）可领取 1 万~1.5 万日元的补贴。1992 年日本的育儿津贴领取范围从二孩放宽至一孩；在补贴年龄方面，1971 年《儿童津贴法》中儿童津贴发放对象的年龄范围是 6~15 岁，1991 年儿童津贴发放对象的年龄范围扩大到 0~15 岁；在补贴金额方面，1971 年儿童津贴标准为 3 000 日元/月，1974 年提高至 4 000 日元/月，1985 年提高至 5 000 日元/月，1991

年实行更为细化的补贴方式，三孩及以上补贴金额为1万日元/月。目前符合条件的家庭每月每孩（15岁以下）可领取1万~1.5万日元的补贴（见表14-2）。2021年，日本育儿津贴共给付19 946.2亿日元，惠及960万人。

表14-2　日本历年育儿补贴标准变动情况

年份	儿童年龄（岁）	家庭年收入限制（日元）	给付标准（日元/月）
1971	6~15	—	3 000
1974	6~16	—	4 000
1985	6~17	—	5 000
1991	0~15	—	5 000~10 000
2007	0~15	不超过574万	5 000~10 000
2012	0~15	不超过960万	10 000~15 000
2022	0~15	不超过960万	10 000~15 000
		超过收入限额	5 000

资料来源：日本厚生劳动省，泽平宏观。

此外，日本将减轻不孕治疗的经济负担作为应对少子化的对策之一，于2004年引入辅助生殖治疗补贴，不孕不育治疗津贴范围扩大、金额增加。补贴金额从2004年的10万日元增至2022年的35万~75万日元，并于2022年4月将辅助生殖纳入国民健康计划，实现不孕不育治疗的保险适用。

（四）德国：2007年开始学习"北欧模式"，增加补贴额度，提升领取灵活性，总和生育率提升至1.5以上，成功跨越"低生育率陷阱"

两次世界大战使德国人口发生较大变动，其间，政局动荡导致人口政策调整缓慢，叠加"第二次人口转型"来临，人口结构迅速恶化，总和生育率快速下降，直至21世纪初，德国才开始重视人口问题，学习北欧国家，2000—2019年，德国家庭福利支出占GDP的比重从2.1%增至3.2%，总和生育率提升至1.5以上。

20世纪90年代后，调整人口结构纳入家庭政策，政府提供真金白银的补贴鼓励生育，特别是2007年后开始借鉴北欧家庭政策，生育率从1.3以下增加到1.5以上。2002年，德国联邦议会《人口变迁调查报告》提交后，德国社会才认识到人口问题。2003年，德国成立了"家庭政策联盟"，明确将人口结构目标和劳动力市场目标纳入家庭政策议程，政府实施一系列促进家庭人口增长的刺激计划。2007年，德国开始向北欧国家学习，提升夫妻领取生育津贴的灵活性。2000—2019年，德国家庭福利支出占GDP的比重从2.1%增至3.2%，其间，家庭现金福利支出占比一直高于1%。2006—2016年，总和生育率从1.3增至1.6，此后小幅降至2021年的1.53，仍高于1.5（见图14-4）。

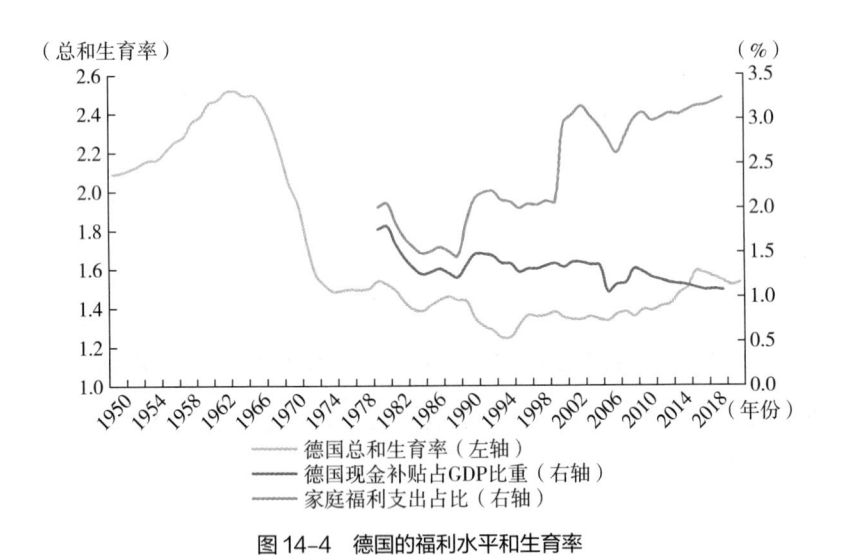

图14-4 德国的福利水平和生育率

注：部分年份家庭福利支出占比数据缺失，通过前后年份平均值进行估算。
资料来源：经济合作与发展组织，泽平宏观。

家庭津贴方面，德国的生育补贴主要包括生育津贴、父母津贴、子女津贴等，联邦政府承担补贴费用，根据经济合作与发展组织的数据，2019年德国的家庭福利支出占GDP的比重为3.2%。

第一，生育津贴是指在休产假期间所获得的补贴，如果女性在休产假之前有合法保险，则可以从健康保险中获得生育补贴；如果没有，则将获得联邦社会保障的生育福利。其中，健康保险补贴的生育津贴是13欧元/天，如果过去3个月净工资超过13欧元/天，则可向雇主申请支付差额，支付周期为产前6周到产后8周。联邦社会保障局提供的生育津贴总计最高为210欧元。

第二，父母津贴是指父母在孩子出生之后，因照顾孩子未从事全职工作，而是在家照顾孩子所获的补偿，包括基础津贴、"父母津贴+"、伴侣合作奖金。在德国，父母在子女出生后如未从事全职工作，就能领取相应的父母补贴，领取比例为出生前净收入的65%，比例根据工资进行调整。为了鼓励父母在子女出生后进行兼职工作，德国于2015年推出"父母津贴+"，可领取期限是基本津贴的两倍。并且，为了鼓励夫妻双方共同照看小孩，如果双方均在孩子出生后照顾孩子并从事兼职工作，还可以多领取2~4个月的伴侣合作奖金。

第三，子女津贴或税收减免，二选一，其中子女津贴也称儿童福利金，是支付给所有家庭的补贴，近年补贴额度有所增加，目前所有孩子均可领取250欧元/月的补贴（0~18岁）。从补贴额度看，2023年之前，根据德国联邦子女津贴法的规定，一孩、二孩的津贴均为每个孩子219欧元/月，三孩为每个孩子225欧元/月，从第四个孩子开始为每个孩子250欧元/月。2023年新的补贴规定为，所有孩次均为250欧元/月（见表14-3）。从领取期限看，子女津贴的发放期限是孩子0~18岁，如果孩子失业则领到21岁，如果孩子正在接受教育则领到25岁。税收减免包括基本扣除（根据工资决定）、托儿费扣除

（每个孩子 4 000 欧元 / 年）、学费扣除（每个孩子 5 000 欧元 / 年）、雇用保姆扣除等。

表 14-3 德国主要生育补贴类别

津贴名称	解释	领取周期	孩次	补助	备注
父母津贴	子女出生后，父母未从事全职工作	14 个月	1	300~1 800 欧元 / 月	领取金额为子女出生前净收入与子女出生后净收入差额的 65%，收入越低，领取比例越高
			多 1 个	增加 75 欧元 / 月	
父母津贴+	子女出生后无收入	28 个月	1	150~900 欧元 / 月	2015 年 7 月以后领取
			多 1 个	增加 37.5 欧元 / 月	
	子女出生后有兼职收入		1	300~1 800 欧元 / 月	
			多 1 个	增加 37.5 欧元 / 月	
伴侣合作奖金	夫妻双方分摊照顾小孩，且均在兼职工作	2~4 个月	—	150~900 欧元 / 月	—
儿童福利金	子女抚养费	0~18 岁	所有	250 欧元 / 月	如果孩子失业，将支付至 21 岁；如果孩子正在接受教育，将支付至 25 岁

资料来源：德国联邦家庭部，泽平宏观。

从补贴效果看，2000 年以来，德国总和生育率在经济合作与发展组织国家的排名从倒数变为中等，主要归功于一系列生育激励政策的推出和家庭福利制度的转变。根据估算，德国儿童福利金可覆盖抚养 0~18 岁孩子成本的约 36.5%。

第一，迅速转变人口政策，快速完善家庭福利，2000—2019 年，德国家庭福利支出占 GDP 的比重从 2.1% 增至 3.2%（高于经济合作与发展组织国家平均值的 2.29%），其间家庭现金福利支出占比一直高于 1%。

第二，2007 年，德国将传统的家庭政策向"北欧模式"转变，提升夫妻领取生育津贴的灵活性。2006 年之前，德国的生育津贴主要以支持母亲居家照顾为主，2007 年开始，德国学习北欧的福利政策，鼓励父母双方照看孩子，推出了"父母津贴"，此后为了增加父母领取津贴的灵活性，在 2015 年推出了"父母津贴+"。

第三，从补贴力度看，根据德国联邦统计局 2019 年的数据，抚养一个孩子至 18 岁需要花费近 15 万欧元，其中 6 岁以下、6~12 岁、12~18 岁分别花费 587 欧元/月、686 欧元/月、784 欧元/月，目前德国儿童福利金为 250 欧元/月，大约可以覆盖 0~18 岁孩子抚养成本的 36.5%。

（五）美国：以保障中低收入家庭为主，家庭福利占比在经济合作与发展组织国家中排名倒数，近年生育率明显下降

美国主要通过市场来满足家庭福利需求，政府主要发挥补缺功能，保障低收入群体福利，其生育政策属于"不干预"类型。根据经济合作与发展组织的数据，2019 年美国家庭福利支出占 GDP 的比重为 1.04%，现金支出占比为 0.06%，在经济合作与发展组织国家中排名倒数，近年生育率明显下降，2007 年从更替水平 2.1 降至 2021 年的 1.7，降幅缓慢主要是因为有移民支撑（见图 14-5）。

从生育率看，美国的总和生育率在 1976 年下降到 1.74 之后缓慢提升，在 1988—2010 年稳定在 2.0 左右的水平，近年来又出现下滑，2021 年下降到 1.7，在发达国家中仍处于较高水平。

从人口总量看，美国依靠开放的移民政策大量吸收国际移民，人

口总量迅速增长。19世纪初自然增长率高并大量吸收移民，1800—1960年总人口从680万人增至1.9亿人；20世纪60年代至今，人口自然增长放缓，但移民支撑人口维持稳定增速，1960—2020年总人口从1.9亿增至3.3亿。

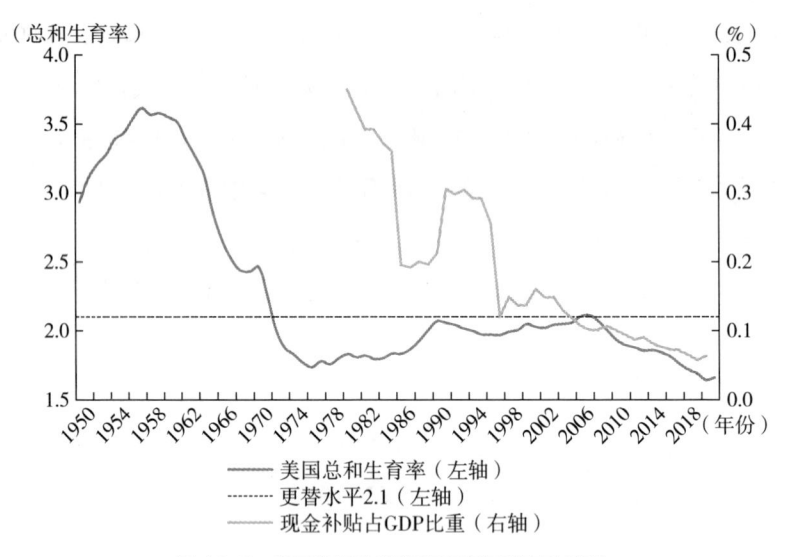

图14-5 美国总和生育率和家庭福利变动情况

注：部分年份家庭福利支出占比数据缺失，通过前后年份平均值进行估算。
资料来源：经济合作与发展组织，泽平宏观。

美国从分娩保障、税收抵免金等方面出发，构筑家庭生育支持体系，主要保障低收入人群，补贴力度较小，根据经济合作与发展组织的数据，2019年美国的家庭福利支出占GDP的比重为0.67%，现金福利支出占比为0.06%，分别在经济合作与发展组织国家中排倒数第四、倒数第一。

从儿童福利制度看，美国人崇尚自由，家庭福利制度倾向于发挥"托底"作用，主要保障低收入家庭。20世纪开始，政府逐渐参与儿童福利制度。1909年，美国设立儿童局，负责管理儿童福利的相关事务。20世纪50年代开始，儿童福利的相关立法快速完善，先后实施午餐计划、妇幼营养计划等，为中低收入家庭提供营养补贴。1961年《特别未成年儿童援助法案》将援助范围从孤儿或单亲扩大到父母失业的儿童。1974年将遭受家庭虐待和忽视的儿童也纳入政府保护体系。

从分娩保障看，1963年《社会保险法修正案》颁布，允许对非政府机构妇幼保健研究项目拨款；2010年《平价医疗法案》颁布，独立的产妇分娩中心被纳入医疗救助计划；2012年医疗保险和医疗补助服务中心开展"母亲和新生儿的良好开端"计划，提供集体产前护理并建设更加完善的分娩中心与妇幼保健院。

从税收抵免福利看，1997年儿童税收抵免计划颁布，为家庭抚养的每名17周岁以下儿童提供每年400美元的税收抵免，1999年、2001年、2019年、2021年分别提升至500美元、1 000美元、2 000美元、3 600美元。同时，儿童税收抵免计划的退税年收入门槛在2009年由10 000美元降至3 000美元，2019年进一步降至2 500美元。2021年7月，美国对家庭实施为期半年的特殊儿童税收抵免，无论家庭是否缴税，都能获得抵免补助，具体规定是符合资格的父母（单亲家庭年收入7.5万美元、双亲家庭年收入15万美元以下）将收到300美元/月/人（6岁以下）、250美元/月/人（6~17岁）。资金来源主要是联邦政府预算拨款、地方财政以及社会、机构或个人的慈善资助。

三、启示：真金白银生育补贴有助于提升生育率

当前，孩子是最好的投资。目前基建投资趋于饱和，制造业产能

过剩，房地产供给总量平衡，教育出现过度竞争，但是在孩子数量上的投资是不够的。中国科技创新能力过去在很大程度上得益于中国庞大的市场和人才规模，但这种规模优势未来会随着年轻人口的迅速减少而萎缩。因此，当务之急是尽快扭转新出生人口迅速下降的趋势。现在多生一个孩子，未来其不仅是一个消费者，也可能是一个科研创新者，更是文化的传承者。因此，当今中国最值得的投资是孩子。

建议从国家层面以发放补贴的方式开启扩大内需复苏计划，发放群体可以向有赡养老人、养育孩子需求的家庭倾斜，由于这部分家庭存在较大的育儿、养老支出需求，可以降低消费券的储蓄漏出率，同时可以切实降低这部分家庭的生育养育成本，提振生育水平。从长期看，新增人口会增加对汽车、房屋、电器、旅游等产品和服务的需求，支持相关产业的发展，增加就业机会。发放生育补贴不用担心通胀。当前物价回落、需求不足，关键是稳住宏观经济大盘、扭转市场预期、提振消费。

对于生育补贴的具体方案，建议按照孩子数量针对家庭发放，给有孩子的家庭每月1 000~6 000元。比如可以给一孩家庭补贴1 000元，给二孩家庭补贴3 000元，给三孩家庭补贴6 000元。按上述补贴计算，即一孩家庭补贴1 000元，二孩家庭平均每个孩子补贴1 500元，三孩家庭平均每个孩子补贴2 000元。按此计算，需要提供1万亿~3万亿元的补贴。

从发放年限看，目前国内已出台的育儿补贴政策，如果是按年发放或按月发放，绝大多数地区都是发放至孩子年满3周岁，只有武汉市东湖高新区的育儿补贴发放至年满6周岁。

从资金来源看，目前生育补贴政策主要由地方政府出台。我们认为，应该由中央层面出台更合适：一是因为大多数地方政府并没有足够的财力补贴生育；二是因为人口是流动的，孩子长大后有可能到外地工作，为整个国家做贡献，地方的支持动力小于全国。

定向发放生育补贴，短期有助于扩大内需、稳增长、稳就业，长期有助于提振生育水平、提升人力资本、增强经济社会活力。

第十五章

辅助生殖:
需求释放的人口净增红利有多少

由于生育年龄推迟、社会压力增加等，"生不出、生不好"的问题逐渐显现。辅助生殖技术作为治疗不孕不育的最终解决方案，是不孕不育家庭的育儿新希望，一方面能够满足不孕不育家庭求子的期望，另一方面能够缓解出生人口下降的压力。

我国辅助生殖技术经过30多年的发展，已经处于世界发展前列，治疗周期数量逐年增加，但是目前相较于国外渗透率不高，部分需求难以释放，未来随着患者对辅助生殖的接受度提升，以及相关补贴政策的完善，辅助生殖需求会进一步释放。根据测算，如果考虑对试管婴儿单周期进行20%、50%、80%的财政补贴，2025年可以分别获得14.9万、29.8万、44.7万的净增出生人口。①

---

① 本章执笔人：任泽平、白学松、柴柯青。

一、辅助生殖：生育支持的重要部分

世界卫生组织曾预测不孕不育症将被列为 21 世纪人类三大疾病之一，仅次于脑瘤和心脑血管疾病。不孕不育是生殖系统疾病，具体表现在经过 12 个月或者更长时间经常进行未有避孕的性行为后仍未能临床怀孕，学术上将其划分为女性不孕症、男性不育症以及其他因素引起的不孕症。目前治疗不孕不育的主要方法有药物治疗、手术治疗和辅助生殖治疗三种。辅助生殖技术（Assisted Reproductive Technology，简称 ART），指以人工授精和体外受精－胚胎移植等方式，辅助不孕不育夫妇完成妊娠。辅助生殖一般作为常规药物和手术方式未见成效后的最终解决方案，其成功率能达到 40%~60%。根据受精的完成过程是在女性体内还是体外，可以将辅助生殖技术分为人工授精和体外受精。

我们常说的试管婴儿（体外受精，IVF）是辅助生殖的主要类型之一，指采用人工方法让卵细胞和精子在体外受精，并进行早期胚胎发育，然后移植到母体子宫内发育。根据适应证和技术手段的不同，国内通常将试管婴儿列为第一代/第二代/第三代技术。下文提到的辅助生殖以试管婴儿技术为主。

（一）发展历程：技术逐渐完善，成为生育支持措施的重要部分

中国的辅助生殖技术起步晚、发展快，经历 30 多年，已走在国

际生殖医学领域前列，相关规定也在逐渐落实、完善、细化。辅助生殖行业随着生育政策的变化而快速发展，主要经历了四个阶段（见图15-1）。

第一阶段（1980—2000年）：起步期，试管婴儿第一、第二、第三代技术相继发展。自1978年首例试管婴儿在英国出生后，国内研究人员便开始了对相关领域的探索。1988年，我国内地首名试管婴儿在北京大学第三医院诞生，技术成功为后续试管婴儿技术的发展开启了新篇章。此后，国内首个ICSI（卵胞质内单精子注射）试管婴儿和首个经PGD（植入前遗传学诊断）的婴儿相继在广州中山大学附属第一医院诞生。首例三代试管婴儿诞生成为辅助生殖技术发展的里程碑。但是，此阶段，辅助生殖领域的法律和规章制度尚没有进展。

第二阶段（2001—2012年）：规范期，发布系统详细的辅助生殖管理办法。2001年2月，卫生部先后颁布《人类辅助生殖技术管理办法》《人类精子库管理办法》等，标志着我国辅助生殖技术开始规范发展。2003年卫生部修订相关规范和标准，对技术标准、人员配备、场所设备等提出具体要求，比如减少胚胎移植数量、一个供精者的精子最多只能提供给5名妇女受孕等内容，为辅助生殖机构发展提供参考范式。2007年，卫生部颁布《关于加强人类辅助生殖技术和人类精子库设置规划和监督管理的通知》，指出严禁此项技术的商业化和产业化，进一步对辅助生殖做出规范。

第三阶段（2013—2017年）：优化期，细化机构数量规划、牌照审批等方面的要求。2015年，中国疾病预防控制中心妇幼保健中心建立了国家辅助生殖技术管理专家库，国家卫生和计划生育委员会更新了2001年的《人类辅助生殖技术配置规划指导原则》，提出每300万人口设置一个辅助生殖机构的原则，为各地辅助生殖发展提供依据。

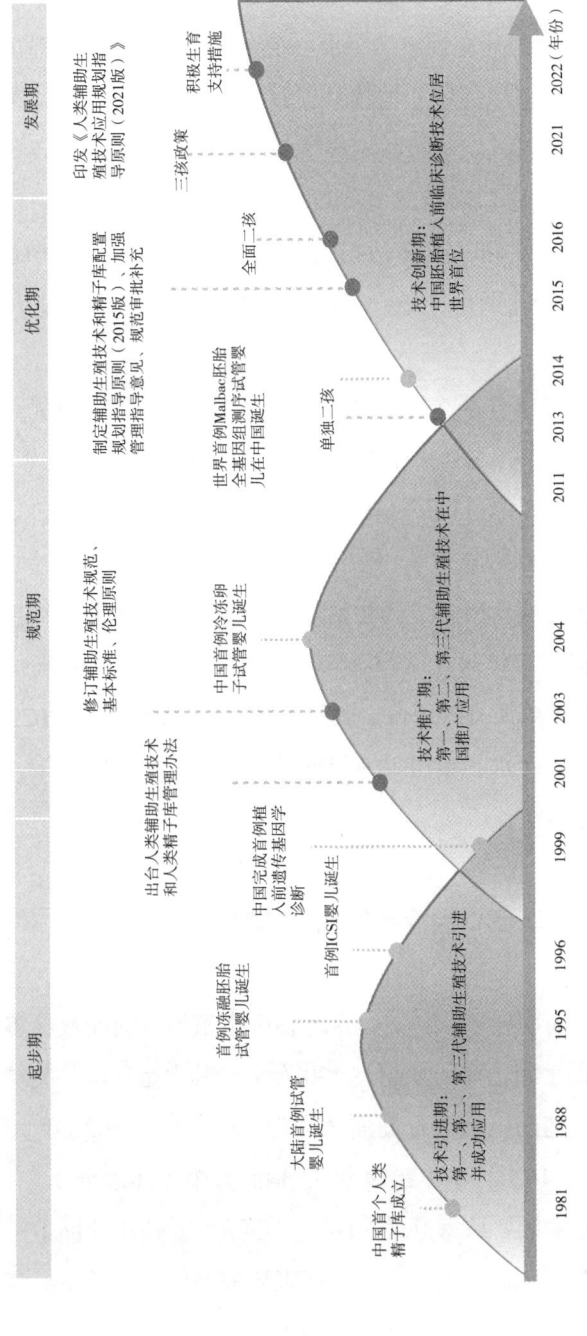

图 15-1 中国辅助生殖技术发展历程

注：Malbac 指多次退火环状循环扩增技术。
资料来源：根据公开资料整理，泽平宏观。

第十五章 辅助生殖：需求释放的人口净增红利有多少

同年，国家卫生和计划生育委员会发布《关于规范人类辅助生殖技术与人类精子库审批的补充规定》，细化辅助生殖机构管理，提出"申请开展常规体外受精–胚胎移植技术、卵胞浆内单精子显微注射技术的机构至少实施夫精人工授精技术或供精人工授精技术满1年。申请开展植入前胚胎遗传学诊断技术的机构至少实施常规体外受精–胚胎移植或卵胞浆内单精子显微注射技术满5年"等要求。2016年全面二孩政策实施，辅助生殖治疗不再需要计划生育证明，惠及人群扩大。

第四阶段（2018年至今）：发展期，支持辅助生殖成为优化生育支持政策的内容之一。2021年5月，三孩政策实施。2022年8月，国家卫生健康委员会等17部门联合印发《关于进一步完善和落实积极生育支持措施的指导意见》，提出"指导推动医疗机构通过健康教育、心理辅导、中医药服务、药物治疗、手术治疗、辅助生殖技术等手段，向群众提供有针对性的服务"，辅助生殖技术成为提高优生优育服务水平的一项重要支持手段，辅助生殖补贴逐渐落地，2022年以来，杭州、衡水、丽水、银川等地相继推出辅助生殖补贴政策，旨在减轻患者的治疗负担。

（二）现状：渗透率低，治疗患者相对年轻

第一，治疗周期最多。中国是全球辅助生殖治疗周期数最多的国家，2020年辅助生殖治疗周期超过130万个，其次是日本、美国、俄罗斯、西班牙，辅助生殖治疗周期分别为49.8万个（2021年）、41.4万个（2021年）、16.1万个（2019年）、14.8万个（2019年）。

第二，渗透率低。从每万名20~44岁不孕妇女使用辅助生殖技术的治疗周期数看，日本、澳大利亚、西班牙辅助生殖渗透率最高，每

万名 20~44 岁不孕妇女使用的次数均超过 1 000 个；法国、德国的渗透率也较高，每万名 20~44 岁不孕妇女使用的次数均超过 500 个；中国、俄罗斯的渗透率相对较低，每万名 20~44 岁不孕妇女使用的次数均不高于 400 个（见图 15-2）。

第三，患者年轻。从年龄占比看，日本、美国、英国、中国的 35 岁以下患者治疗周期占比分别为 25.6%、36.2%、38.7%、71.4%，中国目前 35 岁以下占比较高，患者相对年轻，未来随着大龄育龄女性占比增加、治疗接受度和需求提升，辅助生殖需求将会进一步释放。

第四，成功率较高。根据英国人类受精和胚胎学管理局的《2021 年全国患者调查》，在选择诊所时患者最看重的因素是成功率（53%）。衡量辅助生殖成功率可以用妊娠率、活产率来表示，其中妊娠率是指所有治疗周期或者移植周期中成功怀孕的比例，活产率是指所有治疗周期或者移植周期中成功活产的比例。在进行成功率对比时，需要注意分母是治疗周期还是移植周期，由于所有治疗周期并不都进行当期移植，而是将卵子或胚胎冷冻起来，一般来说移植周期成功率大于治疗周期成功率，进行成功率对比时不能将两者混淆。从移植成功率看，2021 年美国、中国、日本、英国的移植周期活产率分别为 37.3%、41.8%（2019 年）、25.2%、23.3%。此外，成功率受患者年龄、治疗方式和类型、配子来源等方面的影响，一般来说患者年龄越小，成功率越高。

第五，安全性提升。虽然仍有人把试管婴儿看作可定制化的治疗手段，希望通过此技术获得双胞胎，但在医学领域，双胎或多胎属高危妊娠。欧洲人类生殖与胚胎学学会在 2002 年最早提出单胎移植的目标，后逐渐被各国采用。美国生殖医学会在 2006 年也开始提倡患者使用单胚移植；英国人类受精与胚胎学会在 2008 年发起"一次一个"运动，降低多胎率；日本妇产科学会自 2008 年起建议最多移植两枚胚胎；2018年中华医学会生殖医学分会推荐单胎移植，减少多胎率。国际上对单胎移植基本达成共识，多胎移植率持续降低。

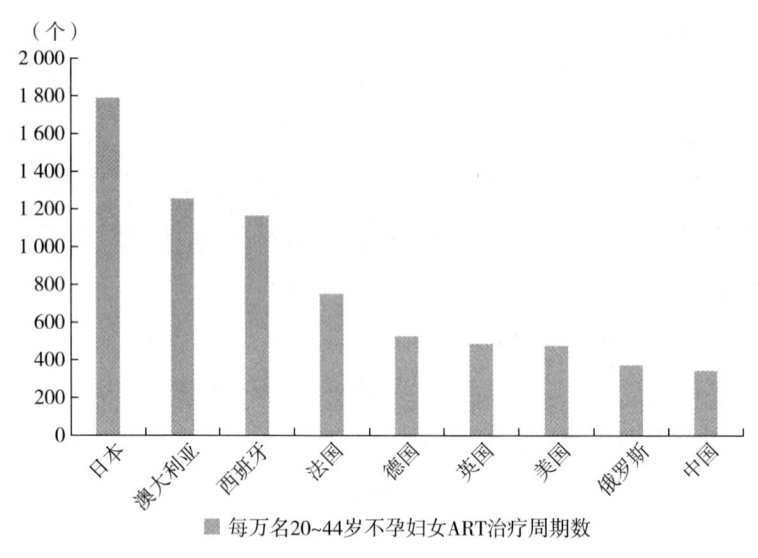

图 15-2　不同国家辅助生殖技术渗透率情况对比

注：日本、美国、英国为2021年数据，其余国家为2019年数据。
资料来源：欧洲人类生殖与胚胎学学会，美国疾病控制与预防中心，日本妇产科学会，泽平宏观。

二、影响辅助生殖需求释放的因素

21世纪以来，关于辅助生殖应纳入欧盟和各成员国家战略的政策建议频出，认为对"不能生"提供资金等方面的支持成为应对少子老龄化的方式之一。数据显示，法国、瑞典等国家辅助生殖渗透率与总和生育率成正比，渗透率高的国家，总和生育率也相对高。我国辅助生殖渗透率低，主要是由于政策约束、技术约束以及成本约束等，部分不孕不育患者的辅助需求很难释放。

（一）政策约束：单身女性是否可以使用

九成以上欧洲国家提供捐赠配子治疗，近八成国家允许单身女性使用体外受精、冻卵等辅助生殖技术，而代孕涉及主体较多，各国法律规定不一。首先，配子捐赠是指将精子、卵子或胚胎给予另一个有意愿成为父母的人，由于此过程涉及多方家庭关系，存在伦理道德方面的隐患，比较普遍的治疗项目是向异性夫妇提供精子捐赠，目前欧洲有41个国家提供向异性夫妇提供精子捐赠的试管婴儿治疗，有40个国家提供向异性夫妇提供卵子捐赠的试管婴儿治疗。其次，单身人士使用辅助生殖技术是在没有伴侣的情况下使用捐赠精子或卵子进行生育的。目前欧洲有32个国家为单身女性提供精子捐赠的试管婴儿治疗，有25个国家向单身女性提供卵子捐赠的试管婴儿治疗。最后，代孕涉及的参与者较多，容易出现伦理问题，多数国家禁止以获取盈利为目的的商业代孕行为。

在美国，任何公民（包括单身人士）都可以通过试管婴儿技术来获得自己的孩子。但是在代孕方面各州法律有差异，美国绝大部分州都允许代孕。最友好的是加利福尼亚州，对委托方身份无任何限制，孩子出生后的归属权也没有争议；最严格的是密歇根州，代孕最高可罚款5万美元，并可处以最高一年的监禁。

在澳大利亚，无论是异性夫妇、女同性恋伴侣还是单身女性，均可参加公共基金支持的辅助生殖技术项目。其中冷冻卵子需在10年内使用。代孕方面，澳大利亚非商业代孕是合法的，但禁止商业代孕。此外，澳大利亚允许供卵，但禁止商业供卵。

日本妇产科学会伦理委员会在 1983 年的"关于体外受精·胚胎移植的见解"中明确：进行 IVF 的患者必须是已婚夫妻，并且能够提供相关证明材料。2006 年相关意见保留"已婚"，但是不需要提供证明材料。2014 年，由于社会形势变化，夫妻生活方式多样性增加，很多医疗诊断不需要经过婚姻确认，在这种背景下，日本妇产科学会删除了进行 IVF 治疗的患者必须"已婚"的条件。关于代孕，日本妇产科学会认为代孕违背"人不应该完全被视为生殖手段"的基本思想，并且给第三方带来巨大风险，影响出生儿童福利，因此日本明确禁止代孕。

在中国，《人类辅助生殖技术规范》明确规定，禁止给单身妇女实施人类辅助生殖技术，要求接受辅助生殖治疗时查验不育夫妇的身份证、结婚证和符合国家人口和计划生育法规和条例规定的生育证明原件并备案。随着经济、社会、技术的不断进步，单身女性使用辅助生殖技术求子的需求增加，但由于国内禁止单身女性使用辅助生殖技术，一些单身女性只好选择支付高昂费用在国外冻卵。

（二）可得性和技术约束：诊所密度低，技术待完善

国内有辅助生殖牌照的诊所密度不高，治疗可得性低；国内辅助生殖机构呈现"东南沿海强于西北内陆"的格局。辅助生殖涉及医学、伦理、法律等方面的问题，牌照限制是国际通用规则，能够确保治疗过程的规范和安全。根据 2022 年国际生育学会联合会对 90 多个国家的调查报告，有超过 70% 的国家的辅助生殖技术中心受许可证要求的约束，但是各地应该根据治疗需求合理安排牌照发放数量。从每百万 15~44 岁妇女拥有的机构数量来看，2022 年西班牙、意大利、

日本相对较高，均为 30 个以上，而中国最低，仅为 2 个。从国内看，截至 2022 年，广东有辅助生殖机构 56 家，数量排名第一；排名前 5 的还有江苏、山东、湖北、河北，分别为 35 家、34 家、33 家、32 家，大多位于东部地区；而宁夏、青海、西藏等西部地区仅 1~2 家。质量方面，北京、上海、广东等发达区域的人才储备、医疗资源配置和技术服务处于领先水平；而甘肃、青海、宁夏等地技术资源总量相对不足，服务质量有待提高，由于缺乏优质辅助生殖医疗资源，部分患者只能选择跨区域治疗，这明显增加了治疗成本。

从技术端看，国内辅助生殖技术仍需发展，以保证更多大龄患者的治疗成功率。一方面，上游试剂及器械进口依赖度高于 50%，自主研发能力有待提升。近年，我国辅助生殖技术不断创新，2014—2021 年辅助生殖申请专利从 26 件增至 87 件，授权专利从 6 件增至 67 件，年均增速分别为 18.8%、41.2%。由于目前我国患者以 35 岁以下为主，自身治疗条件好，在一定程度上提高了成功率。但是，未来随着育龄妇女高龄化，高龄患者逐渐成为辅助生殖治疗的主力，"获卵失败""反复种植失败"等问题难以避免，从取卵阶段到移植阶段治疗成功率有下降压力，辅助生殖治疗技术和手段需要升级和优化，以满足更多大龄患者的治疗需求。另一方面，辅助生殖医疗产品自主研发能力不足，在上游相关试剂及器械中，进口品牌仍占主导，体外生殖用液和专用仪器进口占比均超过 50%。国内在新技术、领域研发的程序烦琐，前期申报阶段就存在层层关卡，效率低，研发、创新的时间成本高，自主研发动力不足。

（三）成本约束：费用负担低的国家，治疗意愿相对较高

治疗费用影响患者选择治疗的意愿，平均治疗负担越低，辅助生

殖技术使用率相对越高。欧洲人类生殖与胚胎学学会第 34 届欧洲生殖年会的报告指出，并不是所有人都能负担得起辅助生殖技术。从治疗费用负担率看，试管婴儿的平均治疗负担越低，辅助生殖治疗的使用率就会越高。费用负担率 =IVF 单周期价格 / 人均 GDP。数据显示，在不考虑国家补贴的前提下，中国、加拿大、美国、俄罗斯的居民治疗费用负担较高，分别为 53%、33%、28.6%、28.2%，同时这些国家的辅助生殖渗透率低；相比之下，丹麦、澳大利亚、以色列的居民治疗费用负担较低，仅 10% 左右，这些国家的辅助生殖渗透率较高。由于各国对于辅助生殖的资助和补贴差异很大，考虑补贴后差异将更明显。

2022 年 11 月，我们与锦欣生殖联合组织辅助生殖需求调研问卷，分别对不孕不育的现有患者和潜在患者进行问卷投放。共回收 1 783 份问卷，其中有效问卷 1 683 份，有效率为 94%。调研结果显示，价格是患者重点考虑的因素之一，潜在患者对价格的敏感性更高。第一，不孕患者在治疗过程中最看重的因素为治疗成功率、诊所服务水平、价格与补贴，分别有 85.5%、46.1%、33.4% 的患者选择；而不孕患者放弃使用辅助生殖技术的原因有价格太贵、成功率低、继续治疗的心理负担太大等，分别有 55.7%、48.9%、41.1% 的患者选择（见图 15-3）。第二，患者能够接受的全疗程费用（怀孕并成功活产所需费用）在 0.5 万元以下、0.5 万 ~3 万元、3 万 ~10 万元、10 万 ~20 万元、20 万元以上的占比分别为 8.5%、55.3%、32.1%、3.4%、0.6%。第三，潜在患者对价格敏感度更高。对现有患者来说，假设辅助生殖单周期治疗的费用是 4 万元，当补贴比例是 0、25%、50%、75%、88% 时，辅助生殖治疗需求增加的比例分别为 0、8%、12%、13%、14%；对潜在患者来说，辅助生殖治疗需求增加的比例分别为 0、14%、20%、26%、28%。

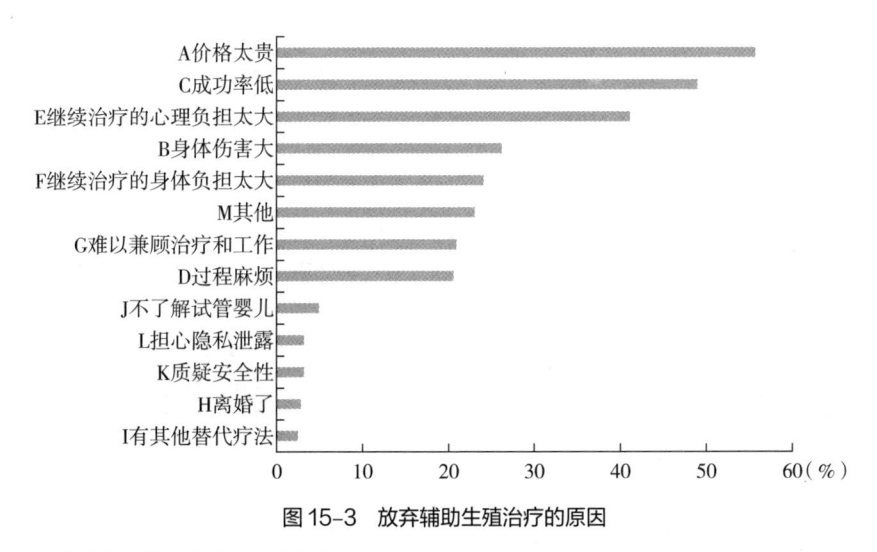

图 15-3　放弃辅助生殖治疗的原因

资料来源：锦欣生殖，泽平宏观。

三、国际经验：支持辅助生殖的方式与效果

为了减轻做试管婴儿的费用负担，西方国家提供各种类型的公共资金支持，如医保报销、发放补贴、税收优惠等。在发达国家中，辅助生殖治疗周期数最多的国家是日本和美国，日本自2004年开始引入辅助生殖补贴，并不断扩大补贴范围，2008—2021年通过辅助生殖技术出生的活产婴儿数占出生人口的比重从2.0%增至8.6%；欧洲是辅助生殖发展较成熟的地区，法律规范健全，绝大部分国家对辅助生殖提供医保资助，由国民健康保险计划覆盖，部分国家还有商业保险（见表15-1和图15-4）。

表 15-1 各国辅助生殖补贴情况

		英国	德国	日本	西班牙	澳大利亚	美国	法国
资助情况	资助比例	100%	50%~75%	70%	100%	大于 50%	不同州规定不同	100%
	资助周期	40 岁以下：3 个。40~42 岁：1 个	最多 4 个	40 岁以下：6 个。40~43 岁：3 个	最多 3 个	无限制	不同州规定不同	最多 4 个
	使用场所	公共诊所	公共+私人	公共+私人	公共诊所	公共+私人	—	公共+私人
	使用年龄	女：小于 42 岁	女：25~40 岁	女：小于 43 岁	女：18-40 岁 男：18-55 岁	—	—	女：小于 43 岁
临床标准	医学指征	需要	需要	需要	需要	需要	需要	需要
	胚胎移植限制	39 岁以下：1~2 个。40 岁及以上：2 个	没有限制	—	30 岁以下：1 个。30-37 岁：两个周期 1-2 个。38 岁及以上：第一个周期加倍	35 岁以下：1 个。38 岁以上：最多 2 个胚胎移植	—	最多 3 个，需要文件说明
社会标准	婚姻状况	异性伴侣/同性恋伴侣同居 2 年/单身	异性夫妇/单身 女性/女性夫妇	婚姻/同居	异性夫妇/单身女性/女性夫妇	稳定的关系，允许单身或同性恋女性	任何公民	异性夫妇，稳定的法律关系
	孩子情况	夫妇一方无孩子	—	—	—	—	—	不限制

资料来源：根据公开资料整理，泽平宏观。

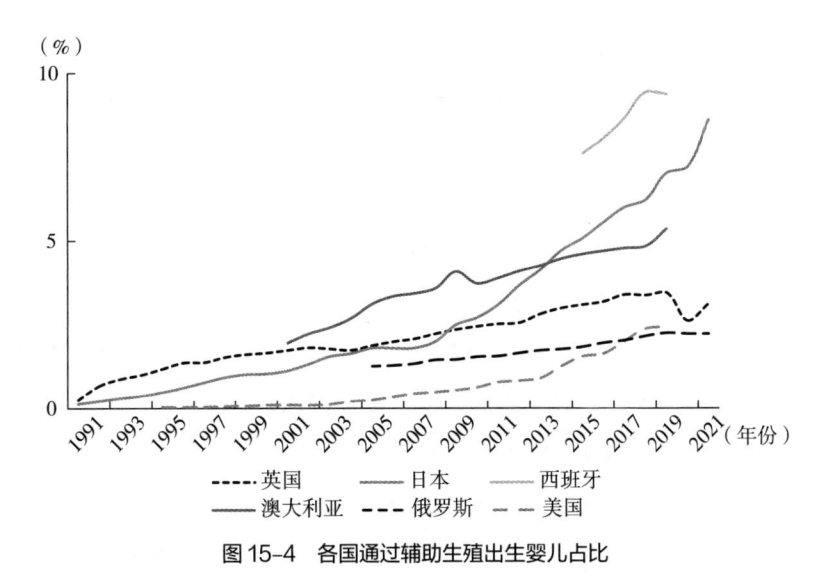

图 15-4 各国通过辅助生殖出生婴儿占比

资料来源：欧洲人类生殖与胚胎学学会，美国疾病控制与预防中心，日本妇产科学会，泽平宏观。

（一）日本：从经济补贴到医保适用，支持不孕治疗为应对少子化的对策之一

日本辅助生殖治疗周期数快速增加，2021年日本通过辅助生殖出生的婴儿数达近7万，占出生人口的比重为8.6%。从治疗周期看，2000年日本辅助生殖治疗周期总数为6.9万个。自2004年引入补贴后，辅助生殖治疗周期数增长迅速，2021年为49.8万个，是2000年的7倍多。从出生婴儿占比看，1990—2008年，通过辅助生殖技术出生的活产婴儿数量从0.1万增至2.2万，占出生人口的比例从0.1%增至2.0%，年均增加0.1个百分点；2008—2021年通过辅助生殖技术出生的活产婴儿数量从2.2万增至近7万，占出生人口的比例从2.0%增至8.6%，年均增加0.5个百分点，增幅明显提升。

第一，日本将减轻不孕治疗的费用负担作为应对少子化的对策之

一，于2004年引入辅助生殖补贴，通过取消收入限制、增加补助金额来扩大补助对象范围，减轻患者经济负担，并于2022年4月将辅助生殖治疗纳入国民健康计划（见表15-2）。数据显示，日本在2010年对于IVF治疗的总补贴次数为9.6万次，而到2021年补贴次数近14万次（覆盖总周期的比例约30%）。

从惠及群体来看，2004年，只有夫妇年收入低于650万日元的家庭可申请辅助生殖补助金；2007年，家庭年收入限制提高至730万日元；2020年，家庭年收入限制取消，惠及群体增加。

从补助金额来看，2004年每年最多补助10万日元；2007年补贴10万日元/次，每年最多两次；2005年单次治疗补助提升至15万日元/次；2015年将首次治疗周期补助上限额度提高至30万日元；2021年将每次补贴额度均提高至30万日元；2022年4月将辅助生殖纳入医疗保险适用范围，根据报酬分数加点计算，每周期的优惠额度为35万~75万日元。

从补助次数看，2011年为第一年补贴3次，此后5年内每年补贴2次；2016年补贴设置年龄上限，女性年龄小于40岁的最高补贴6次，女性年龄在40~43岁的最多补贴3次；2021年次数限制改为女性年龄小于40岁的最高补贴6次/孩，40~43岁的最多补贴3次/孩，2022年纳入医保后仍适用。

从适用机构来看，2021年以前日本实施特定生育补助金制度，补助计划在指定辅助生殖医疗机构适用；2022年纳入医保后，所有公立和私立辅助生殖医疗机构均适用。

从补贴资金来源看，2022年之前补助金由国家分担1/2，都道府县、指定城市、中核市分担1/2；2022年纳入医保后，报销费用由政府财政补贴、雇主和雇员缴纳的保险费来分担。

表 15-2 日本的辅助生殖补贴变化情况

年份	补助金额	补助次数	补助年限	年龄限制	收入限制
2004	10 万日元/年	—	2 年	—	夫妇年收入低于 650 万日元
2006	10 万日元/年	—	5 年	—	夫妇年收入低于 650 万日元
2007	10 万/次，每年 2 次	2 次/年	5 年	—	夫妇年收入低于 730 万日元
2009	15 万/次，每年 2 次	2 次/年	5 年	—	夫妇年收入低于 730 万日元
2011	15 万/次	第一年 3 次，此后 5 年，每年 2 次	6 年	—	夫妇年收入低于 730 万日元
2013	冻融胚胎移植和取卵失败患者补贴降至 7.5 万日元，其他辅助生殖技术资助不变				
2015	第一次补助 30 万日元，之后 15 万日元	第一年 3 次，此后 5 年，每年 2 次	6 年	—	夫妇年收入低于 730 万日元
2016	—	小于 40 岁：6 次。40~43 岁：3 次		43 岁以下	夫妇年收入低于 730 万日元
2019	开始向不育症男性提供首次 30 万日元，2 次及以后提供 15 万日元的补贴				
2021	30 万日元/次	小于 40 岁：6 次/孩。40~43 岁：3 次/孩	—	43 岁以下	—
2022 国民健康保险	35 万~75 万日元	小于 40 岁：6 次/孩。40~43 岁：3 次/孩	—	43 岁以下	—

资料来源：日本厚生劳动省，泽平宏观。

此外，日本对不孕症相关咨询事业提供资金支持，支持内容包括专业咨询中心、对不孕不育从业人员的培养研修、不孕不育症治疗的宣发事业，补助资金由国家和都道府县分别提供 50%。其中，不孕症咨询事业主要是以不孕不育症夫妻为对象，提供针对夫妻的健康状况的咨询指导、治疗和工作两不误的咨询等；不孕不育从业人员的培养研修包括医疗从业人员等；不孕不育症治疗的宣发事业是为了加深社会对不孕不育症的理解，营造易于接受治疗的环境。由于日本经历过不孕治疗的人中有16%因为无法兼顾不孕治疗和工作而离职，为了将不孕治疗与工作平衡，日本致力于认证"不孕治疗和工作平衡"的企业，通过相关休假制度、出勤制度等进行评选，并且针对企业主、雇员、职场领导等人群制定相应的制度导入手册。

第二，日本辅助生殖技术不受法律约束，主要由妇产科学会进行规范，新技术引用较快。1983年日本妇产科学会发布《关于体外受精和胚胎移植意见》，其中涉及对精子、卵子、胚胎储存和移植的技术规范要求；1988年发布《关于冷冻保存和移植人类胚胎和卵子的意见》，进一步规范保护卵子和胚胎；2008年发布《关于预防生殖辅助医学中多胎妊娠的意见》，限制移植胚胎数量以减少多胎妊娠。得益于日本妇产科学会的规范指导，日本辅助生殖技术在严格的标准下实施。

（二）美国：以商业保险为主，并提供不孕治疗的低息贷款

美国辅助生殖诊所数量和治疗周期数稳步增加。2001—2021年，美国辅助生殖诊所数量从384家增至453家，近年诊所数量趋于稳定。根据美国疾病控制与预防中心的数据，美国辅助生殖治疗周期数量逐年增加，2001—2010年从10万个增至14.7万个，年均增速5%；2011—2021年从15.2万个增至41.4万个，年均增速10.5%，增速明显提升。从出生婴儿占比看，2005—2021年，美国通过辅助生殖技术出生的活产婴儿数量占比从1.3%提升至2.2%。

第一，美国法律对辅助生殖治疗的规定比较宽松，任何公民都可以使用。冻卵方面，美国各州对于女性冻卵没有限制，冻卵一般保

存期限为5~10年，不建议无限期保存。美国冷冻胚胎没有婚姻、年龄、生命限制。代孕方面，美国的代孕在联邦层面仍然不受监管，每个州都有各自的法律或法院先例。辅助生殖友好州有以下三个特征。首先，从代孕许可来看，大多数代孕友好州允许任何婚姻状况、性别、性取向的人申请代孕。其次，从代孕协议来看，辅助生殖友好州允许预期父母和代理人签订代孕协议，明确双方的责任以及代孕期间的财务安排。最后，从出生证明来看，多数辅助生殖友好州支持产前亲子关系声明，即规定医院在婴儿出生证明上印刻其预期父母的名字，而非代理人的姓名，即在产前就确定准父母的合法亲子关系。

第二，美国辅助生殖治疗主要由商业保险覆盖，公共资金支持体系未完成。美国联邦法律没有要求为不孕症治疗提供保险，州政府制定不孕症保险法。截至2023年9月，已有21个州颁布了不孕症保险法，其中15个州的法律包括IVF保险，17个州制定了针对医源性（医学引起的）不孕症的生育保存法。条件和范围方面，罗得岛州、阿肯色州、马里兰州等8个州明确提出了使用不孕保险所需要的年龄限制以及使用次数等条件。罗得岛州将女性年龄限制在25~42岁，治疗额度上限为10万美元；纽约州规定，为大型团体（100名或更多员工）保险市场的患者提供3个IVF周期。限制条件方面，多数州规定自行投保的团体、人数小于50人的小企业、宗教组织无须强制覆盖保险。

美国不仅通过企业主提供的不孕治疗保险缓解患者的资金压力，还有专业融资机构为不孕治疗提供相关低息贷款服务，辅助生殖诊所提供生育融资计划、风险分担计划等。其中，盟友贷款、未来家庭等融资机构为体外受精、冻卵、捐赠服务提供相关资金支持，最低免息，最高可贷10万美元的资金；无息生育贷款提供犹太人免费贷款，最高额度为1.5万美元，致力于减轻与体外受精相关的费用。生育诊所也提供相应的融资支持计划，比如美国生殖中心，为患者提供相应的生育套餐，并通过成功计划、"两周期+"和"三周期+"计划，对活产后未使用的周期进行退款。Fertility Access（提供生育服务的平台）为寻求IVF治疗的患者提供各种退款和折扣选项，提供100%、50%的退款计划，在3次或2次治疗不成功时提供100%或50%的退款。

（三）英国：医保覆盖试管婴儿治疗，提供最多3个周期的全额报销

英国辅助生殖周期呈上升趋势，2021年通过辅助生殖出生的婴儿数量占出生人口的比重为3.1%。截至2021年，英国辅助生殖治疗周期超8万个，是1991年的5倍以上，年均复合增速5.6%。其中IVF周期占比超过九成，是目前使用较多的治疗手段。从出生婴儿情况看，1991—2021年通过辅助生殖出生的婴儿数量从1 760人增至1.9万人，占出生人口的比例从0.3%增至3.1%。

试管婴儿技术起源于英国，随着技术的不断完善和需求的释放，为了减轻不孕治疗的费用负担，英国政府在发展期研究将试管婴儿纳入医保，并逐渐放宽年龄限制到42岁。

第一阶段（1978—1989年）：探索期。1978年，世界上第一例试管婴儿诞生于英国，为不孕患者治疗开拓了新途径。由于此技术涉及伦理、道德、安全等问题，引发一系列争论，英国于1982年成立沃诺克委员会，对相关问题进行研究，用于回应争论，并于1984年开始发布《沃诺克报告》，建立辅助生殖技术的规范架构。

第二阶段（1990—1998年）：规范期。1990年英国政府发布全

球第一部涉及人类胚胎的相关监管法案《人类受精与胚胎学法案》。1991年，英国人类受精和胚胎学管理局成立，根据沃诺克的建议，人类受精和胚胎学管理局将独立于政府、卫生当局、研究机构，专门负责监管涉及人类胚胎的研究，是世界上第一个涉及人类胚胎的辅助生殖治疗和研究的法定监管机构。在英国，需要经过人类受精和胚胎学管理局的允许才能提供涉及配子的医疗。

第三阶段（1999年至今）：发展期。1999年英国成立国家卫生与临床优化研究所（NICE），用于临床服务研究，保证国家医疗服务体系（NHS）有效运行。2000年国家卫生与临床优化研究所开始制定用于国家医疗服务体系的生育指南，研究将辅助生殖技术纳入国家医疗服务体系的成本收益等，提出为不孕女性提供国家医疗服务体系资助治疗的建议。2004年，要求国家医疗服务体系资助3次IVF治疗。2013年，国家卫生与临床优化研究所更新了生育指南，建议对从未接受过IVF治疗的40~42岁女性提供1次IVF治疗。

国家医疗服务体系对IVF治疗提供最多3个周期的全额报销，但是在英国的私人医疗保健机构治疗，只能自费，价格不受人类受精和胚胎学管理局的监管，所以相同的治疗在不同的诊所的价格可能会差2~3倍。分年龄看，2021年35岁以下、35~37岁、38~39岁、40~42岁、43~50岁年龄段人群接受国家医疗服务体系资助的IVF周期占比分别为52.1%、23.9%、14.3%、9.0%、0.7%，年龄越大、补贴比例越小；2017—2021年各年龄段接受补贴比例的变动分别为–4.6、0.1、1.0、3.1、0.4个百分点，35岁以下群体补贴比例明显下降。分区域看，2019—2021年，英格兰接受国家医疗服务体系的IVF周期数量下降36%，苏格兰下降17%，威尔士下降1%。其中，苏格兰、威尔士和北爱尔兰的资金补贴标准区域统一，而英格兰的资金补贴标准由区域当地的临床委托小组确定。

四、辅助生殖需求释放的人口净增红利

我国辅助生殖技术经过 30 多年的发展，已经处于世界发展前列，治疗周期数量逐年增加，并且我国不孕不育的育龄人口基数大，辅助生殖市场空间广阔，但目前渗透率并不高。根据弗若斯特沙利文的数据，我国辅助生殖渗透率仅 7.9%，远低于美国的 31.2%。根据上文的分析可知，辅助生殖在政策、技术、费用等方面仍有不足，导致很多需求难以释放，渗透率仍有很大提升空间。

（一）渗透率提升带来的新生儿增量

思路和假设：将 20~44 岁育龄妇女的年龄分为五档，分别是 20~34 岁、35~37 岁、38~40 岁、41~42 岁、43~44 岁，依据各年龄段的有偶率、不孕率、辅助生殖需求占比等参数，通过公式"分年龄育龄妇女 × 分年龄有偶率 × 分年龄不孕不育率 × 分年龄辅助生殖需求占比 × 辅助生殖渗透率 × 分年龄段"计算辅助生殖渗透率增加带来的新生儿增量。

有偶率：根据第七次全国人口普查数据，20~34 岁、35~37 岁、38~40 岁、41~42 岁、43~44 岁育龄妇女的有偶率分别为 50.5%、91.6%、92.5%、93%、93.1%。随着晚婚、不婚女性增加，未来各年龄段女性有偶率呈下降趋势，本次测算假设往后年份，各年龄段女性有偶率按一定比例下降。

不孕率：医学数据显示，不孕率随着年龄的增加而急剧上升。15~34

岁女性的不孕率为7.3%~9.1%，而35~39岁女性的不孕率升至25%~30%，40~44岁女性的不孕率则超过30%。本次假设20~34岁、35~37岁、38~40岁、41~42岁、43~44岁夫妇的不孕率分别为8%、20%、25%、30%、35%。

辅助生殖需求占比：目前治疗不孕不育的主要方法有药物治疗、手术治疗和辅助生殖治疗三种，辅助生殖一般作为常规药物和手术方式未见成效后的最终解决方案，需求占比为10%~20%。

渗透率：是指有辅助生殖需求的患者实际接受治疗的占比，与辅助生殖市场发展情况、患者接受度等因素有关。目前，我国辅助生殖渗透率约为8%，未来随着辅助生殖市场逐渐完善、患者接受程度提升，辅助生殖渗透率将不断提升。根据弗若斯特沙利文的数据，美国辅助生殖渗透率约为31%，可见我国辅助生殖渗透率还有较大提升空间。假设不考虑价格变动，我们对未来辅助生殖渗透率进行估计。可以将渗透率提升速度分为三档：低方案，每年增加0.2个百分点，到2030年渗透率为9.9%；中方案，每年增加0.4个百分点，到2030年渗透率为11.9%；高方案，每年增加0.6个百分点，到2030年渗透率为13.9%。

结果显示，根据低方案预测，随着渗透率增至2030年的9.9%，通过辅助生殖技术出生的婴儿总量从35.9万人增至45.5万人，占出生人口的比重从3%增至5%，占比与澳大利亚相近；根据中方案预测，随着渗透率增至2030年的11.9%，通过辅助生殖技术出生的婴儿总量从31.7万增至54.0万，占出生人口的比例从2.8%增至6.0%；根据高方案预测，随着渗透率增至2030年的13.9%，通过辅助生殖技术出生的婴儿总量从31.7万增至62.6万，占出生人口的比例从2.8%增至6.9%，占比与日本相近。低、中、高方案预测2030年通过辅助生殖出生的婴儿数量分别比渗透率不变的方案多8.5万、17.0万、25.6万（见表15-3）。

分年龄看，根据辅助生殖使用年龄模式进行外推，可以发现35岁以下患者占比逐渐下降，35岁以上患者占比逐渐增加。根据中方案预测，2020—2030年35岁以下患者占比从67.0%降至49.2%；35岁以上患者占比从33.0%升至50.8%。而英国、美国、日本的35岁以下患者治疗周期占比分别为38.7%、36.2%、25.6%。由于育龄妇女高龄化趋势以及大龄女性平均治疗周期更多，中国35岁治疗患者的比重还会增加。

表15-3 不同方案估算的渗透率提升带来的新生儿净增情况

	估算每年产子数量（万人）		估算每年多生孩子数量（万人）	
	2025年	2030年	2025年	2030年
渗透率不变	39.8	37.0	—	—
渗透率提升（低方案）	44.1	45.5	4.4	8.5
渗透率提升（中方案）	48.5	54.0	8.7	17.0
渗透率提升（高方案）	52.9	62.6	13.1	25.6

资料来源：泽平宏观。

在现代职场女性推迟生育的背景下，在合适的年龄选择保存自己的生育能力是女性越来越需要的，所以我们对单身女性进行辅助生殖进行了估算。

思路和假设：假设单身女性可以通过冻卵保存生育能力以便后续生育。为了进行交叉验证，我们使用了两种方法估算。

方法一：按照对标国家的捐赠配子的治疗周期占比，通过已婚女性的估算结果来计算单身女性的治疗情况。公开数据显示，西班牙、美国、英国的捐赠配子治疗占比为5%~20%。我们将国内非婚生育占比估算设置三档，分别是5%、10%、15%，那么按照低方案（5%），预计2030年我国通过捐赠配子获得的出生人口数量约2.8万；按照中方案（10%），预计2030年我国通过捐赠配子获得的出生人口数量约

6.0万；按照高方案（15%），预计2030年我国通过捐赠配子获得的出生人口数量约9.5万。因此，根据方法一的预测，到2030年我国通过捐赠配子获得的出生人口数量为2.8万~9.5万。

方法二：根据英国人类受精和胚胎学管理局于2018年发布的《生育治疗中的卵子冷冻》，女性冻卵的最佳年龄是20~30岁，但是冷冻卵子的年龄越小，使用卵子进行治疗的可能性就越小，因为大多数女性在组建家庭时，很可能自然怀孕；相反，30多岁的女性冻卵使用率会更高。因此，假设35岁以下女性冻卵使用率为30%，35岁以上女性冻卵使用率为80%。低、中、高方案分别假设单身女性冻卵需求为5%、7.5%、10%。

结果显示，根据低方案预测，2030年通过单身女性冻卵产生的婴儿总量为8.4万，占出生人口的比例约为1%；根据中方案预测，2030年通过单身女性冻卵产生的婴儿总量为12.6万人，占出生人口的比例约为1.4%；根据高方案预测，2030年通过单身女性冻卵产生的婴儿总量为16.8万人，占出生人口的比例约为1.8%。因此，按照方法二预测，到2030年我国通过单身女性使用辅助生殖技术出生的婴儿数量为8.4万~16.8万。

（二）降低患者自费负担带来的新生儿增量

思路和假设：将治疗患者分为现有患者和潜在患者，其中现有患者是目前正在进行IVF治疗的人群，潜在患者是指患有不孕不育症，但是由于费用过高等，中途放弃治疗或没有选择IVF这一治疗方式的人群。结合上文的问卷调查结果，我们有如下假设。

第一，对现有患者进行补贴，部分患者愿意多做几个周期，治疗成功率提升，每个患者治疗效率提升，并获得净增新生儿。

方案一：每个周期补贴20%，有5%的患者愿意多做一个周期，那么整体成功率提升约2个百分点。

方案二：每个周期补贴50%，有10%的患者愿意多做一个周期，那么整体成功率提升约3个百分点。

方案三：每个周期补贴80%，有15%的患者愿意多做一个周期，那么整体成功率提升约5个百分点。

结果显示，按方案一估算，2025年、2030年补贴后的实际治疗周期相较于未提供补贴的时候分别多7万个、9万个；多出生婴儿分别达2.4万人、2.7万人；按照每个治疗周期4万元、补贴次数不限，估算补贴所需财政支出分别为123.4亿元、147.4亿元。

按方案二估算，2025年、2030年补贴后的实际治疗周期相较于未提供补贴的时候分别多15万个、18万个；多出生婴儿分别达4.9万人、5.4万人；按照每个治疗周期4万元、补贴次数不限，估算补贴所需财政支出分别为323.3亿元、385.9亿元。

按方案三估算，2025年、2030年补贴后的实际治疗周期相较于未提供补贴的时候分别多22万个、26万个；多出生婴儿分别达7.3万人、8.1万人；按照每个治疗周期4万元、补贴次数不限，估算补贴所需财政支出分别为540.7亿元、645.6亿元。

第二，如果对潜在患者提供补贴，部分不孕不育患者不选择其他治疗方法，直接选择补贴后最便宜的IVF治疗，总的治疗周期数增加，从而获得净增新生儿。

方案一：每个周期补贴20%，有10%的潜在不孕不育患者直接选择试管婴儿治疗。

方案二：每个周期补贴50%，有20%的潜在不孕不育患者直接选择试管婴儿治疗。

方案三：每个周期补贴80%，有30%的潜在不孕不育患者直接选择试管婴儿治疗。

结果显示，按方案一估算，2025年、2030年补贴后的实际治疗周期相较于未提供补贴的时候分别多57万个、70万个；多出生婴儿分别为12.5万人、12.4万人；按照每个治疗周期4万元、补贴次数不限，估算补贴所需财政支出分别为163.3亿元、196.6亿元。

按方案二估算，2025年、2030年补贴后的实际治疗周期相较于未提供补贴的时候分别多114万个、141万个；多出生婴儿分别为25.0万人、24.8万人；按照每个治疗周期4万元、补贴次数不限，估算补贴所需财政支出分别为522.4亿元、632.0亿元。

按方案三估算，2025年、2030年补贴后的实际治疗周期相较于未提供补贴的时候分别多171万个、211万个；多出生婴儿分别为37.4万人、37.2万人；按照每个治疗周期4万元、补贴次数不限，估算补贴所需财政支出分别为1 018.7亿元、1 236.0亿元（见表15-4）。

表15-4 不同方案治疗补贴所带来的新生儿净增及财政支出情况

		单周期补贴比例（%）	估算每年多生孩子数（万人）		估算所需财政支出（亿元）	
			2025年	2030年	2025年	2030年
现有患者	方案一	20	2.4	2.7	123.4	147.4
	方案二	50	4.9	5.4	323.3	385.9
	方案三	80	7.3	8.1	540.7	645.6
潜在患者	方案一	20	12.5	12.4	163.3	196.6
	方案二	50	25.0	24.8	522.4	632.0
	方案三	80	37.4	37.2	1 018.7	1 236.0
合计	方案一	20	14.9	15.1	286.7	343.9
	方案二	50	29.8	30.2	845.7	1 017.9
	方案三	80	44.7	45.3	1 559.4	1 881.6

资料来源：泽平宏观。

综上，假设 2025 年提供相关辅助生殖治疗补贴，通过 20%、50%、80% 的治疗费用补贴可以分别增加新生儿 14.9 万人、29.8 万人、44.7 万人，所需财政支出分别为 286.7 亿元、845.7 亿元、1 559.4 亿元，因此获得一次活产的财政成本分别为 19.2 万元、28.4 万元、34.9 万元；2030 年通过 20%、50%、80% 的治疗费用补贴可以分别增加新生儿 15.1 万人、30.2 万人、45.3 万人，所需财政支出分别为 343.9 亿元、1 017.9 亿元、1 881.6 亿元，因此获得一次活产的财政成本分别为 22.8 万元、33.7 万元、41.5 万元。根据国外相关研究，通过试管婴儿实现一次活产的成本为 4 000~16 万美元，终生净税贴现值/人均 GDP 为 2~8 倍。按人均 GDP 同比例计算，我国单个活产婴儿的终生净税贴现值约 4 万美元，由于单次活产成本为 2.5 万~5 万美元，估算财政支出的净收益率在 2 倍左右。

五、启示：完善辅助生殖顶层设计、提供辅助生殖补贴，加快构建生育友好型社会

降低生育成本已经成为社会共识，解决"不能生"问题是构建生育友好型社会的重要部分，由于政策、质量、费用等方面的限制，部分患者无法通过辅助生殖求子。为了让辅助生殖合理需求充分释放，有以下几点建议。

第一，完善顶层设计，优化相关法律法规，打通辅助生殖相关技术、伦理、法律之间的屏障。在立法层面，目前相关辅助生殖技术规定及准则的法律层级低，不利于对相关技术和产业进行全面的监督管理。在试管婴儿及其衍生领域，通过明确概念、技术实施标准、实施

规范等，确定各方的权利义务，在进行辅助生殖过程中，对可能出现的问题做出明确披露，打通技术、伦理、法律之间的屏障。在监管层面，应该明确监管主体、规范监管程序、确定监管细则，国家卫生健康委应与公安局、检察院、法院构建联合网络。在制度层面，建立合理的行业准入规范，健全质量控制机制，增设数据检验机构，对成功率、单胎率等指标进行定期收集和公开，提高行业透明度。

第二，鼓励辅助生殖领域相关试剂自主研发，减少进口依赖；通过建设人才交流机制，促进区域间优质资源共享。目前我国辅助生殖机构面临上游药品、设备海外依赖度高，下游机构质量存在区域不均衡问题。一方面，在保证研发质量的前提下，适当放宽申报、审批流程，降低企业研发的时间成本，鼓励自主研发。针对有经验的大型生殖机构，给予相关研发投入补贴，通过引进社会资本，提供科研经费支持。另一方面，对相关试剂、药品和设备使用的重要环节和风险点进行强化管理，建立实时、远程、可追溯的网络化智能数据库，提升监管效率。此外，结合地理、交通、资源等因素，加强区域生殖机构合作，建立人才交流机制，促进优质资源共享。

第三，建设专业人才培养机制，提供人才培育补贴，提高整体医疗技术服务人员的人才输送比例。通过完善师资团队、优化教学资源、规范教学体系，加强辅助生殖领域的教学质量，输送优质的医学人才。提供人才补贴，提高该行业的人才输送比例，满足市场增加的人才需求。对从业人员的前期准入、中期考核和培养等方面进行监管和支持，保证技术稳步发展、人才优化提升。

第四，允许单身女性冻卵、保存生育能力，保障女性生育权。我国目前并未开放单身女性冻卵的合法性，冻卵仅适用不孕症夫妇。《人类辅助生殖技术规范》中指出，"禁止给不符合国家人口和计划生育法规和条例规定的夫妇和单身妇女实施人类辅助生殖技术"。考虑到使用玻璃化冷冻技术冻卵已经超过 20 年，技术已经逐渐成熟，并且随着女性推迟生育，保存生育能力的需求增加，建议逐步放开单身女性冻卵相关法律政策，保障女性的生育权利。

　　第五，减轻公众的自费负担，通过给有需求的家庭定向发放辅助生殖补贴券，促进合理需求充分释放。到目前为止，对辅助生殖提供治疗补贴仅停留在地方层面，全国层面还未出台相关补贴政策，且目前地方提供的补贴金额有限。建议全国层面出台减轻不孕不育家庭治疗成本的政策。一方面，构建多层次的费用支持体系，包括医保报销、发放补贴、额外保险等。首先，提供辅助生殖相关补贴，降低居民自费负担，可以考虑细化补贴标准，比如通过对不同大小、质量、规模的机构提供不同补贴来提高治疗成功率，减少无效补贴。其次，鼓励保险机构创新辅助生殖相关保险，覆盖从前期检查到后期治疗的费用。最后，针对辅助生殖患者提供第三方融资渠道，包括低息贷款、失败返还等。另一方面，可以通过发放生育补贴、育儿补贴等减轻手术成功后的生育养育教育成本负担，构建友好型生育支持体系。

第十六章

养老体系建设：
中国养老保障体系建设现状与启示

我国老龄化程度在全球属于中上水平，少子化和长寿趋势使老龄化持续加深。中国人口老龄化呈现五大特征：规模大、速度快、高龄化、未富先老、城乡倒置。在人口老龄化背景下，养老保障体系亟待完善，当前建设进度如何？

经过多年探索，目前我国形成了基本养老保险、企业补充养老保险和个人储蓄型养老保险相结合的多层次养老保障体系，但目前养老金第一支柱独大，第二、第三支柱规模较小。本章试图通过详细介绍中国与美国、英国、日本、德国的养老保障体系现状，探寻完善中国养老保障体系的方案。[①]

---

① 本章执笔人：任泽平、白学松、张硕。

一、中国老龄化现状和特征：规模大、速度快、高龄化、未富先老、城乡倒置

当前中国老龄化程度在全球属于中上水平，少子化和长寿趋势使老龄化持续加深。1953—2023年中国65岁及以上人口从2 632万增至2.2亿，占比从4.4%增至15.4%，2021年开始进入深度老龄化社会（65岁及以上人口占比超过14%）。根据联合国的数据，2022年全球老龄化程度约9.8%，其中高收入和中高收入经济体分别为19.2%和12.2%，中国老龄化程度超过中高收入经济体，紧追高收入经济体。少子化是老龄化的"加速器"，未来随着第二、第三轮婴儿潮人口逐渐进入老龄，叠加少子化影响，老龄化趋势将加剧。1949年以后，中国出现了三轮婴儿潮，分别是1950—1958年、1962—1975年、1981—1991年。2015年第一轮婴儿潮人口陆续进入65岁，未来第二、第三轮婴儿潮人口将在2027年、2046年陆续进入65岁，老年人口数量将呈阶梯式上行趋势，并且第四轮婴儿潮未出现，少子化将加快老龄化趋势。预计2030年前后进入占比超20%的超级老龄化社会，之后持续快速上升至2060年的约37.4%。从长寿趋势看，中国平均预期寿命约达78岁，未来仍有提升空间。1950—2022年，中国平均预期寿命从约44岁提升至约78.3岁，过去20年平均每10年提升2~3岁。目前中国平均预期寿命已明显高于全球平均水平的72.8岁和中高收入经济体的75.9岁，但低于高收入经济体的80.9岁，未来还有提升空间。

中国人口老龄化呈现五个趋势特征：规模大、速度快、高龄化、

未富先老、城乡倒置。

一是规模大。由于人口基数大，我国老年人口规模也大，2023年65岁及以上人口约2.2亿，约占世界老年人口的1/4，相当于全球每4个老年人中就有1个是中国人。根据育娲人口《中国人口预测报告2023版》"中方案"，到2030年、2040年，中国65岁及以上老年人口将分别达2.6亿、3.5亿，占全球老年人口的比重分别为25.6%、26.5%。

二是速度快。我国老龄化速度快且不断加快，2001—2010年中国65岁及以上老年人口占比年均增加0.2个百分点，2011—2022年年均增加0.5个百分点，人口老龄化速度明显加快。从老年人口占比7%的老龄化到14%的深度老龄化，法国用了126年，英国用了46年，德国用了40年，日本用了24年，中国只用了21年；从深度老龄化到超级老龄化，法国用了28年，德国用了36年，日本用了11年，预计中国会用10年左右。

三是高龄化。老年人口分为80岁以下的低龄老人和80岁以上的高龄老人，前者健康水平较高，后者健康水平较低。2022年中国80岁及以上高龄老人超过4 000万，占65岁及以上老年人口的比重约2.8%。根据育娲人口《中国人口预测报告2023版》"中方案"，预计2030年、2050年、2070年、2100年80岁及以上人口占比将分别为3.7%、11.0%、18.6%、30.4%。

四是未富先老。2000年中国65岁及以上老年人口占比超过7%，当时人均GDP约959美元，日本、韩国在老龄化水平达到7%的时候，人均GDP分别为1 685美元、12 257美元，2021年中国65岁及以上老年人口占比超过14%，进入深度老龄化，人均GDP约12 618美元，美国、日本、韩国在进入深度老龄化时人均GDP分别为5.5万美元、4万美元、3.3万美元。2023年中国人均GDP为1.3万美元，接近高收入国家下限，但中国65岁及以上人口占比为15.4%，高于中高收入经济体 12.2% 的水平。

五是城乡倒置。分城乡看，我国乡村地区人口老龄化程度高于城镇，且差距不断扩大，老龄化"城乡倒置"明显，2010—2022年城市、镇和乡村老年人口占比分别由 7.7%、8.9%、10.1% 增至 12.0%、13.3%、19.3%。分省份看，2022年我国31个省级行政区（不含港澳台）中，有20个进入深度老龄化，辽宁、上海、重庆老龄化程度最高，老年人口占比分别为 20%、18.7%、18.3%；西藏、新疆、广东是最"年轻"的省区，老年人口占比分别为 5.9%、8.4%、9.6%。

人口迁移会加速老龄化的区域分布差异。2000年、2010年、2020年乡—城流动人口占总流动人口的 52.2%、63.2%、66.3%，并且2020年东部跨省流入占比 75.8%，中西部均不足 20%。人口流入地的老龄化压力得到缓解，流出地的"空心村""空巢老人""留守儿童"增多。2020年乡、镇、城市60岁及以上老年人独居（无保姆）占比分别为 13.5%、10.9%、10.0%，乡、镇 0~14岁少儿占比均超过 19%，高于城市的 15.7%。

二、中国养老保障体系发展与政策现状

我国自1991年开始探索三支柱养老金体系，当前我国养老金呈现第一支柱独大，第二、第三支柱瘸腿明显的特征。自1991年6月国务院发布《关于企业职工养老保险制度改革的决定》后，我国开始探索建立基本养老保险、企业补充养老保险和个人储蓄型养老保险相结合的多层次养老保障体系。总体来看，我国养老金第一支柱独大，第二、第三支柱规模较小。其中，第一支柱占比近 57.3%，第二支柱

占比约42.6%，第三支柱仍在探索中（见表16-1）。

表16-1 我国三支柱养老金体系构成

类型	构成		资金来源	参与人数（万人）	资金规模（万亿元）
第一支柱	基本养老保险	城镇职工基本养老保险	企业缴纳比例为20%左右，职工个人缴纳8%左右	52 121	5.7
		城乡居民基本养老保险	由个人缴费、集体补助、政府补贴、社会资助构成	54 522	1.3
第二支柱	企业年金		企业缴费不超过职工工资总额的8%，企业和职工个人缴费合计不超过12%	3 103	3.1
	职业年金		单位缴费比例为本单位工资总额的8%，个人缴费比例为本人缴费工资的4%	4 300	2.1
第三支柱	个人储蓄型养老金		政府政策支持、个人自愿性参与、市场化运营	5 000+	—

注：根据数据可得性，参与人数为2023年数据，资金规模为2022年数据。
资料来源：全国社会保障基金理事会，人力资源和社会保障部，泽平宏观。

我国第一支柱由城镇职工基本养老保险、城乡居民基本养老保险构成。2023年，我国基本养老保险覆盖10.7亿人。城镇职工基本养老保险覆盖范围为用人单位和职工，个体户、灵活就业人员也可参加。企业按本企业职工上年度月均工资总额的20%左右缴纳，职工个人缴纳8%左右。2023年底参保人数为52 121万，2022年末基金累计结存5.7万亿元。城乡居民养老保险覆盖16岁以上（不含在读学生），且未参加城镇职工基本养老保险的人群，资金由个人缴费、集体补助、政府补贴等构成，2023年底参保人数为54 522万（见图16-1和图16-2），2022年末基金累计结存1.3万亿元。

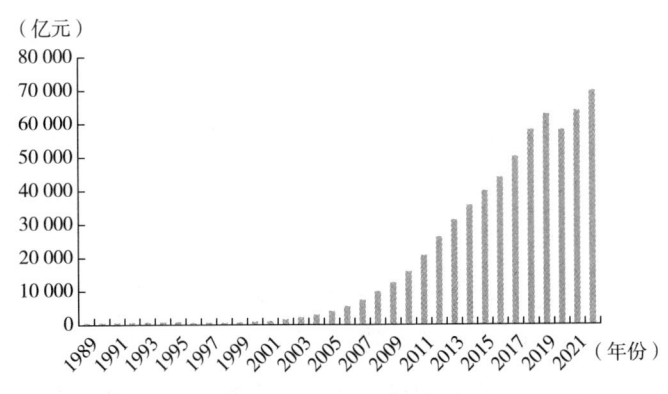

图 16-1　1989—2022 年中国基本养老保险累计结余

资料来源：国家统计局，泽平宏观。

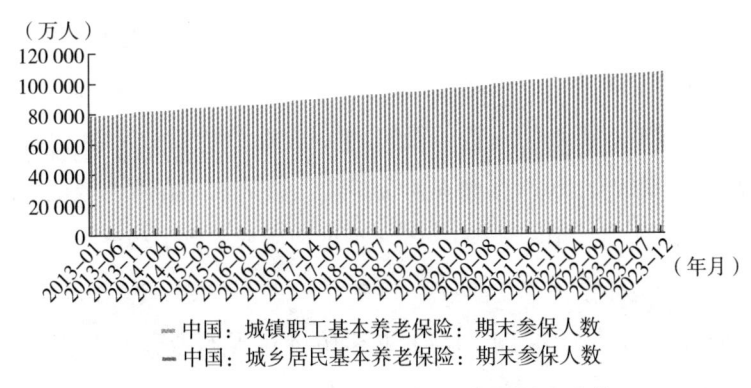

图 16-2　2013—2023 年基本养老保险参保人数

资料来源：人力资源和社会保障部，泽平宏观。

第一支柱虽然涉及面广，但存在保障水平低、财政补贴高、投资收益率低等问题。一是统筹层次低，地区间不平衡。我国养老保险基金分散在全国 2 000 多个以县市为主的统筹单位之中，人口流出区域养老金收不抵支，2018 年建立养老保险中央调剂基金，以弥补个别省份养老保险基金缺口。二是保障水平低。养老金替代率是指退休人员在退休当年领取的养老金与退休前的工资收入水平之间的比例。2021

年，我国社保养老金的平均替代率为43.6%，远低于世界银行建议的70%的目标水平，意味着退休后收入水平大幅降低，难以满足退休后的养老需求。三是投资收益较低。目前养老基金累计结余7万亿元左右，2022年受托基本养老保险基金权益总额1.6万亿元，投资收益额51.1亿元，投资收益率0.33%。

第二支柱主要由企业年金和职业年金构成。职业年金面向机关事业单位及人员，2008年在5个省市先行开展试点，2014年10月正式实施，采用个人账户方式管理，单位缴费比例为本单位工资总额的8%，个人缴费比例为职工个人工资的4%。截至2022年末参与人数约4 300万，职业年金基金投资运营规模超2.1万亿元。

企业年金覆盖率低，参与主体以国企为主，民营企业参与意愿低。企业年金概念在2000年首次明确提出，实行完全积累制，企业缴费不超过本企业职工工资总额的8%，企业和职工个人缴费合计不超过12%。2007—2014年企业年金参保人数从939万迅速增至2 293万，年均增速超过10%，但2015年后增速明显下滑。截至2023年第三季度，企业年金参与企业数为13.9万家，参与人数约3 103万，积累基金约3.1万亿元（见图16-3和图16-4）。从行业看，建立企业年金制度的企业大多为能源、电力、铁路、交通、烟草、银行、证券、保险等行业，且大约3/4为国有企业，民企占比很小。

第三支柱为个人养老金制度，2022年正式启动，处于起步阶段。早在1991年，国务院发布的《关于企业职工养老保险制度改革的决定》已经提出，"逐步建立起基本养老保险与企业补充养老保险和职工个人储蓄性养老保险相结合的制度"。2018年，五部门联合发布《关于开展个人税收递延型商业养老保险试点的通知》，标志着我国第三支柱养老正式开启，个人税收递延型商业养老保险是将保费进行税前支列，在领取养老金时再缴纳个税，保费最高12 000

元/年，末端税率为7.5%。2022年4月，国务院发布《关于推动个人养老金发展的意见》，明确参加人每年缴纳个人养老金的上限为12 000元；9月，国务院常务会议决定，对政策支持、商业化运营的个人养老金实行个人所得税优惠：对缴费者按每年12 000元的限额予以税前扣除，投资收益暂不征税，实际税负由7.5%降为3.0%；11月，个人养老金制度正式启动实施。截至2024年1月末，已有36个城市及地区先行实施个人养老金制度，个人养老金账户开立人数超5 000万人。

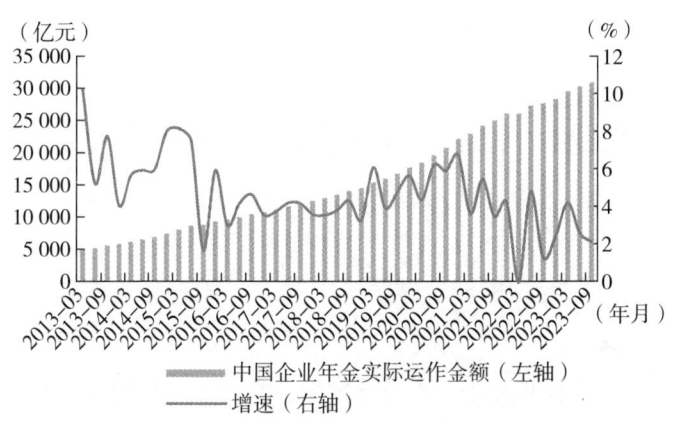

图16-3 2013—2023年9月中国企业年金实际运作金额

资料来源：人力资源和社会保障部，泽平宏观。

个人养老金制度面临覆盖范围难扩大的问题。由于基本养老保险、企业年金、个人养老金资金都来自参保者工作期间的收入，在收入受约束的情况下，参与公共养老保险和参与个人养老金形成替代关系。同时，由于公共养老保险发展时间较早、覆盖范围大，个人养老金在此基础上很难再次实现大范围覆盖。

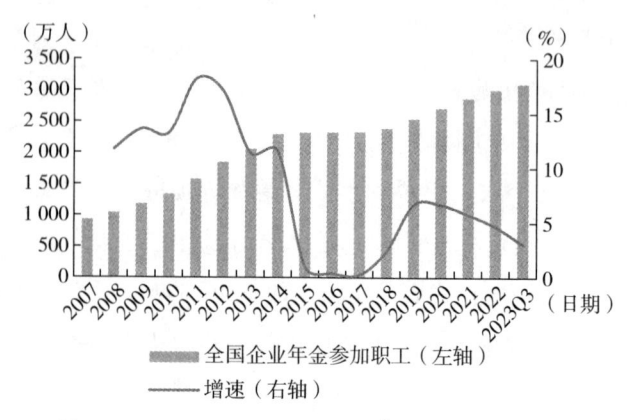

图16-4　2007—2023年9月企业年金参保人数和增速

资料来源：人力资源和社会保障部，泽平宏观。

三、国际经验：养老保障体系建设的措施与效果

（一）美国：养老金规模全球第一，第二、第三支柱主导

美国1942年正式进入老龄化社会，受益于国际移民的影响，直到2013年正式进入深度老龄化社会。根据美国人口普查局的数据，2022年65岁及以上人群约有5 708.6万人，占美国总人口的17.1%；预计2050年该人数将上升至8 670万人，约占美国总人口的20%。

为保障老年人的生活，1875年，美国运通公司设立了第一个私人养老金计划，自此，美国钢铁、通用电气等公司也陆续为其员工提供相关保障。1935年美国推出《社会保障法》，为包括老年工作者在内的人群提供社会福利。至今美国养老金体系的发展建设已有百年历史，截至2023年第三季度，美国养老金总资产达35.7万亿美元（见图16-5），规模远超其他国家，养老金资产占美国家庭部

门金融资产的32%。

目前美国的养老金由三大支柱支撑，分别是公共养老金、职位养老金、个人养老金，其中第二、第三支柱近年发展迅速，为雇主及员工养老福利首选。2022年，第一支柱占比3.2%，第二支柱占比67.4%，第三支柱占比29.5%（见图16-6）。

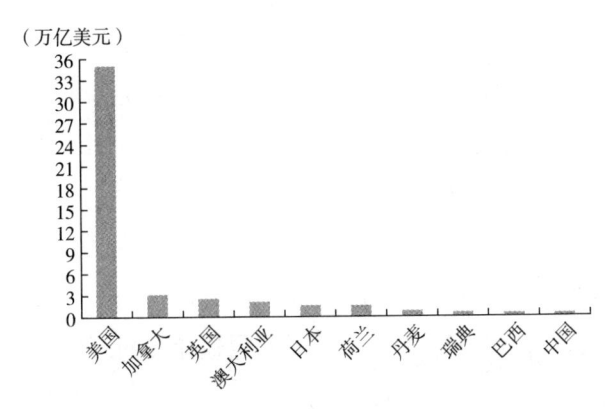

图16-5　2022年各国养老金资产规模

资料来源：OECD，泽平宏观。

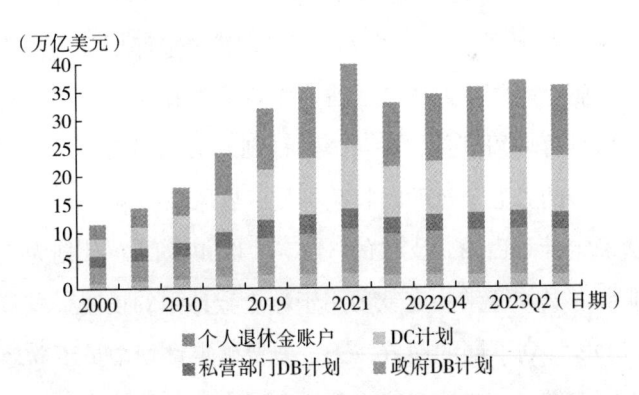

图16-6　2000—2023年第三季度美国养老金资产规模及构成

资料来源：ICI，泽平宏观。

第一支柱由联邦社保基金组成，即老年、遗属及残疾人保险计划（OASDI），可以覆盖96%的劳动人口，其资金来源主要为雇员、企业及个体经营者支付的工资税。作为由政府强制执行的计划，该项计划保障了受保人群的最低收入，2022年OASDI覆盖群体达6 600万人，其中5 100万为退休人员，600万为死者遗属，900万为残疾工人及家属。作为联邦预算中的最大支出，预计2022年美国社会保障计划总成本为12 440亿美元，总收入为12 220亿美元。由于美国老龄化加剧、劳动人口减少、资产储备增长缓慢、增速接近停滞，预计OASDI成本将不断增长，并且OASDI信托基金资产准备金将在2034年耗尽，无法足额支付预定福利。

第二支柱主要是雇主发起的养老计划，包括收益确定（DB plan）和缴费确定（DC plan）两种模式。该计划员工可选择自愿参加，并通过雇佣关系进行管理，旨在为雇员提供退休福利，是美国养老体系的主要构成。

收益确定计划，是第二支柱早期的重要组成，近年来占比持续下降。该计划下企业承担相应数额的养老金利益发放，风险由雇主承担。通常企业需定期存入一部分资金作为养老金计划资产，并由企业决定投资配置。计划发起人或管理者根据雇员在企业工作的时长和预计退休年龄计算应得利益，参与该项计划的员工提前知晓离开企业或退休后可获得的养老金数额，收益不受市场风险影响。

缴费确定计划占第二支柱的64.6%，以401（k）计划为主，该计划下企业和雇员均缴纳一定款项用于养老金计划的投资，风险由雇员承担。与DB计划不同的地方在于，缴费确定计划中员工养老金数额取决于投资成绩，而投资配置由员工自行决定。DC计划下，401（k）计划规模最大，参与该计划的企业可向员工提供多种投资类型及数量，一般涵盖美国国内股票基金、国际股票基金、指数基金等，员工可自行决定投资品种及比例（见表 16-2）。

表 16-2　美国 DB 计划和 DC 计划对比

区别	DB 计划	DC 计划
收益来源	企业定期发放确认金额	员工个人投资成绩
缴费主体	企业	企业及员工
账户管理及投资风险承担	企业	员工
主要形式	传统 DB 计划，现金余额计划	401（k）、403（b）、457、员工持股计划、利润共享计划
投保	可受联邦保险 PBGC（养老金福利担保公司）保护	不受保护
资产规模（截至 2021 年第二季度）	10.05 万亿美元	10.37 万亿美元

资料来源：美国劳工部，ICI，泽平宏观。

第三支柱为个人养老账户，个体经营者及不受第二支柱覆盖的劳动人群可通过联邦政府设立的 IRA 进行个人退休储蓄，并享受税收递延的优惠政策，2022 年 IRA 资产储备占三支柱总储备的 29.5%。与 DC 计划不同的地方在于，个人养老账户的投资范围更广且不受雇主控制，投资涵盖共同基金、房地产、股票、债券等。此外，IRA 被赋予了转账功能，退休或离职员工可选择将雇主养老金计划中的资产转移至 IRA 中，并持续享有税收优惠。IRA 主要分为三类：传统 IRA、罗斯 IRA 及由雇主发起的 IRA，前两类为第三支柱的主要资金来源。

（二）英国：坎坷改革百年，由国家主导转向市场主导

英国较早面临老龄化问题，65 岁及以上人口比重先后于 1929 年、1975 年突破 7%、14%，2022 年为 19.2%。英国国家统计局预计 2026

年老年人口占比将超过20%，2050年达24.8%。

二战后，英国建立了以高福利为特征的社会保障体系，国民养老由国家主导；至20世纪80年代，以撒切尔夫人为代表的保守党政府对传统养老金制度进行改革，发展私人养老金以减少国家财政负担。此后经多次改革，英国养老金体系从政府主导逐渐转变为由第一支柱公共养老金/国家养老金（nSP）、第二和第三支柱私人养老金组成的三支柱体系。其中，私人养老金包括职业年金（DB计划、DC计划、混合计划）、工作地点养老金计划、个人养老金计划（存托个人养老金计划、自主投资型个人养老金等）。根据经济合作与发展组织的数据，2022年英国私人养老金资产规模为2.6万亿美元，仅次于美国和加拿大。

英国的养老金融体系按照责任主体不同，大体可以分为公共养老金和私人养老金，公共养老金即由国家提供的基本养老保险，而私人养老金则包括雇主为雇员提供的工作地点养老金计划以及个人养老金计划。

第一支柱国家养老金主流缴费为企业13.8%、个人12.0%，实行现收现付制，领取金额统一，无关缴费水平。为解决历次改革导致的国家养老金体系复杂化、破碎化问题，英国政府于2013年提出为2016年4月6日及之后达到国家养老金领取年龄的人群引入新国家养老金，建立单一的国家基本养老金制度。国民养老金实行比例税率，要求年满16岁且每周收入超过184英镑的雇员或年利润超过6 515英镑的自雇人士必须参加，未达到抵免标准的低收入人士可以自愿缴纳，缴纳情况与国家养老金和相关福利津贴领取资格挂钩。从计发条件看，全额养老金对应的缴款记录由30年提高至35年，领取金额统一，无关缴费水平，2023/2024财年，每周能够领取的金额由2022/2023财年的185.15英镑增至203.85英镑。

第二支柱职业养老金 2012 年开始分企业规模、分阶段实施"自动注册",并设立全国职业储蓄信托(NEST),解决中小企业参与成本高和资金规模小造成的投资劣势问题。1993 年通过的《养老计划法案》标志着英国正式在全国范围内建立职业养老金制度。2008 年《养老金法》规定,从 2012 年 10 月开始,按照企业规模从大到小的顺序,雇主必须将符合条件(在英国境内工作,年龄在 22 岁至领取国家养老金年龄之间,年收入高于 10 000 英镑)的雇员纳入职业养老金计划,个人可在一个月内选择退出,但每 3 年重新加入一次。2010 年,政府设立全国职业储蓄信托,并提供 6 类基金选择(默认退休日期基金),旨在解决中小企业参与成本高和资金规模小造成的投资劣势问题。从效果看,全国职业储蓄信托的会员人数占"自动加入"职业养老金计划总人数的比例超过 60%,且会员人数和资产管理规模不断提高。

第三支柱主要为以养老金个人账户的形式进行养老储蓄,包括存托养老金、自主投资型个人养老金。英国 1986 年《社会保障法》首次推出"个人养老金计划",国民可以选择建立完全属于自己的个人养老金账户,由保险或其他金融机构负责投资运营。存托养老金由 1999 年的《福利改革与养老金法案》引入,2001 年 4 月实施,是基于信托关系建立的养老金计划,可以由雇主提供,或由雇员自行购买,以低供款和低收费为特色,限定投资选择;自主投资型个人养老金则以灵活的投资选择为特色,供款人可以自行选择和管理投资,投资选择也比其他养老金丰富,包括公司股权、信托、商业地产或 REITs(房地产投资信托基金)等。个人养老金计划最大的特点在于,一是养老金账户享有税收减免政策,二是个人自主选择灵活,个体达到个人账户所规定的年龄,可以自由选择和支配账户价值。

（三）日本：第一支柱为主，第三支柱享税收优惠

日本人口老龄化形势严峻，对日本养老保障制度提出挑战。日本65岁及以上人口占比由1969年的7.1%上升至1994年的14.4%，再增至2004年的20.1%，老龄化速度远超其他发达经济体。2022年日本65岁及以上人口占比29.9%，接近总人口的1/3，老龄化程度全球第一。

日本养老金体系以公共养老金为主导，改革滞后错过时间窗口。在人口红利期，日本公共养老金运作良好，政府缺乏足够动力进行相关改革。20世纪90年代以来，人口快速老龄化和经济衰退使日本公共养老金收支状况逐渐恶化，但直到2000年后才陆续对公共养老金制度进行大幅改革，错过时间窗口。

日本养老金体系三大支柱中，第一支柱为公共年金，包括国民年金（NPI）和厚生年金（EPI），政府强制参与；第二支柱为企业年金，包括确定给付型计划和确定缴费型计划；第三支柱为个人养老金，包括个人型DC计划（iDeCo）和个人储蓄账户，第二、第三支柱为个人自愿参与。

第一支柱由国民年金和厚生年金两部分组成，以现收现付制为主，规定对雇员无业配偶的保险费从雇员收入中扣除。1985年日本通过《国民年金法》《厚生年金法》《共济年金法》，标志着日本形成以国民年金为基础的公共年金制度。日本年金机构将全体劳动力划分为三类。1号被保险者指定居在日本本土的，20岁以上60岁以下的，农业、渔业、自营业、学生等职业及其配偶的，没有缴纳厚生年金的，不属于3号被保险者的人，这类人缴纳国民年金；2号被保险者指在日本公司就职，或者在政府任公务员的人，年龄上限一般是70岁，这类人缴纳厚生年金；3号被保险者指20岁以上60岁以下，年

收入不超过 130 万日元，被 2 号被保险者扶养的配偶，附属于 2 号的厚生年金，享受国民年金待遇。无论是国民年金还是厚生年金，都至少需要缴纳 10 年，并于 65 岁以后方可领取。2009—2022 年，受总人口下降影响，日本公共养老金覆盖人数由 6 873.7 万降至 6 754.0 万，但占全国总人口的比重从 53.7% 提高至 54.1%（见图 16-7）。

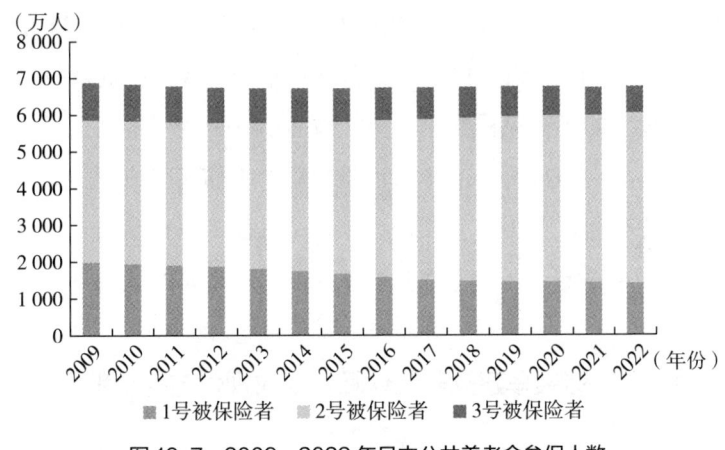

图 16-7　2009—2022 年日本公共养老金参保人数

资料来源：日本厚生劳动省，泽平宏观。

第二支柱职业年金体系复杂，以企业退休奖励的退职金为主导、一般情况下员工无须缴纳，DC 计划 2011 年后允许雇员缴费，包括一次性给付退职金制度、中小企业退职金共济制度、确定给付型年金、企业确定缴费型年金基金。一次性给付退职金制度是日本企业中占比最大的养老金计划，是企业为员工设立的退休奖励，员工无须缴纳，但企业破产时可能无法给付；在领取时不与其他收入合并计税，应税所得额为扣除额度后的 50%。2001 年 10 月，日本国会通过了《缴费确定型年金法案》[亦称日本版 401（k）计划]，拉开了日本企业年金从传统的 DB 型计划向 DC 型计划转变的序幕。2002 年 3 月至 2023

年3月，DB计划、DC计划参保人数由9万人增至805.4万人。

第三支柱个人养老金计划启动晚，包括个人缴费确定型养老金计划和个人储蓄账户，以个人储蓄账户为主体。2001年设立的iDeCo最初仅限没有企业年金的中小企业雇员，必须正常缴纳国民年金才能参加，税收优惠采取EET（免-免-征）征税模式，前期参与规模小，不超过总人口的0.2%；2017年以后参与范围扩大为职工、公务员和家庭主妇，iDeCo参保人数从2006年的7.7万增至2024年1月的320.7万。2014年设立的个人储蓄账户本质为专为投资及投资相关金融工具设立的小额免税账户，免除高达20.3%的资本利得税，以吸引年轻人参与。2024年，日本政府推出新个人储蓄账户，扩大投资限额及免税持有期限。2014年实施以来，个人储蓄账户参与人数稳定上升，2014—2023年个人储蓄账户数从380.4万增至2 263.3万。

（四）德国：全球最早建立养老保障，现收现付与基金积累制结合

1972年，德国65岁及以上人口占比超14%，进入深度老龄化社会，2008年超过20%，进入超级老龄化社会，2022年提高至22.4%，2060年65岁及以上人口占比将进一步增至60.3%，老龄化程度将高于经济合作与发展组织国家的平均水平（58.2%）。

德国养老金制度由"三个支柱"向"三层次"模式完善，具有层次较为丰富、覆盖范围较广、养老金管理全面等特点。传统的德国养老保险制度包含"三个支柱"：法定养老保险（第一支柱），企业年金保险（第二支柱）和个人养老保险（第三支柱）。伴随各种社会、政治和经济因素的不断变化，德国的养老保险体制在三支柱模式的基础上也在不断地进行新的改革，经过多次改革，德国目前逐步形成了"三层次的养老保险体系"。"三层次模式"并非从本质上改变德国养

老保险体系，而是对保险体系进行重新定义。两种模式有着不同的划分标准，传统的"三支柱模式"是按照保险产品归属人群的不同进行划分，而"三层次模式"的划分主要是以保险产品的可利用性差异以及政府采取的税收政策的不同为标准。

第一层次包括法定养老保险、农民养老保险、公务员养老保险、特定职业养老保险和吕库普养老金，为覆盖面最广、支出占比最高的养老保险。

法定养老保险采用现收现付制，资金主要来源为法定养老保险的保费和联邦政府补贴。截至 2017 年底，共有 5 511 万名德国民众参与法定养老保险，占德国总人口的 66.78%，用于法定养老金的开支为 3 078.5 亿欧元，占 GDP 的 9.4%。

农民养老保险、公务员养老保险以及特定职业养老保险是针对特定人群设立的。例如，德国农民养老保险保障的对象主要是独立经营的农民与其配偶，于 1951 年开始建立，实行现收现付模式，政府的财政补贴是主要的资金来源，投保人只需缴纳小部分养老保险费。

吕库普养老金改革推动德国养老金制度由现收现付制转向现收现付与基金积累制结合。随着德国老龄化加剧、出生率下降，过度依赖第一支柱叠加现收现付制使德国养老金体系出现较大缺口，由此，2004 年德国实施吕库普养老金改革。吕库普养老保险又被称为"基本养老金"，与法定养老保险的作用类似，但放弃了现收现付制，采用基金积累制，享受政府减税和一定的免税政策。吕库普改革采取调整养老金计算公式、延长退休年龄等措施。

第二层次包括企业补充养老保险和里斯特养老保险。

企业补充养老保险包括直接承诺、援助基金、直接保险、退休保险和退休基金。19 世纪中期开始，企业自行设立救济基金和援助基金为工人提供养老保障。这是企业自愿提供的福利待遇，属自愿性养老保险，企业年金基金实行完全积累制融资结构，建立企业年金所需的资金既可以由雇主或雇员单方面缴纳，也可以由双方共同缴纳。

里斯特养老金改革缓解了养老保险费率上升带来的压力，通过税收优惠等弥补公共养老金缺口。2001年，德国实施里斯特养老金改革，引入企业补充养老保险来稳定法定养老保险缴费费率，达到减轻企业负担的目标。里斯特养老保险计划覆盖的人群主要是由于法定养老金支付水平降低而影响收入的人，以中低收入者和子女较多的家庭为主，个人也可以自愿参加。为促进里斯特养老保险发展，德国政府推出了基础补贴、子女补贴、特别补贴以及税收优惠的激励方案。同时，由于里斯特保险增加了认证、校验等程序，其安全性、可靠性较高。2007年，里斯特养老保险覆盖范围超过企业补充养老保险，成为德国第二层次养老保险的主要力量，2010年占第二层次保险的比重由2005年的13%增至38%。

第三层次中的私人养老保险是第二层次的补充，不能享受国家税收优惠政策。个人主要通过自身净收入支付保险费而在退休后领取养老金，个人存入账户的本金及利息归储户个人所有。作为一种补充保险形式由个人自愿参加、自愿选择经办机构，保险形式多样，包括传统的寿险、银行和基金储蓄计划，以及股票和房产。私人养老保险受德国联邦金融监管局的监管，保险公司需要对保险产品进行申报和备案，备案时需要提供保费的计算及准备金等信息。私人养老保险的最大优点是可以依据被保险人的需求进行灵活约定，被保险人可以根据自己现有的养老保险（如法定养老保险等）与自己对老年生活花费的预期，在综合考虑通货膨胀等因素之后，对养老金空缺进行精准计算，再选择相应的私人养老保险产品。

补充基本保障于2003年设立，重点为低收入老年人提供基本保障。2017年底，65岁以上基本保障的领取者数量为54.4万人，占所有养老金领取者的 3.16%。预测到 2030 年底，人数将上升至 83.7 万人，占养老金领取者的 4.4%。该计划类似于世界银行在 2005 年提出的"零支柱"计划，主要针对退休后收入不足或完全残疾的老年人。为了保障基本生活，他们可以在完成申请后获得一定的社会援助。德国各层次养老保险资金来源情况如表 16-3 所示。

表 16-3　德国各层次养老保险资金来源

	第一层次		第二层次		第三层次	补充
	法定养老保险	吕库普养老金	企业补充养老保险	里斯特养老保险	私人养老保险	基本保障
资金来源	雇主、雇员缴费以及国家补贴（延迟纳税）	个人、国家税收补贴	雇主、雇员（延迟纳税）	个人、政府补贴（延迟纳税）	个人（非延迟纳税）	国家税收
资金运行	现收现付制（DB）	基金积累制（DC）	基金积累制（DC）	基金积累制（DC）	基金积累制（DC）	

资料来源：ICI，泽平宏观。

四、启示：推进多层次养老保险体系建设

各国家和地区养老保险体系各异，美国的养老保险三支柱体系发展最为成熟。美国建立了较为完善的私人养老金体系。美国以第二、第三支柱为主，占比超 90%。401（k）递延税优计划促进了第二支柱的发展。此外，401（k）投资以公募基金为主，投资权益市场的占比将近一半，推动了 DC 计划占比的提升。第二、第三支柱转移制度以及税收优惠推动第三支柱 IRA 的快速增长，且 IRA 权益投资比例也接近 50%。

我国应以保基本为原则提高第一支柱可持续性。大力实行积极生育政策以提升总和生育率，尽快推进渐进式延迟退休政策，提高最低缴费年限至 20 年以上，实行早减晚增带有激励性的退休领取政策等，逐渐做大做实基本养老保险个人账户，继续推动基本养老保险全国统筹和国有资本划转社保，降低基本养老保险费率，为私人养老金发展提供空间。

税收递延等税收优惠是第二、第三支柱发展的重要推动因素之一。应以广覆盖为原则，通过财税政策、投资预设制度、便携性等大力发展第二、第三支柱。

对第二支柱，对符合一定条件的职工实行自动加入、选择退出机制，并按照企业规模从大到小分阶段逐渐扩大参与范围，逐渐提升企业和个人缴费率至目标水平，设置合格默认投资选项，建立国家层面集合计划平台以便于中小企业参与，缩短企业缴费部分归属个人账户的期限至 5 年以内。

第三支柱目前的主要问题是覆盖人群多但享受优惠的人群少，开户多但实缴少。2023 年我国实行每年最高 12 000 元的税前扣除，对高收入人群的激励有限，且仍有部分人群月收入尚未达到个税起征点，无法在缴税环节获得税收优惠。应持续完善以账户制为基础的全国统一信息平台，明确界定合格金融产品标准，设置不同风险偏好的投资组合选项。

打通三支柱账户间的转换，促进第三支柱养老金的发展。目前中国养老三支柱账户相对独立且不同制度保障水平差异大，基本养老保险个人账户由各地的社保经办负责，企业年金由雇员劳动关系所在单位的受托人负责，第三支柱个人商业养老保险由以产品方式存在于不同产品的发行方负责。而美国三支柱对接较为紧密。IRA 中最大的资金来源于第二支柱，而直接缴费的占比较小。英国和日本同样具有相应的转移机制或对应机制。